Michel Houellebecqs Lyrik ist gezeichnet vom Schrecken über die Wiederho-
lungen des Lebens und dem Moment zugewandt: Gedichte wie Songtexte. Sie
lassen sich als ein einziges großes Parlando lesen – autobiografisch, bekenntnis-
haft und unangestrengt. Zwischen der ernüchternden Erfahrung des täglichen
Erwachens und den berechenbaren Sehnsüchten der Nacht erkennen sie die
unaufhaltsame Annäherung an ein Ende: »Den monströsen und globalen Man-
gel macht Houellebecq überall spürbar«, schrieb die Frankfurter Allgemeine
Zeitung. Die Taschenbuchausgabe der gesammelten Gedichte vereinigt nun
erstmals alle Gedichtbände inklusive des 2014 erschienenen ›Gestalt des letzten
Ufers‹.

Michel Houellebecq wurde 1958 geboren. Er gehört zu den wichtigsten Autoren
der Gegenwart, seine Bücher werden in über vierzig Ländern veröffentlicht.
Auf Deutsch ist nahezu sein gesamtes Werk bei DuMont verlegt. Zuletzt er-
schienen der mit dem renommiertesten französischen Literaturpreis, dem Prix
Goncourt, ausgezeichnete Roman ›Karte und Gebiet‹ (2011), der Gedichtband
›Gestalt des letzten Ufers‹ (2014) sowie der Roman ›Unterwerfung‹ (2015).

MICHEL HOUELLEBECQ

GESAMMELTE GEDICHTE

Aus dem Französischen von Hinrich Schmidt-Henkel
und Stephan Kleiner

DUMONT

März 2016
DuMont Buchverlag, Köln
Alle Rechte vorbehalten

›Gesammelte Gedichte‹ enthält die Bände ›Der Sinn des Kampfes‹,
›Suche nach Glück‹, ›Wiedergeburt‹ und ›Gestalt des letzten Ufers‹.

›Der Sinn des Kampfes‹
© 1996 Flammarion
Die französische Originalausgabe erschien 1996 unter dem Titel
›Le sens du combat‹ bei Flammarion, Paris.
© 2001 für die deutsche Ausgabe: DuMont Buchverlag, Köln
Übersetzung: Hinrich Schmidt-Henkel

›Suche nach Glück‹
© 1997 Flammarion
Die französische Originalausgabe erschien 1997 unter dem Titel
›La Poursuite de Bonheur‹ bei Flammarion, Paris.
© 2000 für die deutsche Ausgabe: DuMont Buchverlag, Köln
Übersetzung: Hinrich Schmidt-Henkel

›Wiedergeburt‹
© 1999 Flammarion
Die französische Originalausgabe erschien 1999 unter dem Titel
›Renaissance‹ bei Flammarion, Paris.
© 2001 für die deutsche Ausgabe: DuMont Buchverlag, Köln
Übersetzung: Hinrich Schmidt-Henkel

›Gestalt des letzten Ufers‹
© Michel Houellebecq et Flammarion, 2013
Die französische Originalausgabe erschien 2013 unter dem Titel
›Configuration du dernier rivage‹ bei Flammarion, Paris.
© 2014 für die deutsche Ausgabe: DuMont Buchverlag, Köln
Übersetzung: Stephan Kleiner (S. 605, 613, 615, 617, 619, 621, 623, 625, 627,
663, 677, 727, 729, 737, 741, 745, 747, 749, 755), Hinrich Schmidt-Henkel

Umschlaggestaltung: Lübbeke Naumann Thoben, Köln
Umschlagabbildung: © plainpicture / fStop
Gesetzt aus der Dante und der Neutra Display
Druck und Verarbeitung: CPI books GmbH, Leck
Gedruckt auf säurefreiem und chlorfrei gebleichtem Papier
Printed in Germany
ISBN 978-3-8321-6355-6

www.dumont-buchverlag.de

DER SINN DES KAMPFES

I

LE JOUR MONTE ET GRANDIT, retombe sur la ville
Nous avons traversé la nuit sans délivrance
J'entends les autobus et la rumeur subtile
Des échanges sociaux. J'accède à la présence.

Aujourd'hui aura lieu. La surface invisible
Délimitant dans l'air nos êtres de souffrance
Se forme et se durcit à une vitesse terrible;
Le corps, le corps pourtant, est une appartenance.

Nous avons traversé fatigues et désirs
Sans retrouver le goût des rêves de l'enfance
Il n'y a plus grand-chose au fond de nos sourires,
Nous sommes prisonniers de notre transparence.

DER TAG WÄCHST HERAN UND WIRD GROSS, legt sich auf die Stadt
Wir haben die Nacht ohne Erlösung durchlebt
Ich höre die Autobusse und das gedämpfte Geräusch
Der sozialen Beziehungen. Ich erlange Gegenwärtigkeit.

Heute wird sich ereignen. Die unsichtbare Schicht
Die in der Luft unsere Leidensexistenzen begrenzt
Formt und verhärtet sich schrecklich schnell;
Der Körper, der Körper aber ist eine Zugehörigkeit.

Wir haben Beschwerlichkeiten und Begierden durchlebt
Ohne dem Aroma der Kinderträume wiederzubegegnen
Es ist nicht besonders viel übrig am Grund unseres Lächelns,
Wir sind Gefangene der eigenen Durchschaubarkeit.

AU LONG DE CES JOURNÉES où le corps nous domine
Où le monde est bien là, comme un bloc de ciment,
Ces journées sans plaisir, sans passion, sans tourment,
Dans l'inutilité pratiquement divines

Au milieu des herbages et des forêts de hêtres,
Au milieu des immeubles et des publicités
Nous vivons un moment d'absolue vérité:
Oui le monde est bien là, et tel qu'il paraît être.

Les êtres humains sont faits de parties séparables,
Leur corps coalescent n'est pas fait pour durer
Seuls dans leurs alvéoles soigneusement murés
Ils attendent l'envol, l'appel de l'impalpable.

Le gardien vient toujours au cœur du crépuscule;
Son regard est pensif, il a toutes les clés,
Les cendres des captifs sont très vite envolées;
Il faut quelques minutes pour laver la cellule.

AN DEN TAGEN, wenn der Körper uns beherrscht
Wenn die Welt wirklich da ist, wie ein Block aus Zement,
Diesen Tagen ohne Vergnügen, ohne Leidenschaft und ohne Pein,
In Sinnlosigkeit, beinahe göttergleich

Umgeben von Weiden und von Buchenwäldern,
Umgeben von Gebäuden und von Reklametafeln
Erleben wir einen Moment absoluter Wahrheit:
Ja, die Welt ist wirklich da, und sie ist, wie sie scheint.

Die Menschenwesen bestehen aus auseinandernehmbaren Teilen,
Ihr verwachsener Körper ist nicht für die Dauer gemacht
Allein in ihren sorgsam gemauerten Waben
Erwarten sie den Flug, den Aufruf des Unfasslichen.

Der Wärter kommt stets im Herzen des Sonnenuntergangs;
Gedankenschweren Blicks, er hat alle Schlüssel,
Die Asche der Gefangenen ist sehr schnell verflogen;
Die Zelle auszuwischen dauert nur ein paar Minuten.

Après-Midi

Les gestes ébauchés se terminent en souffrance
Et au bout de cent pas on aimerait rentrer
Pour se vautrer dans son mal d'être et se coucher,
Car le corps de douleur fait peser sa présence.

Dehors il fait très chaud et le ciel est splendide,
La vie fait tournoyer le corps des jeunes gens
Que la nature appelle aux fêtes du printemps
Vous êtes seul, hanté par l'image du vide,

Et vous sentez peser votre chair solitaire
Et vous ne croyez plus à la vie sur la Terre
Votre cœur fatigué palpite avec effort

Pour repousser le sang dans vos membres trop lourds,
Vous avez oublié comment on fait l'amour,
La nuit tombe sur vous comme un arrêt de mort.

NACHMITTAG

Die begonnenen Bewegungen werden zur Qual
Und nach hundert Schritten möchte man nach Hause zurück
Um sich im Daseinsüberdruss zu aalen und ins Bett zu gehen,
Denn der Schmerzkörper lastet mit seinem Gewicht.

Draußen ist es heiß und der Himmel strahlt,
Das Leben lässt die Körper der jungen Leute kreiseln
Denn die Natur ruft sie zu Frühlingsfesten
Aber Sie sind allein, heimgesucht vom Bild der Leere,

Und Sie spüren die Last Ihres einsamen Fleisches
Und Sie glauben nicht mehr an das Leben auf der Erde
Ihr erschöpftes Herz pocht angestrengt

Um das Blut hineinzupressen in Ihre allzu schweren Glieder,
Sie haben vergessen, wie man Liebe macht,
Die Nacht bricht über Sie herein, einem Todesurteil gleich.

CHÔMAGE

Je traverse la ville dont je n'attends plus rien
Au milieu d'êtres humains toujours renouvelés
Je le connais par cœur, ce métro aérien;
Il s'écoule des jours sans que je puisse parler.

Oh! ces après-midi, revenant du chômage
Repensant au loyer, méditation morose,
On a beau ne pas vivre, on prend quand même de l'âge
Et rien ne change à rien, ni l'été, ni les choses.

Au bout de quelques mois on passe en fin de droits
Et l'automne revient, lent comme une gangrène;
L'argent devient la seule idée, la seule loi,
On est vraiment tout seul. Et on traîne, et on traîne…

Les autres continuent leur danse existentielle,
Vous êtes protégé par un mur transparent;
L'hiver est revenu. Leur vie semble réelle.
Peut-être, quelque part, l'avenir vous attend.

ARBEITSLOSIGKEIT

Ich durchquere die Stadt, von der ich nichts mehr erwarte
Inmitten stets neuer Menschenwesen
Ich kenne sie auswendig, diese Hochbahnstrecke;
Tage vergehen, ohne dass ich reden kann.

Oh! diese Nachmittage bei der Heimkehr vom Nichtstun
Mit Gedanken an die Miete, ein griesgrämiges Grübeln,
Es hat keinen Zweck, nicht zu leben, man kommt doch in die Jahre
Und nichts verändert sich, kein bisschen, weder der Sommer
                                        noch die Dinge.

Nach ein paar Monaten endet der Anspruch auf Arbeitslosengeld
Und der Herbst kommt wieder, schleichend wie Wundbrand;
Das Geld wird zum einzigen Gedanken, zum einzigen Gesetz,
Man ist wirklich ganz allein. Und man schleppt sich hin,
                                        schleppt sich hin ...

Die anderen fahren fort in ihrem Daseinstanz,
Sie sind geschützt mit einer durchsichtigen Wand;
Der Winter ist zurück. Deren Leben scheint wirklich.
Vielleicht wartet auf Sie die Zukunft irgendwo.

LES MOMENTS IMMOBILES que l'on vit presque en fraude
Et les petites morts, petits autodafés;
C'était sur les deux heures et la ville était chaude,
Les bustiers fourmillaient aux terrasses des cafés

Et tout s'organisait pour la reproduction:
Comportements humains, jeux de dents, rires forcés
L'impossibilité permanente de l'action
Morceaux de vie qu'on rêve, bientôt désamorcés.

Les humains s'agitaient dans les murs de la ville:
Flots sur le boulevard, téléphones portatifs;
Inquiétude sur la ligne, jeux de regards hostiles:
Tout fonctionne, tout tourne, et j'ai les nerfs à vif.

DIE REGLOSEN MOMENTE, die man fast verstohlen erlebt,
Und die kleinen Tode, kleinen Autodafés;
Es ging auf zwei Uhr und in der Stadt war es heiß,
Es wimmelte von Bustiers an den Tischen vor den Cafés

Und alles machte sich zur Fortpflanzung bereit:
Menschliche Verhaltensweisen, gebleckte Zähne, gezwungenes Lachen
Die fortwährende Unmöglichkeit zu handeln
Bruchstücke des Lebens, erträumt, doch bald schon wieder uninteressant.

Die Menschen liefen zwischen den Mauern der Stadt hin und her:
Fluten auf dem Boulevard, tragbare Telefone;
Sorge, ob die Verbindung steht, feindseliger Einsatz des Blicks:
Alles funktioniert, alles kreist, und meine Nerven liegen blank.

IL MARCHE DANS LA NUIT, son regard plein de mort,
Et le froid se fait vif entre les carrefours
Cela fait plus d'un an qu'il n'a pas fait l'amour;
Les êtres humains se croisent, on sent glisser leurs corps.

Il marche dans la ville avec un mot secret,
C'est vraiment très curieux de voir les autres vivre,
De regarder la vie comme on lit dans un livre
Et d'avoir oublié jusqu'au goût du regret.

Il compose le code, retrouve son studio
Et une main glacée se pose sur son cœur
Certainement quelqu'un a commis une erreur,
Il n'a plus très envie d'écouter la radio.

Il est seul, maintenant, et la nuit est immense
Il frôle les objets d'une main hésitante
Les objets sont bien là, mais sa raison s'absente
Il traverse la nuit à la recherche d'un sens.

ER GEHT DURCH DIE NACHT, den Blick von Tod durchtränkt,
Es ist auf den Straßenkreuzungen empfindlich kalt
Schon länger als ein Jahr war er mit niemandem mehr im Bett;
Die Menschenwesen begegnen sich, man spürt ihre Körper
                                                    vorübergleiten.

Er geht durch die Stadt mit einem geheimen Wort,
Es ist wirklich sehr kurios, den anderen beim Leben zuzusehen,
Das Leben zu betrachten, wie man in einem Buch liest
Und alles vergessen zu haben, bis hin zum Genuss an der Reue.

Er gibt den Türöffnungscode ein, gelangt in sein Apartment
Und eine eiskalte Hand legt sich ihm aufs Herz
Sicher hat jemand einen Fehler gemacht,
Er hat nicht mehr viel Lust, Radio zu hören.

Er ist jetzt allein, und die Nacht hat kein Ende
Er streift die Dinge mit unentschlossener Hand
Die Dinge sind zwar da, doch seine Vernunft macht sich davon
Er geht durch die Nacht auf der Suche nach einem Sinn.

AU SERVICE DU SANG

Je ne pars plus vraiment en voyage
Car je connais l'endroit
Et je connais mes droits,
Et j'ai connu la rage.

Au service de l'humanité,
Assis dans la cité,
Je connais bien ma chambre
Je sens la nuit descendre.

Les anges qui s'envolent
Dans la splendeur des cieux
Et qui retrouvent Dieu,
Les femmes qui rigolent.

Attaché à ma table,
Assis dans la cité,
La lente intensité
De la nuit implacable.

Im Dienst des Blutes

Ich verreise nicht mehr wirklich
Denn ich kenne den Ort
Und ich kenne meine Rechte,
Und ich habe die Wut erlebt.

Im Dienst der Menschheit
Sitze ich im Hochhaus,
Ich kenne mein Zimmer gut
Ich spüre, wie die Nacht sich senkt.

Die Engel fliegen auf
In den Glanz der Himmel
Sie kehren heim zu Gott,
Zu lachenden Frauen.

An meinen Tisch gefesselt,
Sitze ich im Hochhaus,
Die gemächliche Intensität
Der unerbittlichen Nacht.

La nuit dans la cité,
La lente immensité,
La vision très cruelle
Détachée sur le ciel
D'une forme qui bouge
Qui palpite, qui est rouge.

Au service du sang,
Des dégoûts peu conscients,
Des fins d'amour cruelles
Des éclats du réel;

Tout cela pour quoi faire?
L'idée d'une vision
La fin d'une chanson
Les hommes qui désespèrent

Qui attendent la rage
Et les corps éclatés
Qui s'accroupissent, blessés,
Dans l'espoir du carnage.

Die Nacht zwischen den Hochhäusern,
Die gemächliche Intensität,
Die grausame Vision
Vor dem Himmel
Eine sich regende Form
Sie pocht, sie ist rot.

Im Dienst des Blutes,
Des kaum bewussten Ekels,
Der grausamen Trennungen
Des aufplatzenden Realen;

All das wozu?
Die Ahnung einer Vision
Das Ende eines Liedes
Die verzweifelnden Menschen

Die warten, dass die Wut kommt
Und die aufgeplatzten Körper
Die dort hocken, verletzt,
In der Hoffnung auf das Gemetzel.

J'apporte l'aliment
De la haine finale,
Je fais frotter mes dents
Et je ressens le mal.

Je connais bien les ruses
De la chair écrasée
On me dit que j'abuse,
Je me sens justifié

Par l'humaine souffrance,
Par les espoirs déçus
Par l'écrasement dense
Des journées superflues.

Je ne suis pas serein,
Mais je suis dans ma chambre
Les anges me tiennent la main,
Je sens la nuit descendre.

Ich bringe die Nahrung
Des finalen Hasses,
Ich knirsche mit den Zähnen
Und ich spüre den Schmerz.

Ich kenne wohl die Listen
Des zermalmten Fleisches
Man sagt, ich übertreibe,
Ich fühle mich gerechtfertigt

Durch das menschliche Leid,
Durch die enttäuschten Hoffnungen
Durch die unentwegt zermalmenden
Überflüssigen Tage.

Ich bin nicht froh,
Aber ich bin in meinem Zimmer
Die Engel halten mir die Hand,
Ich spüre, wie die Nacht sich senkt.

L'INSTANT D'UNE RENONCIATION, je m'abats sur la banquette. Cependant, les rouages du besoin se remettent à tourner. La soirée est fichue; peut-être la semaine, peut-être la vie; il n'empêche que je dois ressortir acheter une bouteille d'alcool.

De jeunes bourgeoises circulent entre les rayonnages du Monoprix, élégantes et sexuelles comme des oies. Il y a probablement des hommes, aussi; je m'en fiche pas mal. On a beau ne plus imaginer de mots possibles entre soi et le reste de l'humanité, le vagin reste une ouverture.

Je remonte les étages, mon litre de rhum serré dans un sac plastique. Je me détruis, je le sens bien; mes dents s'effritent. Pourquoi, aussi, mon regard fait-il fuir les femmes? Le jugent-elles implorant, fanatique, coléreux ou pervers? Je ne le sais pas, je ne le saurai probablement jamais; mais ceci fait le malheur de ma vie.

FÜR DIE KURZE DAUER EINES VERZICHTS lasse ich mich auf die Bank sacken. Dann aber setzt das Räderwerk des Bedürfnisses sich wieder in Gang. Der Abend ist versiebt; vielleicht die Woche; vielleicht das Leben; trotzdem muss ich noch mal raus, eine Flasche Schnaps kaufen.

Junge Bürgerinnen gehen zwischen den Auslagen des Supermarkts hin und her, elegant und sexuell wie Gänse. Wahrscheinlich sind auch Männer da, das ist mir ziemlich Wurst. Man kann noch so sicher sein, dass es keine denkbaren Worte mehr gibt zwischen sich und dem Rest der Menschheit, die Vagina bleibt eine Öffnung.

Ich gehe die Treppe wieder hoch, Etage für Etage, meinen Liter Rum in einer Plastiktüte. Ich zerstöre mich, das spüre ich wohl; meine Zähne zerbröseln. Warum treibt überdies mein Blick die Frauen in die Flucht? Finden sie ihn hündisch, fanatisch, zornig oder pervers? Ich weiß es nicht, ich werde es wahrscheinlich nie erfahren; das aber ist das Unglück meines Lebens.

FIN DE SOIRÉE

En fin de soirée, la montée de l'écœurement est un phéno-
mène inévitable. Il y a une espèce de planning de l'horreur.
Enfin, je ne sais pas; je pense.
L'expansion du vide intérieur. C'est cela. Un décollage de tout
événement possible. Comme si vous étiez suspendu dans le
vide, à équidistance de toute action réelle, par des forces
magnétiques d'une puissance monstrueuse.

Ainsi suspendu, dans l'incapacité de toute prise concrète sur le
monde, la nuit pourra vous sembler longue. Elle le sera, en
effet.
Ce sera, pourtant, une nuit protégée; mais vous n'apprécierez
pas cette protection. Vous ne l'apprécierez que plus tard, une
fois revenu dans la ville, une fois revenu dans le jour, une fois
revenu dans le monde.
Vers neuf heures, le monde aura déjà atteint son plein niveau
d'activité. Il tournera souplement, avec un ronflement léger. Il
vous faudra y prendre part, vous lancer – un peu comme on
saute sur le marchepied d'un train qui s'ébranle pour quitter la
gare.
Vous n'y parviendrez pas. Une fois de plus, vous attendrez la
nuit – qui pourtant, une fois de plus, vous apportera l'épuise-
ment, l'incertitude et l'horreur.
Et cela recommencera ainsi, tous les jours, jusqu'à la fin du
monde.

SPÄTER ABEND

Am späten Abend ist das Aufsteigen des Ekels ein unvermeidliches Phänomen. Es gibt eine Art Planung des Entsetzens. Na ja, ich weiß nicht; ich denke mir das so.
Die Ausdehnung der inneren Leere. Das ist es. Eine Ablösung von jedem möglichen Ereignis. Als hinge man im leeren Raum, gleich weit entfernt von jeder wirklichen Handlung, gehalten durch magnetische Kräfte von grässlicher Gewalt.

So da hängend, unfähig zu jedem konkreten Zugriff auf die Welt, kann einem die Nacht lang erscheinen. Sie wird es sein, in der Tat.
Dennoch wird es eine geschützte Nacht sein; aber Sie werden diesen Schutz nicht schätzen. Erst später werden Sie ihn schätzen, wenn Sie wieder in der Stadt sind, wieder am Tage, wieder in der Welt.
Gegen neun Uhr hat die Welt dann schon ihren vollen Aktionsgrad erreicht. Sie wird elastisch kreisen, leise surrend. Sie werden daran teilnehmen, sich hineinstürzen müssen – etwa, wie wenn man auf das Trittbrett eines Zuges aufspringt, der im Bahnhof eben anrollt.
Es wird Ihnen nicht gelingen. Einmal mehr werden Sie die Nacht erwarten – die dann aber, einmal mehr, nichts als Erschöpfung bringen wird, Ungewissheit und Entsetzen.
Und so wird es immer sein, jeden neuen Tag, bis ans Ende der Welt.

Derrière mes dents et jusqu'au fond de ma gorge mon palais est tapissé de ramifications brunes, rigidifiées et entremêlées comme des branches mortes; mais à l'intérieur vit un nerf de douleur. Leurs indentations et leurs divisions sont si fertiles que les tiges forment un buisson touffu, comme une surface légèrement rugueuse au-dessus de la chair; ces faibles tiges supportent à peine le poids du paquet de branches mortes qui les surmonte. La surface en dessous est sale, avec de gros grumeaux de crasse, des capsules et des bouteilles vides qui roulent et frappent les tiges, parcourant l'ensemble du massif d'un frémissement douloureux. Il y a même un os de seiche; les ramifications ont poussé autour, se sont rigidifiées et durcies.

J'ai peur que quelqu'un vienne avec un peigne de métal et commence à le passer dans ce buisson. L'ensemble craquerait et s'arracherait de l'intérieur de ma bouche dans un jaillissement mou; les racines de mes dents viendraient avec, tout s'arracherait et pendrait de ma bouche comme une masse de chair filamenteuse et saignante.

HINTER MEINEN ZÄHNEN und bis tief in den Hals ist mein Gaumen mit braunen Verästelungen überzogen, starr und verworren wie verdorrtes Gezweig; darinnen aber lebt ein Nerv aus Schmerz. Die Verzweigungen und Gabelungen sind so zahlreich, dass die Stängel einen buschigen Strauch bilden, eine Art leicht raue Schicht über dem Fleisch; diese schmächtigen Stängel können das Gewicht der kompakten toten Äste über ihnen kaum tragen. Die Schicht darunter ist schmutzig, mit großen Dreckbrocken versetzt, mit Kronkorken und leeren Flaschen, die hin und her rollen, gegen die Zweige schlagen und das ganze Gebilde schmerzlich erzittern lassen. Sogar einen Sepiaschulp gibt es da; die Zweige haben ihn umwuchert, sind erstarrt und verhärtet.

Ich habe Angst, jemand könnte mit einem Metallkamm kommen und ihn durch diesen Busch ziehen. Alles würde knacken und mit weichem Ruck aus dem Inneren meines Mundes gerissen werden; die Wurzeln meiner Zähne würden mitkommen, alles würde herausreißen und aus meinem Mund hängen wie eine faserige und blutende Fleischmasse.

LE LOBE DE MON OREILLE DROITE est gonflé de pus et de sang. Assis devant un écureuil en plastique rouge symbolisant l'action humanitaire en faveur des aveugles, je pense au pourrissement prochain de mon corps. Encore une souffrance que je connais mal et qui me reste à découvrir, pratiquement dans son intégralité.

Je pense également et symétriquement, quoique de manière plus imprécise, au pourrissement et au déclin de l'Europe.

Attaqué par la maladie, le corps ne croit plus à aucune possibilité d'apaisement. Mains féminines, devenues inutiles. Toujours désirées, cependant.

DIE MUSCHEL MEINES RECHTEN OHRS ist geschwollen von Eiter und Blut. Ich sitze vor einem roten Plastikeichhorn, dem Symbol der humanitären Aktion zugunsten der Blinden, ich denke an das bevorstehende Verfaulen meines Körpers. Noch ein Leiden, das ich nicht gut kenne und das mir zu entdecken bleibt, so gut wie in seinem gesamten Verlauf.

Ich denke ebenfalls und symmetrisch dazu, wenn auch weniger präzise, an das Verfaulen und den Niedergang Europas.

Von der Krankheit befallen, glaubt der Körper an keine mögliche Linderung mehr. Weibliche Hände, nutzlos geworden. Stets begehrt indes.

BOUCHE ENTROUVERTE, comme des carpes, nous laissons échapper des renvois de mort. Pour dissimuler l'odeur de mort qui sort de nos gueules, qui sort invinciblement de nos gueules, nous émettons des paroles.

Les pierres calcaires qui composent nos maisons sont des animaux morts. Des animaux écartelés, dépecés, desséchés; des coquillages éviscérés. Des coquillages écrasés, triturés, malaxés par la violence interne de la terre; par la terrifiante chaleur des entrailles de la terre. Des animaux conglomérés et morts.

MIT HALB OFFENEM MUND, wie Karpfen, lassen wir Totenrülpser heraus. Um vom Leichengestank abzulenken, der aus unseren Fressen strömt, der unbesieglich aus unseren Fressen strömt, geben wir Wörter von uns.

Die Kalksteine, aus denen unsere Häuser bestehen, sind tote Tiere. Zerfledderte, zerstückelte, getrocknete Tiere; ausgeweidete Muscheln. Von der inneren Gewalt der Erde zertretene, zermahlene, zerriebene Muscheln; der schrecklichen Hitze aus den Eingeweiden der Erde. Tiere, zusammengebacken und tot.

Une journée avec elle

Elle me regarde, et son regard est plein de sang. Et sa viande excitante n'est qu'une enveloppe sur du sang. Je vois le sang qui coule de ses seins tranchés. Je vois le sang.

Elle est là. Le matin. Et le soir. Je m'éveille à huit heures du soir et je crois que c'est le matin. Non. C'est le soir. C'est toujours le soir.
C'est la nuit. Qui vient. Et qui n'est pas douce. La nuit avec ses marionnettes de sang; les fils qui courent dans la chair translucide et jaune. Les marionnettes qui ressemblent à des femmes; le sang qui coule, doucement, des marionnettes.

Matinée. Explosion. Bleu partout. Toujours du bleu; splendide. Le jour qui recommence; qui insiste. Quand viendra la douceur? Quand viendra la mort?

Ein Tag mit ihr

Sie blickt mich an, und ihr Blick ist voll Blut. Und ihr erregendes Fleisch ist nichts als eine Hülle um das Blut. Ich sehe das Blut von ihren abgetrennten Brüsten fließen. Ich sehe das Blut.

Sie ist da. Morgens. Und abends. Ich wache um acht Uhr abends auf und glaube, es sei Morgen. Nein. Es ist Abend. Es ist immer Abend.
Es ist Nacht. Die Nacht kommt. Sie ist nicht sanft. Die Nacht mit ihren blutigen Marionetten; Fäden durch das durchscheinende, gelbe Fleisch. Marionetten, die aussehen wie Frauen; das Blut rinnt, langsam, aus den Marionetten.

Morgen. Explosion. Blau überall. Immer blau; strahlend. Der Tag beginnt erneut, er bleibt beharrlich. Wann kommt die Süße? Wann kommt der Tod?

Différenciation rue d'Avron

Les débris de ta vie s'étalent sur la table:
Un paquet de mouchoirs à moitié entamé,
Un peu de désespoir et le double des clés;
Je me souviens que tu étais très désirable.

Le dimanche étendait son voile un peu gluant
Sur les boutiques à frites et les bistrots à nègres;
Pendant quelques minutes nous marchions, presque allègres,
Et puis nous rentrions pour ne plus voir les gens

Et pour nous regarder pendant des heures entières;
Tu dénudais ton corps devant le lavabo
Ton visage se ridait mais ton corps restait beau
Tu me disais: «Regarde-moi. Je suis entière,

Mes bras sont attachés à mon torse, et la mort
Ne prendra pas mes yeux comme ceux de mon frère,
Tu m'as fait découvrir le sens de la prière,
Regarde-moi, regarde. Mets tes yeux sur mon corps.»

DIFFERENZIERUNG, RUE D'AVRON

Die Bruchstücke deines Lebens liegen verstreut auf dem Tisch:
Ein Päckchen Taschentücher, halb geleert,
Ein wenig Verzweiflung und deine zweiten Schlüssel;
Ich weiß noch, wie begehrenswert du warst.

Der Sonntag entfaltete seinen leicht klebrigen Schleier
Über den Fritten-Ständen und den Neger-Bistros;
Ein paar Minuten lang wanderten wir, fast fröhlich,
Und dann gingen wir heim, um keine Leute mehr zu sehen

Und um einander anzuschauen ganze Stunden lang;
Du entblößtest deinen Körper vor dem Waschbecken
Dein Gesicht bekam Falten, doch dein Körper blieb schön
Du sagtest: »Schau mich an. Ich bin heil,

Meine Arme sitzen an meinem Leib, und der Tod
Wird meine Augen nicht holen wie die meines Bruders,
Du hast mich den Sinn des Gebetes gelehrt,
Schau mich an, schau her. Richte die Augen auf meinen Körper.«

II

Certains disent : regardez ce qui se passe en coulisse. Comme c'est beau, toute cette machinerie qui fonctionne! Toutes ces inhibitions, ces fantasmes, ces désirs réfléchis sur leur propre histoire. Toute cette technologie de l'attirance. Comme c'est beau!
Hélas j'aime passionnément, et depuis toujours, ces moments où plus rien ne fonctionne. Ces états de désarticulation du système global, qui laissent présager un destin plutôt qu'un instant, qui laissent entrevoir une éternité par ailleurs niée. Il passe, le génie de l'espèce.

Il est difficile de fonder une éthique de vie sur des présupposés aussi exceptionnels, je le sais bien. Mais nous sommes là, justement, pour les cas difficiles. Nous sommes maintenant dans la vie comme sur des mesas californiennes, vertigineuses plates-formes séparées par le vide; le plus proche voisin est à quelques centaines de mètres mais reste encore visible, dans l'air limpide (et l'impossibilité d'une réunification se lit sur tous les visages). Nous sommes maintenant dans la vie comme des singes à l'opéra, qui grognent et s'agitent en cadence. Tout en haut, une mélodie passe.

IN DER KLAREN LUFT

Manche sagen: Schaut mal, was hinter den Kulissen vor sich geht. Wie schön das ist, diese ganze funktionierende Maschinerie! All diese Verklemmungen, Fantasien, das Begehren, widergespiegelt von seiner eigenen Geschichte. All diese Technologie der Anziehung. Wie schön das ist!

Leider aber liebe ich, und zwar seit jeher, leidenschaftlich diejenigen Momente, in denen nichts mehr funktioniert. Diese Zustände, in denen das globale System aus den Fugen gerät, Zustände, in denen ein Schicksal eher vorhersagbar ist als der nächste Augenblick, Zustände, die eine sonst geleugnete Ewigkeit erahnen lassen. Da ist er bemerkbar, der Genius der Gattung.

Es ist problematisch, auf so außergewöhnlichen Vorbedingungen eine Lebensethik zu gründen, ich weiß. Aber gerade für die Problemfälle sind wir ja da. Wir stehen jetzt im Leben wie auf kalifornischen Mesas, jenen schwindelerregenden, durch Leere voneinander getrennten Tafelbergen; der nächste Nachbar befindet sich ein paar hundert Meter entfernt, bleibt aber dennoch sichtbar, in der klaren Luft (und die Unmöglichkeit des Zueinanderfindens ist allen Gesichtern eingeschrieben). Wir stehen jetzt im Leben wie Affen in der Oper, sie grunzen und fuchteln im Takt. Weit dort oben fliegt eine Melodie vorbei.

Les anecdotes

Les anecdotes, évidemment… Tous les êtres humains se ressemblent. A quoi bon égrener de nouvelles anecdotes? Caractère inutile du roman. Il n'y a plus de morts édifiantes; le soleil fait défaut. Nous avons besoin de métaphores inédites; quelque chose de religieux intégrant l'existence des parkings souterrains. Et bien sûr on s'aperçoit que c'est impossible. Beaucoup de choses, d'ailleurs, sont impossibles. L'individualité est essentiellement un échec. La sensation du moi, une machine à fabriquer le sentiment d'échec. La culpabilité semble offrir une voie intéressante, à condition qu'il fasse beau. Presque impossible à développer. Intelligent et inédit, en tout cas. Grande objectivité.

DIE ANEKDOTEN

Die Anekdoten, freilich… Alle Menschenwesen sind einander ähnlich. Wozu da neue Anekdoten leiern? Die Vergeblichkeit, ein Grundzug des Romans. Es gibt keine erbaulichen Toten mehr; die Sonne fehlt. Wir benötigen unveröffentlichte Metaphern; etwas Religiöses, das auch die Existenz von Tiefgaragen umfasst. Natürlich erkennt man, dass das unmöglich ist. Unmöglich sind übrigens viele Dinge. Die Individualität ist zutiefst gescheitert. Die Ich-Empfindung: eine Maschine zur Herstellung des Gefühls vom Scheitern. Die Schuld scheint einen interessanten Weg zu bieten, unter der Bedingung, dass gutes Wetter herrscht. Fast unmöglich zu entwickeln. Intelligent und unveröffentlicht, auf jeden Fall. Große Objektivität.

On gémit de souffrance ou de plaisir
Le cri est également une synthèse.
L'essentiel est finalement de ne pas dormir;
Parfois on s'étripe, parfois on se baise.

En réalité, je l'ai toujours su, j'étais moins résistant que toi;
les événements récents en administrent une preuve parfaite.
Finalement, le plus vulgaire en toi, c'est encore ton rire. C'est
le dernier trait qui manquait à l'abjection de ton personnage,
pauvre conne.

Naturellement, nous ne savons pas aimer
Comme l'écrivait ta sœur à sa fille
Après son troisième avortement.
C'est quelque chose comme une espèce de secret
Perdu. Pourtant, le soleil brille
Et les évêques perdent leurs dents.

Il est depuis quelques semaines évident pour moi que les
expériences n'enrichissent pas l'être humain, mais qu'elles
l'amoindrissent; plus exactement, elles le détruisent. Les gens
réfléchissent, ils font la moyenne; naturellement ça se
rapproche de zéro, et même assez vite. Finalement, le plus
grand succès de mon parcours terrestre aura été de ne rien
pouvoir apprendre, en aucun cas, de la vie.

MAN WIMMERT VOR SCHMERZEN oder vor Genuss,
Der Schrei ist gleichfalls eine Synthese.
Wesentlich ist am Ende, nicht zu schlafen;
Mal zerfleischt man sich, mal wird gefickt.

In Wirklichkeit, das habe ich immer gewusst, war ich nicht
so zäh wie du; die jüngsten Ereignisse liefern dafür den schla-
genden Beweis. Das Vulgärste an dir ist letzten Endes immer
noch dein Lachen. Es ist der letzte Zug, der an der Verkom-
menheit deiner Person gefehlt hat, du arme Irre.

Natürlich haben wir verlernt zu lieben
Wie es deine Schwester ihrer Tochter
Nach ihrer dritten Abtreibung schrieb.
Das ist eine Art Geheimnis, ein
Vergessenes. Trotzdem, die Sonne scheint
Und den Bischöfen fallen die Zähne aus.

Seit einigen Wochen liegt für mich ganz klar auf der Hand,
dass Erfahrungen das Menschenwesen nicht bereichern, son-
dern schwächen; genauer, sie zerstören es. Die Leute denken
nach; sie bilden den Durchschnitt; natürlich geht das gegen
null, und zwar ziemlich rasch. Der größte Erfolg meines
Erdendaseins wird letzten Endes sein, dass ich vom Leben
nichts habe lernen können, in keinem einzigen Fall.

LA FACE DE L'HOMME se détachait avec une éprouvante netteté sur le fond de branchages (humains, nous flairons les humains; nous les délimitons au milieu d'un espace touffu).

Si nous reconnaissons la Gestalt de l'humain
Dans un environnement franchement défavorable,
Si nous délimitons ses contours de nos mains
Afin que le semblable soit connu du semblable,

Pourquoi la solitude? Pourquoi l'écrasement?
Pourquoi dans la poitrine le reptile de l'angoisse?
Au milieu de la nuit, la langue entre les dents,
Je sens dans mes organes les bactéries qui croissent.

Semblables et différents, nos corps sont envahis par des germes. Différents et semblables, ces germes contiennent le pourrissement, impliquent le désespoir. Ils constituent, cependant, l'essence de la réalité.

Das Gesicht des Mannes zeichnete sich quälend deutlich vor dem Geäst im Hintergrund ab (wir Menschen wittern die Menschen; wir spüren sie inmitten eines üppig bewachsenen Geländes auf).

Wenn wir die *Gestalt* des Menschlichen erkennen
In einer deutlich unwirtlichen Umgebung,
Wenn wir seine Konturen mit den Händen umfahren
Auf dass der Nächste den Nächsten erkenne,

Woher dann die Einsamkeit? Woher die Bedrückung?
Woher in der Brust das Reptil der Angst?
Mitten in der Nacht, die Zunge zwischen den Zähnen,
Spüre ich in meinen Organen das Wachstum der Bakterien.

Unsere Körper, einander gleich und voneinander ungleich, werden von Keimen durchwuchert. Diese Keime, voneinander ungleich und einander gleich, enthalten die Verwesung und bewirken Hoffnungslosigkeit. Aus ihnen besteht indessen die Essenz der Wirklichkeit.

Je n'ai jamais pu supporter les trop longs moments d'union avec la nature,
Il y a trop de fouillis et d'animaux qui glissent
J'aime les citadelles qu'on bâtit dans l'azur
Je veux l'éternité, ou au moins ses prémisses.

L'examen attentif du sol d'une pinède fait apparaître une profonde dysharmonie entre ses brindilles. Cette dysharmonie se révèle créatrice d'un monde, et d'un destin pour les insectes. Ils se croisent, chacun préoccupé d'une survie aléatoire. Leur vie sociale paraît limitée.

Je n'ai jamais réussi à accepter les cantates de
Jean-Sébastien Bach,
La répartition y est trop parfaite entre le silence et le bruit
J'ai besoin de hurlements, d'un magma corrosif, d'une atmosphère d'attaque
Qui puisse écarteler le silence de la nuit.

Notre génération semble avoir redécouvert le secret d'une musique parfaitement rythmée, et donc parfaitement ennuyeuse. Entre la musique et la vie, il n'y a qu'un pas. Payé par personne, au service de l'humanité, je continue à frotter une par une mes allumettes lyriques. Heureusement, le SIDA veille.

ALLZU LANGE DAUERNDES EINSSEIN mit der Natur habe ich
noch nie ertragen,
Da gibt es zu viel Durcheinander und glitschige Tiere
Ich liebe Zitadellen, ins Blau gebaut
Ich will die Ewigkeit oder zumindest ihre Prämissen.

Die aufmerksame Untersuchung des Bodens in einem Kiefern-
wald bringt eine tiefe Disharmonie zwischen den einzelnen
Bestandteilen ans Licht. Diese Disharmonie erweist sich als
Schöpferin einer Welt, eines Schicksalsraums für die Insekten.
Sie begegnen einander, jedes in seinem zufälligen Überleben
befangen. Ihr Sozialleben erscheint beschränkt.

Johann Sebastian Bachs Kantaten habe ich nie gelten lassen
können,
Allzu perfekt ist in ihnen die Aufteilung zwischen Stille und
Geräusch
Ich brauche Geschrei, ätzendes Magma, Angriffslust
Die die nächtliche Stille zerreißen kann.

Unsere Generation hat offenbar das Geheimnis einer vollendet
durchrhythmisierten und daher vollendet langweiligen Musik
wiederentdeckt. Zwischen Musik und Leben ist es nur ein
Schritt. Pro Kopf bezahlt, im Dienste der Menschheit, reiße ich
eines nach dem anderen meine lyrischen Streichhölzer an.
Zum Glück hält AIDS Wacht.

Parlons de foin et de fœtus:
Les vaches, parfois, sont nerveuses
Et sous les abris d'autobus
Leur regard douloureux se creuse.

J'admire énormément les vaches
Mais les pouliches, le soir, j'y pense.
J'aurais aimé être un Apache,
Mais je travaille à la Défense.

Si vous connaissez la tour GAN,
Vous connaissez mon existence;
Regardez la forme de mon crâne,
Imaginez des expériences.

J'aurais aimé une prairie
Immense et grise sous le vent
J'aurais aimé une patrie,
Quelque chose de fort et de grand.

Les pouliches avancent et reculent,
Leur comportement est prudent
Les commerciaux sont des crapules,
Mais ils sourient à pleines dents.

REDEN WIR ÜBER HEU UND FÖTEN:
Die Kühe sind bisweilen nervös
Und in den Bus-Wartehäuschen
wechseln sie schmerzerfüllte Blicke.

Ich bewundere die Kühe enorm
Abends aber denke ich an die jungen Stuten.
Ich wäre gern ein Apache geworden,
Aber ich arbeite in La Défense.

Wenn Sie das Hochhaus der Versicherung kennen,
Kennen Sie mein Leben;
Schauen Sie sich die Form meines Schädels an,
Stellen Sie sich Erfahrungen vor.

Ich hätte gern eine Prärie
Unendlich und grau unter dem Wind
Ich hätte gern ein Vaterland,
Etwas Starkes, Großes.

Die jungen Stuten tänzeln vor und zurück,
Sie verhalten sich umsichtig
Die Händler sind Gesindel,
Aber sie lächeln mit gebleckten Zähnen.

QUAND ELLE M'APERCEVAIT, elle tendait son bassin
Et elle ironisait: «C'est gentil d'être venu …»
J'observais vaguement la courbe de ses seins
Et puis je m'en allais. Mon bureau était nu.

Tous les vendredis soirs je jetais des dossiers
Pour retrouver lundi un bureau identique
Et je l'aimais beaucoup. Elle était pathétique,
C'était une secrétaire à la viande avariée.

Elle vivait vaguement tout près de Cheptainville
Avec un enfant roux, des cassettes vidéo
Elle ne connaissait pas les rumeurs de la ville
Et le samedi soir elle louait des films porno.

Elle tapait du courrier et j'aimais son visage,
Tant elle s'efforçait d'être une obéissante
Elle avait trente-cinq ans ou peut-être cinquante,
Elle allait vers la mort et elle n'avait plus d'âge.

ALS SIE MICH SAH, schob sie das Becken vor
Und meinte ironisch: »Nett, dass Sie gekommen sind …«
Ich schaute flüchtig auf die Wölbung ihrer Brüste
Und ging. Mein Schreibtisch war nackt.

Jeden Freitag warf ich Akten fort
Um montags stets denselben Schreibtisch vorzufinden
Und ich mochte sie sehr. Sie war sentimental,
Eine Sekretärin aus gestrandetem Fleisch.

Sie wohnte irgendwo bei Cheptainville
Mit einem rothaarigen Kind und Videokassetten
Die Geräusche der Stadt waren ihr fremd
Und samstags abends lieh sie sich Pornos aus.

Sie tippte die Post und ich mochte ihr Gesicht,
So sehr bemühte sie sich, eine Gehorsame zu sein
Sie war fünfunddreißig oder auch fünfzig vielleicht,
Sie ging dem Tod entgegen, alterslos.

MIDI

La rue Surcouf s'étend, pluvieuse;
Au loin, un charcutier-traiteur.
Une Américaine amoureuse
Ecrit à l'élu de son cœur.

La vie s'écoule à petits coups;
Les humains sous leur parapluie
Cherchent une porte de sortie
Entre la panique et l'ennui
(Mégots écrasés dans la boue).

Existence à basse altitude,
Mouvements lents d'un bulldozer;
J'ai vécu un bref interlude
Dans le café soudain désert.

MITTAG

Die Rue Surcouf liegt da, verregnet;
Weit da hinten ein Metzger und Traiteur.
Eine verliebte Amerikanerin
Schreibt dem Auserwählten ihres Herzens.

Das Leben plätschert in kleinen Wellen dahin;
Die Menschenwesen unter ihren Regenschirmen
Suchen einen Ausweg
Zwischen Panik und Langeweile
(Zertretene Kippen im Dreck).

Existenz in geringer Lautstärke,
Langsame Bewegungen eines Bulldozers;
Ich habe ein kurzes Zwischenspiel durchlebt
In dem auf einmal menschenleeren Café.

L'INSUPPORTABLE RETOUR DES MINI-JUPES

Dans le métro, les jeunes femmes
Circulent dans une ambiance de drame
Au mois de mai, si désirables;
Je suis sorti sans mon cartable.

Occasions d'«aventures sexuelles»?
Jeux savants de la séduction?
Mes journées sont nettement réelles,
J'accède à la stupéfaction.

L'infini des wagons plombés
Sur la ligne 8 (Balard-Créteil);
Le lendemain je suis tombé,
C'était une journée de soleil.

On inaugurait le printemps
A coups de jupettes affolantes,
Je n'avais plus beaucoup de temps
(Et je sentais ma chair vivante).

DIE QUÄLENDE WIEDERKEHR DER MINIRÖCKE

Die jungen Frauen in der Metro
Bewegen sich durch eine theatralische Atmosphäre
Im Monat Mai, äußerst begehrenswert;
Ich bin ohne meine Aktentasche unterwegs.

Gelegenheit für »sexuelle Abenteuer«?
Kunstfertige Spiele der Verführung?
Meine Tage sind eindeutig real,
Ich gerate in einen Zustand der Bestürzung.

Die unendliche Folge der prallvollen Waggons
Auf der Linie 8 (Balard-Créteil);
Am nächsten Tag bin ich gefallen,
Es war ein sonniger Tag.

Man feierte den Frühlingsbeginn
Mit wehenden, erschreckenden Röckchen,
Ich hatte nicht mehr viel Zeit
(Und ich spürte mein lebendiges Fleisch).

L'Eternité en pension complète,
Découverte individuelle du pays
Soirée disco où les corps s'achètent,
Mais pas d'assurance pour la nuit.

Je suis en système libéral
Comme un loup dans un terrain vague,
Je m'adapte relativement mal
J'essaie de ne pas faire de vagues.

Certains soirs, je nourris l'idée
Que j'ai des amis quelque part
C'est difficile de décider
Que pour la vie, il est trop tard.

Je suis au milieu des vacances
Comme un acteur sans scénario,
Mais je sais que les autres dansent
Et qu'ils se filment en vidéo.

DIE EWIGKEIT BEI VOLLPENSION,
Als Einzelperson auf Entdeckungsreise durch das Land
Diskoabende, wo die Körper einander kaufen,
Aber keine Garantie für die Nacht.

Ich lebe in einem liberalen System
So, wie ein Wolf über ein Brachland streift,
Ich passe mich ziemlich an
Ich versuche, keine Wellen zu machen.

An manchen Abenden hege ich den Traum
Dass ich Freunde habe irgendwo
Es ist schwierig zu entscheiden
Dass es fürs Leben zu spät ist.

Ich lebe inmitten der Ferien
Wie ein Schauspieler ohne Drehbuch,
Aber ich weiß, die anderen tanzen
Und nehmen einander mit Video auf.

LES ÊTRES ÉTABLISSENT UNE DISTANCE
Qui est prétexte à la franchir;
Ainsi, dans la soirée, ils dansent;
Transpiration et repentir.

Je me sens cloué sur ma chaise
Comme un ver blanc trop bien nourri;
Pourtant les femmes sentent la fraise,
Le réséda, le patchouli.

Je me tortille et je me voûte,
J'attends la gifle du destin;
Comme un chien qui cherche sa croûte,
Je flaire les parfums féminins.

La soirée se prolonge et crève,
Je vais reprendre un Mogadon
Pour aller au pays des rêves:
La nuit, je quitte ma prison.

DIE WESEN STELLEN EINE DISTANZ HER
Zugleich als Vorwand, sie zu überwinden;
So tanzen sie am Abend;
Transpiration und Reue.

Ich fühle mich auf meinen Stuhl gebannt
Wie ein allzu gut genährter Engerling;
Dabei duften die Frauen nach Erdbeeren,
Nach Reseda und Patschuli.

Ich winde mich und krümme mich,
Ich erwarte die Ohrfeige des Schicksals;
Wie ein Hund, der was zu beißen sucht,
Schnüffle ich hinter den weiblichen Düften her.

Der Abend zieht sich hin und verreckt,
Ich nehme gleich noch ein Mogadon
Um ins Land der Träume zu kommen:
Nachts verlasse ich mein Gefängnis.

Séjour-club

Le poète est celui qui se recouvre d'huile
Avant d'avoir usé les masques de survie
Hier après-midi le monde était docile,
Une brise soufflait sur les palmiers ravis

Et j'étais à la fois ailleurs et dans l'espace,
Je connaissais le Sud et les trois directions
Dans le ciel appauvri se dessinaient des traces,
J'imaginais les cadres assis dans leurs avions

Et les poils de leurs jambes, très similaires aux miens
Et leurs valeurs morales, et leurs maîtresses hindoues
Le poète est celui, presque semblable à nous,
Qui frétille de la queue en compagnie des chiens.

J'aurai passé trois ans au bord de la piscine
Sans vraiment distinguer le corps des estivants,
L'agitation des corps traverse ma rétine
Sans éveiller en moi aucun désir vivant.

CLUB-URLAUB

Der Poet ist der, der sich mit Öl einreibt
Nachdem er die Rettungsmasken verbraucht hat
Gestern Nachmittag war die Welt fügsam,
Eine Brise wehte durch die hingerissenen Palmen

Und ich war zugleich woanders und im Raum,
Ich kannte den Süden und die drei Himmelsrichtungen
Am verarmten Himmel zeichneten sich Spuren ab,
Ich stellte mir Führungskräfte in ihren Flugzeugen vor

Und die Haare auf ihren Beinen, den meinen sehr ähnlich
Und ihre moralischen Werte, und ihre Hindu-Geliebten
Der Poet ist einer, der uns fast gleicht,
Und mit dem Schwanz wedelt, wenn er unter Hunden ist.

Drei Jahre lang hätte ich am Rand des Swimmingpools
sitzen können
Ohne die Körper der Urlauber wirklich zu erkennen,
Das Zappeln der Körper huscht über meine Netzhaut
Ohne dass in mir ein lebendiges Begehren entsteht.

La lumière évolue à peu près dans les formes;
Je suis toujours couché au niveau du dallage.
Il faudrait que je meure ou que j'aille à la plage;
Il est déjà sept heures. Probablement, ils dorment.

Je sais qu'ils seront là si je sors de l'hôtel,
Je sais qu'ils me verront et qu'ils auront des shorts,
J'ai un schéma du cœur. Près de l'artère aorte,
Le sang fait demi-tour; la journée sera belle.

Tout près des parasols, différents mammifères
Dont certains sont en laisse et font bouger leur queue;
Sur la photo j'ai l'air d'être un enfant heureux;
Je voudrais me coucher dans les ombellifères.

DAS LICHT WÄCHST irgendwie in den Formen;
Ich liege immer noch auf dem Fliesenboden.
Ich sollte sterben oder sollte zum Strand;
Es ist schon sieben. Wahrscheinlich schlafen sie.

Ich weiß, sie sind da, wenn ich das Hotel verlasse,
Ich weiß, sie werden mich sehen und kurze Hosen tragen,
Ich habe ein Schaubild des Herzens. Nahe der Aorta
Macht das Blut kehrt; es wird ein schöner Tag.

Dicht bei den Sonnenschirmen diverse Säugetiere
Manche davon an Leinen, sie bewegen den Schwanz hin und her;
Auf dem Foto sehe ich aus wie ein glückliches Kind;
Ich würde mich gern in die Schirmdolden legen.

NULLE OMBRE ne répond; les cieux sont bleus et vides,
Et cette mongolienne en tee-shirt «Predator»
Aligne en vain les mots en gargouillis morbides
Pendant que ses parents soulignent ses efforts.

Un retraité des postes enfile son cycliste
Avant de s'évertuer en mouvements gymnastiques
A contenir son ventre. Une jeune fille très triste
Suit la ligne des eaux. Elle tient un as de pique.

Nul bruit à l'horizon, nul cri dans les nuages;
La journée s'organise en groupes d'habitudes
Et certains retraités ramassent des coquillages;
Tout respire le plat, le blanc, la finitude.

Un Algérien balaie le plancher du «Dallas»,
Ouvre les baies vitrées. Son regard est pensif.
Sur la plage on retrouve quelques préservatifs;
Une nouvelle journée monte sur Palavas.

KEIN SCHATTEN gibt Antwort; der Himmel ist blau und leer,
Und dies mongoloide Mädchen im »Predator«-T-Shirt
Gurgelt vergeblich weiche Wörterreihen
Seine Eltern feuern es bei seinen Bemühungen an.

Ein pensionierter Postler streift seine Biker-Hosen über
Und quält sich mit gymnastischen Bewegungen herum
Um seinen Bauch zu zügeln. Ein sehr trauriges Mädchen
Folgt der Wasserlinie. Es hat ein Pik-As in der Hand.

Kein Geräusch am Horizont, kein Schrei in den Wolken;
Der Tag organisiert sich an gebündelten Gewohnheiten entlang
Und manche Rentner sammeln Muscheln;
Alles atmet Flachheit, Weiße, Endlichkeit.

Ein Algerier kehrt im »Dallas« den Boden,
Macht die großen Fenster auf. Mit nachdenklichem Blick.
Am Strand liegen ein paar Präservative herum;
Ein neuer Tag steigt über Palavas herauf.

SYSTÈME SEXUEL MARTINIQUAIS

On a organisé un papier peint blanchâtre
Pour que les gens y vivent et caressent leurs corps
On n'est pas en vacances pour penser à la mort
En système libéral, parmi tous les mulâtres

Et sous les filaos, les épidermes suent
La journée est très blanche, on se recouvre d'huile
On organise des jeux, le public est docile
Et le soir on déguste des côtelettes de tortue.

Il faut organiser un échange orgastique
Pour que chacun s'amuse et filme en vidéo
Les ébats amoureux, les danses en paréo
Et les fins de soirée un peu paroxystiques.

Ainsi les êtres humains échangent leurs muqueuses
Avant de tout ranger dans les valises en fibre,
C'est ainsi qu'ils expriment leur statut d'êtres libres
Et leur humanité interchangeable et creuse.

SEXUAL-SYSTEM AUF MARTINIQUE

Sie haben eine weißliche Tapete organisiert
Damit die Leute dazwischen leben und ihre Körper liebkosen
Man fährt ja nicht in Urlaub, um an den Tod zu denken
In einem liberalen System, unter all den Mulatten

Und unter den Kasuarinen schwitzen die Epidermen
Der Tag ist sehr weiß, man reibt sich mit Öl ein
Spiele werden organisiert, das Publikum ist fügsam
Und abends speist man Schildkrötenkoteletts.

Es gilt ein orgastisches Miteinander zu organisieren
Damit jeder sich amüsiert und mit Video
Die Liebesspiele filmt, die Tänze im Pareo
Und die späten Abende, die leicht ausgerastet sind.

So reiben die Menschenwesen ihre Schleimhäute aneinander
Bevor alles wieder in die Schalenkoffer kommt,
So leben sie ihren Status als freie Wesen aus
Und ihr austauschbares, hohles Menschsein.

Comme un week-end en autobus,
Comme un cancer à l'utérus,
La succession des événements
Obéit toujours à un plan.

Toutefois, les serviettes humides,
Le long des piscines insipides,
Détruisent la résignation
Le cerveau se met en action.

Il envisage les conséquences
De certaines amours de vacances,
Il aimerait se détacher
De la boîte crânienne tachée.

On peut nettoyer sa cuisine,
Dormir à la Mépronizine,
La nuit n'est jamais assez noire
Pour en finir avec l'histoire.

WIE EIN WOCHENENDE IM AUTOBUS,
Wie ein Tumor im Uterus:
Die Abfolge der Ereignisse
Gehorcht stets einem Plan.

Immerhin, die feuchten Handtücher
Am Rand der langweiligen Schwimmbecken
Zerstören die Resignation
Das Gehirn wird aktiv.

Es erwägt die Konsequenzen
Gewisser Urlaubsliebschaften,
Es würde sich gern
Aus der befleckten Hirnschale lösen.

Man kann die Küche putzen,
Nach Einnahme von Mepronizin schlafen,
Die Nacht ist nie dunkel genug,
Um mit der Geschichte Schluss zu machen.

RÉPARTITION – CONSOMMATION

I. J'entendais des moignons frotter,
    L'amputé du palier traverse
    La concierge avait des alliés
    Qui nettoyaient après l'averse

    Le sang des voisines éventrées,
    Il fallait que cela se passe
    Discussions sur la vérité,
    Mots d'amour qui laissent des traces.

    La voisine a quitté l'immeuble,
    La cuisinière est arrivée
    J'aurais dû m'acheter des meubles,
    Tout aurait pu être évité.

    Puisqu'il fallait que tout arrive,
    Jean a crevé les yeux du chat
    Monades isolées qui dérivent,
    Répartitions et entrechats.

VERTEILUNG – KONSUM

I. Ich hörte Stümpfe scharren:
   Der Amputierte von nebenan
   Die Concierge hatte Verbündete
   Die nach dem Regenguss

   Das Blut der gemetzelten Nachbarinnen weggeputzt
                                              haben,
   Das hat ja passieren müssen
   Diskussionen über die Wahrheit,
   Liebesworte, die Spuren hinterlassen.

   Die Nachbarin ist aus dem Haus gegangen,
   Der Herd ist geliefert worden
   Ich hätte mir Möbel kaufen sollen,
   All das hätte sich vermeiden lassen.

   Weil alles hat geschehen müssen,
   Hat Jean der Katze die Augen zerquetscht
   Isoliert treibende Monaden,
   Verteilung und Entrechats.

II. Au milieu des fours micro-ondes,
   Le destin des consommateurs
   S'établit à chaque seconde;
   Il n'y a pas de risque d'erreur.

   Sur mon agenda de demain,
   J'avais inscrit: «Liquide vaisselle»;
   Je suis pourtant un être humain:
   Promotion sur les sacs poubelle!

   A tout instant ma vie bascule
   Dans l'hypermarché Continent
   Je m'élance et puis je recule,
   Séduit par les conditionnements.

   Le boucher avait des moustaches
   Et un sourire de carnassier,
   Son visage se couvrait de taches…
   Je me suis jeté à ses pieds!

II. Inmitten der Mikrowellenherde
Ereignet sich sekündlich
Das Schicksal der Konsumenten;
Es gibt kein Fehlerrisiko.

In meinen Kalender habe ich für morgen
»Spülmittel« geschrieben;
Dabei bin ich ein Menschenwesen:
Auf den Mülltüten Werbung!

Ununterbrochen schwankt mein Leben
Im Riesensupermarkt *Continent*
Ich stürme vor, dann weiche ich zurück,
Von den Verpackungen verführt.

Der Metzger trug einen Schnurrbart
Und ein Fleischfressergrinsen zur Schau,
Sein Gesicht war voller Flecken…
Ich warf mich ihm zu Füßen!

III. J'ai croisé un chat de gouttière,
     Son regard m'a tétanisé;
     Le chat gisait dans la poussière,
     Des légions d'insectes en sortaient.

     Ton genou de jeune otarie,
     Gainé dans un collant résille
     Se pliait sans le moindre bruit;
     Dans la nuit, les absents scintillent.

     J'ai croisé un vieux prolétaire
     Qui cherchait son fils disparu
     Dans la tour GAN, au cimetière
     Des révolutionnaires déçus.

     Tes yeux glissaient entre les tables
     Comme la tourelle d'un char;
     Tu étais peut-être désirable,
     Mais j'en avais tout à fait marre.

III. Ich kam an einer gewöhnlichen Katze vorbei,
Ihr Blick ließ mich erstarren;
Die Katze lag im Staub,
Legionen von Insekten krochen aus ihr heraus.

Dein Knie, das an eine junge Robbe gemahnt,
In einen Netzstrumpf gehüllt,
Beugte sich ohne das kleinste Geräusch;
In der Nacht funkeln die, die nicht da sind.

Ich kam an einem alten Proletarier vorbei
Er suchte seinen verschollenen Sohn
Im Hochhaus der Versicherung, auf dem Friedhof
Der enttäuschten Revoluzzer.

Deine Augen irrten zwischen den Tischen umher
Wie der Turm eines Panzers;
Vielleicht warst du wirklich begehrenswert,
Aber ich hatte die Nase restlos voll.

J'AI MARCHÉ TOUTE L'APRÈS-MIDI;
C'était une «activité sportive», en contact avec la nature;
Pourtant, je suis à nouveau envahi par l'angoisse.

L'hôtel est confortable;
On ne peut rien lui reprocher, à l'hôtel.
C'est simplement la présence de la vie qui pèse sur moi,
Qui rend les soirées pratiquement impossibles.

C'est la présence ou l'absence de l'esprit qui détermine notre bonheur
Et j'ai eu beau exercer mes muscles toute l'après-midi,
aux approches du soir, quelque chose se met à peser sur
mon cœur.

Dans la gare de Fanton-Saorge
(Désertée, fermée, carreaux brisés et toilettes bouchées),
Le dernier train de la journée devait passer.

ICH BIN DEN GANZEN NACHMITTAG MARSCHIERT;
Eine »sportliche Betätigung« war das, in Kontakt mit der Natur;
Dennoch packt mich wieder die Angst.

Das Hotel ist komfortabel;
Man kann diesem Hotel keinen Vorwurf machen.
Aber die Gegenwart des Lebens lastet einfach auf mir
Und lässt die Abende so gut wie unerträglich werden.

Das Vorhandensein oder das Fehlen des Geistes bestimmt unser Glück
Und obwohl ich den ganzen Nachmittag lang meine Muskeln
trainiert habe,
legt sich, wenn der Abend naht, etwas lastend auf mein Herz.

Im Bahnhof von Fanton-Saorge
(Menschenleer, verrammelt, Fenster kaputt und Klos verstopft)
kurz vor Einfahrt des letzten Zuges.

J'ai tiré de mon sac à dos un magazine de rencontres échangistes,
Je l'ai déchiré en deux parts égales
Et j'ai déposé les morceaux près des toilettes « à la turque ».

Les femmes continueront à réclamer des godemichets et de
gros sexes blacks
Pour l'improbable plaisir d'un retraité des chemins de fer
italiens
Venu visiter la gare où il avait fait sa carrière
Et élevé ses enfants
Avant que l'école ne ferme.

Ich nahm aus meiner Tasche ein Swinger-Kontaktanzeigenblatt
Ich zerriss es in zwei gleich große Hälften
Und legte die Stücke neben die »türkischen« Hock-Toiletten.

Jetzt gieren die Frauen weiter nach Dildos und
den fetten Schwänzen der Blacks,
Aber davon hat allenfalls ein pensionierter
italienischer Bahnbeamter was
Der den Bahnhof besucht, wo er früher tätig war
Und seine Kinder großzog
Bevor die Schule dichtgemacht hat.

LES INSECTES COURENT ENTRE LES PIERRES,
Prisonniers de leurs métamorphoses
Nous sommes prisonniers aussi
Et certains soirs la vie
Se réduit à un défilé de choses
Dont la présence entière
Définit le cadre de nos déchéances
Leur fixe une limite, un déroulement et un sens;

Comme ce lave-vaisselle qui a connu ton premier mariage
Et ta séparation,
Comme cet ours en peluche qui a connu tes crises de rage
Et tes abdications.

Les animaux socialisés se définissent par un certain nombre
de rapports
Entre lesquels leurs désirs naissent, se développent, deviennent parfois très forts
Et meurent.

DIE INSEKTEN WUSELN ZWISCHEN DEN STEINEN UMHER,
Gefangene ihrer Metamorphosen
Auch wir sind Gefangene
Und an manchen Abenden reduziert sich das Leben
Auf ein Vorüber von Dingen
Deren gesamte Gegenwart
Den Rahmen unseres Niedergangs absteckt
Ihm eine Grenze verleiht, einen Ablauf und einen Sinn;

Wie diese Geschirrspülmaschine, die deine erste Ehe miterlebt hat
Und deine Trennung,
Wie dieser Teddybär, der deine Wutanfälle miterlebt hat
Und deine Aufgabe.

Die gemeinschaftsbildenden Tiere definieren sich über eine
gewisse Anzahl von Beziehungen
In deren Rahmen ihre Begierden entstehen, sich entwickeln,
manchmal äußerst stark werden
Und ersterben.

Ils meurent parfois d'un seul coup,
Certains soirs
Il y avait certaines habitudes qui constituaient la vie et
voilà qu'il n'y a plus rien du tout
Le ciel qui paraissait supportable devient d'un seul coup
extrêmement noir
La douleur qui paraissait acceptable devient d'un seul coup
lancinante
Il n'y a plus que des objets, des objets au milieu desquels
on est soi-même immobilisé dans l'attente,
Chose entre les choses,
Chose plus fragile que les choses
Très pauvre chose
Qui attend toujours l'amour
L'amour, ou la métamorphose.

Sie ersterben bisweilen unversehens,
An manchen Abenden
Gab es manche Gewohnheiten, die das Leben bildeten, und
auf einmal ist da überhaupt nichts mehr
Eben schien der Himmel noch erträglich und ist urplötzlich
zutiefst schwarz
Eben schien der Schmerz noch verträglich und ist urplötzlich
schneidend scharf
Nicht ist mehr da außer Objekten, Objekten, inmitten derer
man selber reglos ausharrt,
Ding unter Dingen
Ding, zerbrechlicher als die Dinge
Ein sehr armes Ding
Das immer auf die Liebe wartet
Auf die Liebe oder auf die Metamorphose.

Dans le métro, sur le périf,
La machine commence à tourner
Je m'arrête, soudain attentif:
J'entends la machine exploser

Au ralenti, comme un organe,
Comme un ventricule noirci;
Au loin j'aperçois la tour GAN,
C'est là que se décide ma vie.

Les cadres montent vers leur calvaire
Dans des ascenseurs de nickel,
Je vois passer les secrétaires
Qui se remettent du rimmel.

Sous les maisons, au fond des rues,
La machine sociale avance
Vers des objectifs inconnus;
Nous n'avons plus aucune chance.

IN DER METRO, auf dem Autobahnring
Fängt die Maschine zu laufen an
Ich halte inne, plötzlich aufmerksam:
Ich höre die Maschine wummern

In Zeitlupe, wie ein Organ,
Wie eine verrußte Herzkammer;
Weit hinten sehe ich das Hochhaus der Versicherung,
Dort entscheidet sich mein Leben.

Die Beamten erklimmen ihren Kalvarienberg
In chromglänzenden Aufzügen,
Sekretärinnen kommen an mir vorbei
Und tuschen sich die Wimpern nach.

Unter den Häusern, tief in den Straßen,
Schreitet die soziale Maschine voran
Auf unbekannte Ziele zu;
Wir haben keine Chance mehr.

CET HOMME sur l'autre quai est en bout de course;
Je ne suis plus tout à fait au début.
Pourquoi est-ce que je ressens de la pitié pour lui?
Pourquoi, *exactement*?

Sur le quai, près de moi, il y a des amoureux
Qui ne regardent pas l'homme
(De pseudo-amoureux, car il est déjà chauve).
Cependant, ils s'embrassent;   ·
Ils semblent croire à l'existence d'un monde entre eux,
D'un autre monde que celui de l'homme,

De l'homme en face
Qui se lève et rassemble ses sacs Prisunic,
Définitivement en bout de course;
Sait-il que Jésus-Christ est mort pour lui?

Il se lève, il rassemble ses sacs,
Il clopine jusqu'au bout du quai
Et là, profitant de l'angulation de l'escalier,
Il disparaît.

DIESER MANN auf dem anderen Bahnsteig ist am Ende seiner Fahrt.
Ich bin nicht mehr ganz am Anfang.
Warum empfinde ich Mitleid für ihn?
Warum *genau*?

Auf dem Bahnsteig neben mir Verliebte
Die den Mann nicht beachten
(Pseudo-Verliebte, denn er ist schon kahl).
Immerhin, sie küssen sich;
Sie scheinen an die Existenz einer Welt zwischen sich zu glauben
Einer anderen Welt als der des Mannes,

Des Mannes gegenüber
Der aufsteht und seine Plastiktüten zusammenrafft,
Er ist absolut am Ende seiner Fahrt;
Weiß er, dass Jesus Christus für ihn gestorben ist?

Er steht auf, er rafft seine Tüten zusammen,
Er humpelt bis ans Bahnsteigende
Und dort, dank des Knicks der Treppe,
Verschwindet er.

Dernier rempart contre le libéralisme

Nous refusons l'idéologie libérale parce qu'elle est
incapable de fournir un sens, une voie à la réconciliation
de l'individu avec son semblable dans une communauté
qu'on pourrait qualifier d'humaine,
Et d'ailleurs le but qu'elle se propose est même tout
différent.

Nous refusons l'idéologie libérale au nom de l'encyclique
de Léon XIII sur la mission sociale de l'Évangile et dans le
même esprit que les prophètes antiques appelaient la ruine
et la malédiction sur la tête de Jérusalem,
Et Jérusalem tomba, et pour se relever elle ne mit pas
moins de quatre mille ans.

Il est indiscutable et avéré que tout projet humain se voit
de plus en plus évalué en fonction de purs critères
économiques,
De critères absolument numériques,
Mémorisables sur fichiers informatiques.
Cela n'est pas acceptable et nous devons lutter pour la mise
en tutelle de l'économie et pour sa soumission à certains
critères que j'oserai appeler éthiques,

Wir lehnen die liberale Ideologie ab, denn sie ist
unfähig, einen Sinn aufzuzeigen, einen Weg zur Versöhnung
des Individuums mit seinesgleichen in einer Gemeinschaft,
die man als menschlich bezeichnen könnte,
Außerdem ist das Ziel, das sie sich gesetzt hat, ohnehin ein völlig
anderes.

Wir lehnen die liberale Ideologie ab im Namen der Enzyklika
von Leo XIII. über die soziale Mission des Evangeliums und in
demselben Geist wie die Propheten des Altertums, die Fluch
und Verderben auf Jerusalem herabbeschworen,
Und Jerusalem fiel, und um wieder aufzustehen, hat es
nicht weniger als viertausend Jahre gebraucht.

Indiskutabel und verbürgt ist, dass sich jedes menschliche
Vorhaben immer stärker unter rein ökonomischen Kriterien
beurteilt sieht,
Unter ausschließlich numerischen Kriterien,
Auf Datenträger speicherbar.
Dies kann nicht hingenommen werden, und wir müssen dafür
kämpfen, die Ökonomie zu beaufsichtigen, sie gewissen Kriterien
zu unterstellen, die ich ethisch zu nennen wagen möchte,

Et quand on licencie trois mille personnes et que j'entends
bavasser sur le coût social de l'opération il me prend une
envie furieuse d'étrangler une demi-douzaine de conseillers
en audit,
Ce qui serait une excellente opération,
Un dégraissage absolument bénéfique,
Une opération pratiquement hygiénique.

Faites confiance à l'initiative individuelle, voilà ce qu'ils
répètent partout, ce qu'ils vont partout répétant comme
ces vieux réveils à ressort dont l'uniforme déclic suffisait
généralement à nous plonger dans une insomnie fatigante
et définitive,
A cela je ne peux répondre qu'une seule chose, et cette
chose ressort d'une expérience à la fois navrante et
répétitive,
C'est que l'individu, je veux parler de l'individu humain,
est très généralement un petit animal à la fois cruel et
misérable,
Et qu'il serait bien vain de lui faire confiance à moins qu'il
ne se voie repoussé, enclos et maintenu dans les principes
rigoureux d'une morale inattaquable,
Ce qui n'est pas le cas.

Dans une idéologie libérale, s'entend.

Und wenn man dreitausend Menschen entlässt und ich höre,
wie da über die sozialen Kosten einer solchen Maßnahme
geschwafelt wird, packt mich wilde Lust, öffentlich ein halbes
Dutzend Berater zu erwürgen,
Was eine ausgezeichnete Maßnahme wäre, ,
Ein durchaus förderliches Abspecken,
Diese Maßnahme wäre geradezu hygienisch.

Vertraut auf die individuelle Initiative, das erzählen sie überall
und immer wieder, ohne Unterlass, wie diese alten Aufzieh-
wecker, deren monotones Ticken meist genügte, um uns
ermüdende und endgültige Schlaflosigkeit zu bereiten,
Darauf kann ich nur eins antworten, und dieses Eine ent-
springt einer zugleich betrüblichen und wiederholten
Erfahrung,
Nämlich dass das Individuum, ich spreche vom menschlichen
Individuum, allermeist ein zugleich grausames und
jämmerliches kleines Tier ist,
Und dass es weitgehend vergeblich wäre, ihm zu vertrauen, es
sei denn, es wäre verbannt, eingesperrt und festgehalten in
den rigorosen Prinzipien einer unangreifbaren Moral,
Was nicht der Fall ist.

In einer liberalen Ideologie, versteht sich.

Le but de la vie, c'est d'aimer
Chacun le dit, chacun le sait
Tes paroles sont inutiles
Je ne sens plus ton corps fragile

Et le but de ma vie s'efface
Droit devant, la tour Montparnasse
Dont les étages au ralenti
S'allument comme un rêve englouti.

Nous traversons le commercial
Comme une enveloppe irisée
Dont les stimuli névrosés
Délimitent un destin brutal.

C'est notre vie, c'est notre mort
Qui se dessinent sur les réseaux
La ville nourrit ses bourreaux
Et le dégoût emplit nos corps.

DER ZWECK DES LEBENS ist zu lieben
Jeder sagt das, jeder weiß das
Deine Worte sind wirkungslos
Ich spüre deinen zerbrechlichen Körper nicht mehr

Und der Zweck meines Lebens verschwimmt
Geradeaus dort das Montparnasse-Hochhaus
Dessen Stockwerke in Zeitlupe
Aufflackern wie ein versunkener Traum.

Wir durchqueren den Einkaufsmarkt
Wie eine schillernde Hülle
Deren neurotische Impulse
Ein brutales Schicksal umgrenzen.

Unser Leben, unser Tod
Zeichnen sich auf den Netzen ab
Die Stadt nährt ihre Henker
Und der Ekel erfüllt unsere Körper.

Expériences inarticulées,
J'achète des revues sexuelles
Remplies de fantasmes cruels
Au fond, il faut éjaculer

Et s'endormir comme une viande
Sur un matelas défoncé
Enfant, je marchais dans la lande
Je cueillais des fleurs recourbées
Et je rêvais du monde entier
Enfant, je marchais dans la lande
La lande était douce à mes pieds.

Unartikulierte Erfahrungen,
Ich kaufe Erotik-Magazine
Voller grausamer Fantasien
Schließlich muss man ejakulieren

Und einschlafen wie ein Stück Fleisch
Auf einer durchgelegenen Matratze
Als Kind wanderte ich über die Heide
Ich pflückte gebeugte Blumen
Und ich träumte von der weiten Welt
Als Kind wanderte ich über die Heide
Die Heide war zu meinen Füßen sanft.

CONFRONTÉE À L'ALTERNATIVE DE L'AURORE, Annabelle sentait les ombres de sa jeunesse glisser entre les rideaux. Elle aurait souhaité prononcer un adieu définitif à l'amour. Tout l'y incitait; le glissement des souvenirs, se disait-elle, aurait dû maintenant lui suffire. Il y avait maintenant la nuit, et les organes malades. Une autre expérience, une autre vie; moins agréable que la précédente, mais probablement plus brève. Sa voisine avait un caniche; pourquoi pas elle? Un caniche ne vous protège pas des voyous; mais son perpétuel état d'enfance est une joie pour les yeux. Il observe le glissement des rideaux, pousse de légers gémissements en apercevant la lumière du jour. Il reconnaît sa laisse, et son collier. Comme l'homme, il est quelquefois atteint d'un cancer. Il accueille la mort avec courage. Il regarde autour de lui, pousse un bref jappement, et il saute dans la cascade.

Mit der Möglichkeit der Morgendämmerung konfrontiert, spürte Annabelle, wie die Schatten ihrer Jugendzeit zwischen den Vorhängen hereinwehten. Gern hätte sie der Liebe endgültig Lebewohl gesagt. Alles legte ihr das nahe; das Herbeiwehen der Erinnerungen, dachte sie, hätte ihr jetzt doch genügen müssen. Jetzt gab es die Nacht, und die kranken Organe. Eine andere Erfahrung, ein anderes Leben; weniger angenehm als das vorige, dafür wahrscheinlich kürzer. Ihre Nachbarin hatte einen Pudel; warum sie nicht? Ein Pudel kann einen nicht vor Gaunern beschützen; aber seine fortwährende Kindlichkeit ist eine Freude für die Augen. Er beobachtet das Wehen der Vorhänge, winselt leise, wenn er das Tageslicht erblickt. Er respektiert seine Leine und sein Halsband. Wie der Mensch wird er bisweilen von Krebs befallen. Er begegnet dem Tod voll Mut. Er schaut um sich her, kläfft einmal kurz, und dann springt er in den Wasserfall.

Sɪ ᴄᴀʟᴍᴇ, dans son coma,
Elle avait accepté une certaine prise de risque
(Comme on soutient parfois le soleil, et son disque,
Avant que la douleur devienne trop cruelle),
Supposant que chacun était semblable à elle,
Mais naturellement ce n'était pas le cas.

Elle aurait pu mener une vie douce et pleine
Parmi les animaux et les petits enfants
Mais elle avait choisi la société humaine,
Et elle était si belle à l'âge de dix-neuf ans.

Ses cheveux blonds sur l'oreiller
Formaient une auréole étrange,
Comme un intermédiaire de l'ange
Et du noyé.

Si calme, définitivement belle,
Elle soulevait à peine les draps
En respirant; mais rêvait-elle?
Elle semblait heureuse, en tout cas.

So RUHIG, in ihrem Koma,
Sie hatte einem gewissen Risiko zugestimmt
(Wie man bisweilen die Sonne aushält, ihre Scheibe,
Bevor der Schmerz unerträglich wird),
Denn sie nahm an, dass jeder ihr ähnlich sei,
Was natürlich nicht der Fall war.

Sie hätte ein gemütliches, erfülltes Leben führen können
Umgeben von Tieren und kleinen Kindern
Aber sie hatte die menschliche Gesellschaft gewählt,
Und sie war mit neunzehn Jahren so schön.

Ihr blondes Haar auf dem Kissen
Lag in einer eigentümlichen Aureole,
Wie etwas zwischen Engel
Und Wasserleiche.

So ruhig, unbedingt schön,
Kaum hob sich das Bettuch über ihr
Wenn sie atmete; aber träumte sie?
Sie wirkte glücklich, das jedenfalls.

AVANT, IL Y A EU L'AMOUR, ou sa possibilité;
Il y a eu des anecdotes, des bifurcations et des silences
Il y a eu ton premier séjour
Dans une institution sereine
Où l'on repeint les jours
D'un blanc légèrement crème.

Il y a eu l'oubli, le presque-oubli, il y a eu un départ
Une possibilité de départ
Tu t'es couché de plus en plus tard
Et sans dormir
Dans la nuit
Tu as commencé à sentir tes dents frotter
Dans le silence.

Puis tu as songé à prendre des cours de danse
Pour plus tard
Pour une autre vie
Que tu vivrais la nuit,
Surtout la nuit,
Et pas seul.

FRÜHER GAB ES DIE LIEBE, oder ihre Möglichkeit;
Es gab Anekdoten, Abzweigungen und stille Momente
Es gab deinen ersten Aufenthalt
In einer froh gestimmten Einrichtung
Wo man die Tage neu anstreicht
In sanft cremegetöntem Weiß.

Es gab das Vergessen, das Fast-Vergessen, es gab ein Fortgehen
Die Möglichkeit des Fortgehens
Du gingst immer später ins Bett
Und ohne zu schlafen
Hast du nachts
Auf einmal gespürt, wie deine Zähne knirschten
In der Stille.

Dann hast du erwogen, Tanzstunden zu nehmen
Für später
Für ein anderes Leben
Das du nachtsüber führen würdest;
Vor allem nachts,
Und nicht allein.

Mais c'est fini,
Tu es mort
Maintenant, tu es mort
Et tu es vraiment dans la nuit
Car tes yeux sont rongés
Et tu es vraiment dans le silence
Car tu n'as plus d'oreilles
Et tu es vraiment seul
Tu n'as jamais été aussi seul
Tu es couché, tu as froid et tu te demandes
Ecoutant le corps, en pleine conscience, tu te demandes
Ce qui va venir
Juste après.

Aber das ist vorbei,
Du bist tot
Jetzt bist du tot
Und du bist wirklich in der Nacht
Denn deine Augen sind zerfressen
Und du bist wirklich in der Stille
Denn du hast keine Ohren mehr
Und du bist wirklich allein
Du bist nie so allein gewesen
Du liegst da, dir ist kalt und du fragst dich
Während du auf deinen Körper lauschst, du fragst dich
Was wohl kommen wird
Gleich danach.

III

Sublime abstraction du paysage.

COURTENAY – AUXERRE NORD.

Nous approchons des contreforts du Morvan. L'immobilité,
à l'intérieur de l'habitacle, est totale. Béatrice est à mes côtés.
«C'est une bonne voiture», me dit-elle.

Les réverbères sont penchés dans une attitude étrange; on
dirait qu'ils prient. Quoi qu'il en soit, ils commencent à
émettre une faible lumière jaune orangé. La «raie jaune du
sodium«, prétend Béatrice.

Déjà, nous sommes en vue d'Avallon.

Sublime Abstraktion der Landschaft.

COURTENAY – AUXERRE NORD.

Wir nähern uns den Ausläufern des Morvan. Die Reglosigkeit im Inneren der Fahrgastzelle ist vollständig. Beatrice sitzt mir zur Seite. »Das ist ein guter Wagen«, sagt sie zu mir.

Die Straßenlaternen beugen sich in einer seltsamen Haltung; als würden sie beten. Wie auch immer, jetzt geht schwaches, orange-gelbes Licht von ihnen aus. Die »gelbe Spektrallinie des Natriums«, behauptet Beatrice.

Schon ist Avallon in Sicht.

Il faisait beau; et je marchais le long d'un coteau sec et jaune.

La respiration sèche et irrégulière des plantes, en été... qui semblent prêtes à mourir. Les insectes grésillent, perçant la voûte menaçante et fixe du ciel blanc.

Au bout d'un certain temps, quand on marche sous le soleil, en été, la sensation d'absurdité grandit, s'impose et envahit l'espace, on la retrouve partout. Si même au départ vous aviez une direction (ce qui est hélas fort rare... la plupart du temps, on a affaire à une «simple promenade»), cette image de but s'évanouit, elle semble s'évaporer dans l'air surchauffé qui vous brûle par petites vagues courtes à mesure que vous avancez sous le soleil implacable et fixe, dans la complicité sournoise des herbes sèches, promptes à brûler.

Au moment où une chaleur poisseuse commence à engluer vos neurones, il est trop tard. Il n'est plus temps de secouer d'une crinière impatiente les errements aveugles d'un esprit capturé, et lentement, très lentement, le dégoût aux multiples anneaux se love et affermit sa position, bien au centre du trône, du trône des dominations.

Es war gutes Wetter; und ich wanderte einen trockenen, gelben Abhang entlang.

Das dürre, unregelmäßige Atmen der Pflanzen im Sommer... sie scheinen zum Sterben bereit. Die Insekten sirren, sie durchbohren die bedrohliche, starre Wölbung des weißen Himmels.

Nach einiger Zeit, wenn man sommers in der Sonne wandert, wächst die Empfindung von Absurdität, sie drängt sich auf und erfüllt den Raum, man begegnet ihr überall. Selbst wenn man beim Losgehen noch ein Ziel gehabt haben sollte (was ja leider ausgesprochen selten ist... meist hat man es mit einem »einfachen Spaziergang« zu tun), verflüchtigt sich dieses innere Bild, es scheint zu verdampfen in der überhitzten Luft, die einen in kurzen Wellen verbrüht, während man unter der still stehenden, unbarmherzigen Sonne einhergeht, inmitten der heimtückischen Verschwörung des dürren Grases, das zum Auflodern bereit ist.

In dem Augenblick, wenn die klebrige Hitze einem die Neuronen zu verschmoren beginnt, ist es zu spät. Keine Zeit mehr, mit ungeduldiger Mähne die blinden Verirrungen eines gefesselten Geistes abzuschütteln, und langsam, sehr langsam, schleicht sich der vielgliedrige Ekel ein und baut seine Position aus, genau in der Mitte des Thrones, des Thrones der Herrschaft.

Le TGV Atlantique glissait dans la nuit avec une efficacité terrifiante. L'éclairage était discret. Sous les parois de plastique d'un gris moyen, des êtres humains gisaient dans leurs sièges ergonomiques. Leurs visages ne laissaient transparaître aucune émotion. Se tourner vers la fenêtre n'aurait servi à rien: l'opacité des ténèbres était absolue. Certains rideaux, d'ailleurs, étaient tirés; leur vert acide composait une harmonie un peu triste avec le gris sombre de la moquette. Le silence, presque absolu, n'était troublé que par le nasillement léger des walkmans. Mon voisin immédiat, les yeux clos, se retirait dans une absence concentrée. Seul le jeu lumineux des pictogrammes indiquant les toilettes, la cabine téléphonique et le bar Cerbère trahissait une présence vivante dans la voiture. Soixante êtres humains y étaient rassemblés.

Long et fuselé, d'un gris acier relevé par de discrètes bandes colorées, le TGV Atlantique n° 6557 comportait vingt-trois voitures. Entre mille cinq cents et deux mille êtres humains y avaient pris place. Nous filions à 300 km/h vers l'extrémité du monde occidental. Et j'eus soudain la sensation (nous traversions la nuit dans un silence feutré, rien ne laissait deviner notre prodigieuse vitesse; les néons dispensaient un éclairage modéré, pâle et funéraire), j'eus soudain la sensation que ce long vaisseau d'acier nous emportait (avec discrétion, avec efficacité, avec douceur) vers le Royaume des Ténèbres, vers la Vallée de l'Ombre de la Mort.

Dix minutes plus tard, nous arrivions à Auray.

DER TGV ATLANTIQUE schoss mit Furcht erregender Effizienz durch die Nacht. Die Beleuchtung war diskret. Unter den mittelgrauen Plastikwänden lagerten Menschenwesen in ihren ergonomisch ausgeformten Sitzen. Ihre Gesichter ließen keinerlei Gefühlsregung erkennen. Sich zum Fenster zu drehen, hätte nichts geholfen: Die Dunkelheit war absolut undurchdringlich. Hier und da waren übrigens Vorhänge zugezogen; ihr säuerliches Grün bildete einen etwas tristen Zweiklang mit dem Dunkelgrau des Bodenbelags. Die fast vollkommene Stille wurde durch nichts getrübt als das leise Näseln der Walkmen. Der Mann neben mir war mit geschlossenen Augen in konzentrierte Abwesenheit versunken. Einzig das Lichterspiel der Piktogramme, die die Toiletten, die Telefonkabine und das Zugbistro anzeigten, ließ auf die Anwesenheit von Lebendigem im Waggon schließen. Sechzig Menschenwesen waren hier versammelt.

Der TGV 6557 Atlantique war lang und spindelförmig, bestand aus grauem, mit zurückhaltenden Farbstreifen geschmücktem Stahl und zählte dreiundzwanzig Waggons. Zwischen eintausendfünfhundert und zweitausend Menschenwesen hatten in ihm Platz genommen. Wir rauschten mit 300 km/h auf den äußersten Zipfel der westlichen Welt zu. Und plötzlich war mir (wir durchfuhren die Nacht in gedämpfter Stille, nichts deutete auf unsere sagenhafte Geschwindigkeit hin; die Neonleuchten gaben gedämpftes Licht, es war fahl, begräbnishaft), plötzlich war mir, als beförderte dieses lange Stahlschiff uns (diskret, effektiv, sanft) ins Reich der Dunkelheit, ins Tal der Todesschatten.

Zehn Minuten später hielten wir in Auray.

Avant, mais bien avant, il y a eu des êtres
Qui se mettaient en rond pour échapper aux loups
Et sentir leur chaleur; ils devaient disparaître,
Ils ressemblaient à nous.

Nous sommes réunis, nos derniers mots s'éteignent,
La mer a disparu
Une dernière fois quelques amants s'étreignent,
Le paysage est nu.

Au-dessus de nos corps glissent les ondes hertziennes,
Elles font le tour du monde
Nos cœurs sont presque froids, il faut que la mort vien-
ne,
La mort douce et profonde;
Bientôt les êtres humains s'enfuiront hors du monde.

Alors s'établira le dialogue des machines
Et l'informationnel remplira, triomphant,
Le cadavre vidé de la structure divine;
Puis il fonctionnera jusqu'à la fin des temps.

FRÜHER, ABER SEHR VIEL FRÜHER, hat es Wesen gegeben
Die sich im Kreise aufbauten, um den Wölfen zu wehren
Und einander zu wärmen; sie mussten verschwinden,
Sie waren uns ähnlich.

Wir sind vereint, unsere letzten Wörter erlöschen,
Das Meer ist fort
Zum letzten Mal umfangen sich ein paar Liebende,
Die Landschaft ist nackt.

Über unseren Körpern gleiten Hertzsche Wellen dahin,
Sie reisen um die Welt
Unsere Herzen sind fast kalt, der Tod muss kommen,
Der sanfte, tiefe Tod;
Bald werden die Menschenwesen aus der Welt fliehen.

Dann wird die Zwiesprache der Maschinen obsiegen
Und die Informatik wird im Triumph
Den der göttlichen Struktur entleerten Kadaver ausfüllen;
Und sie wird funktionieren bis ans Ende der Zeit.

J'AI REVU LES CAHIERS où je notais des choses
Sur les différentielles et la vie des mollusques
D'une écriture hachée; de longues phrases en prose
Qui n'ont guère plus de sens que des poteries étrusques.

J'ai retrouvé la gare et les lundis gelés
Où j'arrivais trop tard pour le train de sept heures;
Je marchais sur le quai, m'amusant à souffler
L'air chaud de ma poitrine. J'avais froid, j'avais peur.

Nous arrivons au monde épris de connaissance,
Et tout ce qui existe a le droit d'exister
A nos yeux. Nous pensons que chacun a sa chance,
Mais le samedi soir il faut vivre et lutter
Et déjà nous quittons les abords de l'enfance.

Nous quittons l'innocence du regard objectif,
Chaque chose a son prix qu'il faut déterminer
Les relations humaines entrelacent leurs motifs
Plus nous participons, plus nous sommes captifs;
Puis la lueur s'éteint. L'enfance est terminée.

ICH HABE DIE HEFTE DURCHGESEHEN, in denen ich einst Dinge notierte
Über Differenziale und das Leben der Mollusken
Mit abgehackter Schrift; lange Sätze in Prosa
Die jetzt kaum mehr Sinn ergeben als etruskische Keramik.

Ich habe den Bahnhof wiedergefunden und eiskalte Montage
An denen ich den Sieben-Uhr-Zug verpasste;
Ich ging den Bahnsteig entlang, blies zum Zeitvertreib
Die warme Luft aus meiner Brust. Mir war kalt, ich hatte Angst.

Wir kommen in die Welt voll Freude am Lernen,
Und alles, was existiert, hat ein Recht zu existieren
In unseren Augen. Wir denken, ein jeder habe seine Chance,
Doch am Samstagabend heißt es leben und kämpfen
Und schon verlassen wir die Gestade der Kindheit.

Wir verlassen die Unschuld des objektiven Blicks,
Ein jedes Ding hat seinen Preis, den es festzulegen gilt
Die menschlichen Beziehungen verflechten ihre Motive
Je mehr wir teilhaben, umso mehr werden wir zu Gefangenen;
Dann erlischt das Leuchten. Die Kindheit ist vorbei.

Je ne reviendrai plus jamais entre les herbes
Qui recouvrent à demi la surface de l'étang.
Il est presque midi; la conscience de l'instant
Enveloppe l'espace d'une lumière superbe.

Ici j'aurai vécu au milieu d'autres hommes
Encerclés comme moi par le réseau du temps.
Shanti sha nalaya. Om mani padme ôm,
La lumière décline inéluctablement.

Le soir se stabilise et l'eau est immobile;
Esprit d'éternité, viens planer sur l'étang.
Je n'ai plus rien à perdre, je suis seul et pourtant
La fin du jour me blesse d'une blessure subtile.

ICH WERDE NIE ZURÜCKKEHREN zwischen die Gräser
Die die Teichfläche zur Hälfte bedecken.
Es ist fast Mittag; das Bewusstsein des Augenblicks
Hüllt den Raum in großartiges Licht.

Hier werde ich gelebt haben inmitten anderer Menschen
Die wie ich umgrenzt sind vom Geflecht der Zeit.
Shanti sha nalaya. Om mani padme hum,
Das Licht nimmt unvermeidlich ab.

Der Abend verharrt und das Wasser ist reglos;
Geist der Ewigkeit, komm und schwebe über diesem Teich.
Ich habe nichts mehr zu verlieren, ich bin allein und doch
Schlägt mir das Ende des Tages eine subtile Wunde.

Maison grise

Le train s'acheminait dans le monde extérieur,
Je me sentais très seul sur la banquette orange
Il y avait des grillages, des maisons et des fleurs
Et doucement le train écartait l'air étrange.

Au milieu des maisons il y avait des herbages
Et tout semblait normal à l'exception de moi
Cela fait très longtemps que j'ai perdu la joie
Je vis dans le silence, il glisse en larges plages.

Le ciel est encore clair, déjà la terre est sombre;
Une fissure en moi s'éveille et s'agrandit
Et ce soir qui descend en Basse-Normandie
A une odeur de fin, de bilan et de nombre.

GRAUES HAUS

Der Zug durchfuhr die äußere Welt,
Ich fühlte mich sehr einsam auf der orangen Sitzbank
Da waren Gartenzäune, Häuser und Blumen
Und sacht schob der Zug eine Bresche in die seltsame Luft.

Mitten zwischen den Häusern spross Grün
Und alles schien normal, ausgenommen ich
Es ist sehr lange her, dass ich die Freude verloren habe
Ich lebe in der Stille, sie umgleitet mich in breiten Flächen.

Der Himmel ist noch hell, schon ist die Erde dunkel;
Ein Riss in mir erwacht und wächst heran
Und dieser Abend, der sich auf die Basse-Normandie senkt
Riecht nach Ende, Schlussstrich und Bezifferung.

L'APPARTENANCE DE MON CORPS
A un matelas de deux mètres
Et je ris de plus en plus fort,
Il y a différents paramètres.

La joie, un moment, a eu lieu
Il y a eu un instant de trêve
Où j'étais dans le corps de Dieu
Mais, depuis, les années sont brèves.

La lampe explose au ralenti
Dans le crépuscule des corps,
Je vois son filament noirci:
Où est la vie? Où est la mort?

Die Zugehörigkeit meines Körpers
Zu einer zwei Meter langen Matratze
Und ich lache immer lauter,
Es gibt verschiedene Parameter.

Für einen Moment hat es Freude gegeben
Es herrschte einen Augenblick lang Feuerpause
Da war ich im Körper Gottes
Doch seither sind die Jahre kurz.

Die Lampe explodiert in Zeitlupe
In der Körper-Dämmerung,
Ich sehe ihren verkohlten Glühfaden:
Wo ist das Leben? Wo ist der Tod?

Les antennes de télévision,
Comme des insectes réceptifs,
S'accrochent à la peau des captifs
Les captifs rentrent à la maison.

Si j'avais envie d'être heureux
J'apprendrais les danses de salon
Ou j'achèterais un ballon
Comme ces autistes merveilleux

Qui survivent jusqu'à soixante ans
Entourés de jouets en plastique
Ils éprouvent des joies authentiques,
Ils ne sentent plus passer le temps.

Romantisme de télévision,
Sexe charité et vie sociale
Effet de réel intégral
Et triomphe de la confusion.

DIE FERNSEHANTENNEN krallen sich
Wie Empfangs-Insekten
An die Haut der Gefangenen
Die Gefangenen kehren nach Hause zurück.

Wenn ich Lust hätte glücklich zu sein
Würde ich Gesellschaftstänze lernen
Oder einen Ball kaufen
Wie diese wunderbaren Autisten

Die bis sie sechzig sind
Inmitten von Plastikspielzeug überleben
Sie verspüren ursprüngliche Freuden,
Sie bemerken nicht mehr, wie die Zeit vergeht.

Fernseh-Romantik,
Sex Barmherzigkeit und soziales Leben
Umfassender Eindruck von Wirklichkeit
Und Triumph der Verwirrung.

LA RESPIRATION DES RONDELLES
Et les papillons carnassiers;
Dans la nuit, un léger bruit d'ailes;
La pièce est couverte d'acier.

Je n'oublie pas les gestes secs
De cet adolescent furtif
Qui glissait d'échec en échec
En dépliant son corps craintif.

La respiration des termites
S'accomplit sans aucun effort
Une tension vient de la bite,
S'affaiblit en gagnant le corps.

Quand la présence digestive
Emplit le champ de la conscience
S'installe une autre vie, passive,
Dans la douceur et la décence.

DAS ATMEN DER WURSTSCHEIBEN
Und die fleischfressenden Schmetterlinge;
Leise Flügel in der Nacht;
Das Zimmer ist mit Stahl ausgeschlagen.

Ich vergesse nicht die beiläufigen Gesten
Dieses unauffälligen Jugendlichen
Der sich von Misserfolg zu Misserfolg hangelte
Und dabei seinen furchtsamen Körper ausklappte.

Die Atmung der Termiten
Ereignet sich anstrengungslos
Erregung steigt vom Schwanz auf,
Verflacht, während sie den Körper ergreift.

Wenn die Verdauungspräsenz
Das Feld des Bewusstseins erfüllt
Dann nimmt ein anderes, passives Leben überhand,
Ganz sacht und dezent.

EN RAMPANT SUR LE MATELAS
De notre commune allégeance
Je ne suis plus tout à fait là,
Je ne ressens aucune urgence.

Les gens sont coincés dans leurs peaux,
Ils font danser leurs molécules
Le samedi ils se font beaux,
Puis ils se retrouvent et s'enculent.

Voilà! Je regarde ma porte,
Elle vient d'une bonne usine
Tout est fini, en quelque sorte,
Je vais coucher dans la cuisine.

Je vais retrouver mes poumons,
Le carrelage sera glacial
Enfant, j'adorais les bonbons
Et maintenant tout m'est égal.

BEIM ROBBEN AUF DER MATRATZE
Unserer gemeinsamen Treuepflicht
Bin ich nicht mehr ganz da,
Ich verspüre keinerlei Drängen.

Die Leute sitzen in ihre Haut festgekeilt,
Sie lassen ihre Moleküle tanzen
Samstags machen sie sich hübsch,
Dann tun sie sich zusammen und ficken.

Da! Ich betrachte meine Tür,
Sie kommt aus einer guten Fabrik
Alles ist vorbei, irgendwie,
Ich werde in der Küche schlafen.

Da finde ich meine Lunge wieder,
Die Fliesen werden eiskalt sein
Als Kind habe ich Bonbons geliebt
Und jetzt ist mir alles egal.

DANS LE TRAIN DIRECT pour Dourdan,
Une jeune fille fait des mots fléchés
Je ne peux pas l'en empêcher,
C'est une occupation du temps.

Comme des blocs en plein espace
Les salariés bougent rapidement
Comme des blocs indépendants,
Ils trouent l'air sans laisser de trace.

Puis le train glisse entre les rails,
Dépassant les premières banlieues
Il n'y a plus de temps ni de lieu;
Les salariés quittent leur travail.

Im DIREKTZUG nach Dourdan
Löst ein Mädchen Kreuzworträtsel
Ich kann es nicht daran hindern,
Es ist ein Zeitvertreib.

Wie Blöcke mitten im Raum
Bewegen die Arbeitnehmer sich rasch
Wie unabhängige Blöcke,
Sie durchlöchern die Luft, ohne eine Spur zu hinterlassen.

Dann gleitet der Zug zwischen Gleisen einher,
Lässt die ersten Vorstädte hinter sich
Es gibt weder Zeit mehr noch Raum;
Die Arbeitnehmer verlassen ihren Arbeitsplatz.

DANS LE MÉTRO À PEU PRÈS VIDE
Rempli de gens semi-gazeux
Je m'amuse à des jeux stupides,
Mais potentiellement dangereux.

Frappé par l'intuition soudaine
D'une liberté sans conséquence
Je traverse les stations sereines
Sans songer aux correspondances.

Je me réveille à Montparnasse
Tout près d'un sauna naturiste,
Le monde entier reprend sa place;
Je me sens bizarrement triste.

IN DER BEINAHE LEEREN METRO
Besetzt mit halb gasförmigen Leuten
Treibe ich stupide Spiele,
Die aber potenziell gefährlich sind.

Geschlagen von der jähen Empfindung
Einer Freiheit ohne Folgen
Durchfahre ich heitere Haltestellen
Ohne ans Umsteigen zu denken.

Ich wache auf an der Station Montparnasse
Ganz in der Nähe einer FKK-Sauna,
Die ganze Welt nimmt wieder ihren Platz ein;
Ich fühle mich so seltsam traurig.

UN MOMENT DE PURE INNOCENCE,
L'absurdité des kangourous
Ce soir je n'ai pas eu de chance,
Je suis cerné par les gourous.

Ils voudraient me vendre leur mort
Comme un sédatif dépassé
Ils ont une vision du corps,
Leur corps est souvent ramassé.

Le végétal est déprimant,
A proliférer sans arrêt
Dans la prairie, le ver luisant
Brille une nuit, puis disparaît.

Les multiples sens de la vie
Qu'on imagine pour se calmer
S'agitent un peu, puis c'est fini;
Le canard a des pieds palmés.

EIN AUGENBLICK VON REINER UNSCHULD,
Das Absurde der Kängurus
Heute Abend habe ich kein Glück gehabt,
Die Gurus haben mich eingekreist.

Sie möchten mir ihren Tod verkaufen
Wie ein veraltetes Beruhigungsmittel
Sie haben eine Vision des Körpers,
Ihr Körper ist oft untersetzt.

Die Gewächse sind deprimierend,
Wie sie wuchern ohne Unterlass
Das Glühwürmchen in der Prärie
Funkelt eine Nacht lang, dann verschwindet es.

Der vielgestaltige Sinn des Lebens
Den man sich ausdenkt, zur Beruhigung,
Zappelt ein wenig, dann ist es vorbei;
Die Ente hat Schwimmhäute an den Füßen.

UNE ÂME EXPOSÉE AU SOLEIL,
Tout près de la mer menaçante;
Les vagues s'écrasent et réveillent
Une douleur sombre et latente.

Que serions-nous sans le Soleil?
Ecœurement, dégoût, souffrance,
Stupidité de l'existence,
Tout disparaît sous le Soleil.

La chaleur de midi exhale
Le corps d'un plaisir immobile;
Désir de mort, oubli total,
Yeux clos sur un coma tactile.

Sans pitié, la mer se déploie
Comme un animal qui s'éveille;
Cet univers n'a pas de loi.
Que serions-nous sans le Soleil?

EINE DER SONNE AUSGESETZTE SEELE
Nah beim bedrohlichen Meer;
Die Wellen brechen und wecken
Dunklen, schlafenden Schmerz.

Was wären wir ohne die Sonne?
Angewidertsein, Ekel, Leiden,
Stumpfsinn der Existenz,
Alles verschwindet unter der Sonne.

Die Mittagshitze verströmt
Den Körper eines reglosen Genusses;
Sehnsucht nach Tod, totalem Vergessen,
Die Augen vor einem Berührungskoma verschlossen.

Mitleidslos räkelt sich das Meer
Wie ein erwachendes Tier;
Dieses Universum hat kein Gesetz.
Was wären wir ohne die Sonne?

LES CORPS EMPILÉS DANS LE SABLE,
Sous la lumière inexorable,
Peu à peu se changent en matière;
Le soleil fissure les pierres.

Les vagues lentement palpitent
Sous la lumière misérable
Et quelques cormorans habitent
Le ciel de leur cri lamentable.

Les jours de la vie sont pareils
A des limonades éventées
Jours de la vie sous le soleil,
Jours de la vie en plein été.

DIE IM SAND GESTAPELTEN LEIBER,
Unter dem gnadenlosen Licht,
Verwandeln sich nach und nach in Materie;
Die Sonne lässt die Steine bersten.

Die Wellen schlagen langsam
Unter dem glanzlosen Licht
Und ein paar Kormorane beleben
Den Himmel mit ihrem kläglichen Schrei.

Die Tage des Lebens sind wie
Abgestandene Limonade
Tage des Lebens unter der Sonne,
Tage des Lebens mitten im Sommer.

L'EXERCICE de la réflexion,
L'habitude de la compassion,
La saveur rancie de la haine
Et les infusions de verveine.

Dans la résidence Arcadie,
Les chaises inutiles et la vie
Qui se brise entre les piliers
Comme une rivière à noyés.

La chair des morts est tuméfiée,
Livide sous le ciel vitrifié
La rivière traverse la ville
Regards éteints, regards hostiles.

DIE AUSÜBUNG der Reflexion,
Die Gewohnheit des Mitleids,
Der ranzige Geschmack des Hasses
Und Eisenkraut-Tee.

In der Residenz Arcadie:
Nutzlose Stühle und das Leben
Das zwischen den Pfeilern schwappt
Wie ein Fluss voll Ertrunkener.

Das Fleisch der Toten ist geschwollen,
Bleich unter dem glasigen Himmel
Der Fluss durchfließt die Stadt
Erloschene Blicke, feindselige Blicke.

La brume entourait la montagne
Et j'étais près du radiateur,
La pluie tombait dans la douceur
(Je sens que la nausée me gagne).

L'orage éclairait, invisible,
Un décor de monde extérieur
Où régnaient la faim et la peur,
J'aurais aimé être impassible.

Des mendiants glissaient sous les gouttes
Comme des insectes affamés
Aux mandibules mal refermées,
Des mendiants recouvraient la route.

Le jour lentement décroissait
Dans un gris-bleu de mauvais rêve,
Il n'y aurait plus jamais de trêve;
Lentement, le jour s'en allait.

DER DUNST UMHÜLLTE den Berg
Und ich hielt mich beim Heizkörper auf,
Der Regen rieselte sacht
(Ich spüre, wie mich der Ekel ergreift).

Das Gewitter beleuchtete, unsichtbar,
Die Außenwelt als Bühnenbild
In dem Hunger herrschte und Angst,
Ich wäre gern ungerührt geblieben.

Bettler bewegten sich unter den Tropfen
Wie ausgehungerte Insekten
Mit nicht ganz schließenden Kiefern,
Die Landstraße war von Bettlern bedeckt.

Der Tag ging langsam zur Neige
In einem Graublau wie ein böser Traum,
Es sollte nie wieder eine Waffenruhe geben;
Langsam stahl der Tag sich fort.

Je flottais au-dessus du fleuve
Près des carnivores italiens
Dans le matin l'herbe était neuve,
Je me dirigeais vers le bien.

Le sang des petits mammifères
Est nécessaire à l'équilibre,
Leurs ossements et leurs viscères
Sont les conditions d'une vie libre.

On les retrouve sous les herbes,
Il suffit de gratter la peau
La végétation est superbe,
Elle a la puissance du tombeau.

Je flottais parmi les nuages,
Absolument désespéré
Entre le ciel et le carnage,
Entre l'abject et l'éthéré.

ICH SCHWEBTE über dem Fluss
Nah bei den italienischen Carnivoren
Am Morgen war das Gras ganz neu,
Ich bewegte mich aufs Gute zu.

Das Blut der kleinen Säugetiere
Wird für das Gleichgewicht benötigt,
Ihre Knochen und die Eingeweide
Sind die Bedingungen für ein freies Leben.

Man findet sie unter dem Gras,
Man braucht nur an der Haut zu kratzen
Die Vegetation ist wunderbar,
Sie hat die Macht des Grabes.

Ich schwebte zwischen den Wolken,
Vollends verzweifelt
Zwischen Himmel und Gemetzel,
Zwischen Niedertracht und Vergeistigung.

LA PEAU EST UN OBJET LIMITE,
Ce n'est presque pas un objet
Dans la nuit, les cadavres habitent
Dans le corps habite un regret.

Le cœur diffuse un battement
Jusqu'à l'intérieur du visage;
Sous nos ongles, il y a du sang
Dans nos corps, un mouvement s'engage.

Le sang surchargé de toxines
Circule dans les capillaires
Il transporte la substance divine,
Le sang s'arrête et tout s'éclaire.

Un moment d'absolue conscience
Traverse le corps douloureux
Moment de joie, de pure présence:
Le monde apparaît à nos yeux.

DIE HAUT IST EIN GRENZGEGENSTAND,
Sie ist beinahe kein Gegenstand mehr
In der Nacht wohnen Kadaver
Im Körper wohnt Bedauern.

Das Herz sendet ein Klopfen aus
Bis ins Innere des Gesichts;
Unter unseren Nägeln ist Blut
In unseren Körpern kommt eine Bewegung in Gang.

Das mit Giften überlastete Blut
Zirkuliert in den Kapillaren
Es befördert die göttliche Substanz,
Das Blut bleibt stehen und alles hellt sich auf.

Ein Augenblick absoluter Bewusstheit
Durchzieht den schmerzenden Leib
Augenblick der Freude, der reinen Gegenwärtigkeit:
Die Welt erscheint vor unseren Augen.

IL EST TEMPS DE FAIRE UNE PAUSE
Avant de recouvrir la lampe.
Dans le jardin, l'agonie rampe;
La mort est bleue dans la nuit rose.

Le programme était défini
Pour les trois semaines à venir
D'abord mon corps devait pourrir,
Puis s'écraser sur l'infini.

L'infini est à l'intérieur,
J'imagine les molécules
Et leurs mouvements ridicules
Dans le cadavre appréciateur.

ES IST ZEIT FÜR EINE PAUSE
Bevor ich die Lampe lösche.
Im Garten kriecht die Agonie heran;
Der Tod ist blau in der rosenfarbenen Nacht.

Das Programm lag bereits fest
Für die drei kommenden Wochen
Erst sollte mein Körper verfaulen,
Dann an der Unendlichkeit zerschellen.

Die Unendlichkeit ist innen,
Ich stelle mir die Moleküle vor
Und ihre lachhaften Bewegungen
Im erfreuten Kadaver.

Nous devons développer une attitude de non-résistance
au monde;
Le négatif est négatif,
Le positif est positif,
Les choses sont.
Elles apparaissent, elles se transforment,
Et puis elles cessent simplement d'exister;
Le monde extérieur, en quelque sorte, est donné.

L'être de perception est semblable à une algue,
Une chose répugnante et très molle,
Foncièrement féminine
Et c'est cela que nous devons atteindre
Si nous voulons parler du monde
Simplement, parler du monde.

Nous ne devons pas ressembler à celui qui essaie de plier
le monde à ses désirs,
A ses croyances
Il nous est cependant permis d'avoir des désirs,
Et même des croyances
En quantité limitée.
Après tout, nous faisons partie du phénomène,
Et, à ce titre, éminemment respectables,
Comme des lézards.

WIR MÜSSEN der Welt gegenüber eine Haltung
des Nicht-Widerstands entwickeln;
Das Negative ist negativ,
Das Positive positiv,
Die Dinge sind.
Sie treten auf, sie transformieren sich,
Und dann hören sie einfach auf zu existieren;
Die äußere Welt ist gewissermaßen gegeben.

Das wahrnehmende Wesen gleicht einer Alge,
Ein abstoßendes, glibbriges Ding,
Zutiefst weiblich
Und genau das müssen wir erreichen
Wenn wir über die Welt reden wollen
Ganz einfach über die Welt reden.

Wir dürfen nicht dem ähneln, der die Welt seinen Begierden
entsprechend zurechtbiegen will,
Seinen Überzeugungen
Begierden zu haben ist uns indessen erlaubt,
Und sogar Überzeugungen
In begrenzter Zahl.
Immerhin sind wir ja Teil des Phänomens,
Und als solche höchst respektierlich,
Wie Eidechsen.

Comme des lézards, nous nous chauffons au soleil
du phénomène
En attendant la nuit
Mais nous ne nous battrons pas,
Nous ne devons pas nous battre,
Nous sommes dans la position éternelle du vaincu.

Wie Eidechesen wärmen wir uns in der Sonne
des Phänomens
In Erwartung der Nacht
Aber wir werden nicht mehr kämpfen,
Wir dürfen nicht kämpfen,
Wir sind in der ewigen Rolle des Besiegten.

LES HIRONDELLES s'envolent, rasent lentement les flots, et montent en spirale dans la tiédeur de l'atmosphère. Elles ne parlent pas aux humains, car les humains restent accrochés à la Terre.

Les hirondelles ne sont pas libres. Elles sont conditionnées par la répétition de leurs orbes géométriques. Elles modifient légèrement l'angle d'attaque de leurs ailes pour décrire des spirales de plus en plus écartées par rapport au plan de la surface du globe. En résumé, il n'y a aucun enseignement à tirer des hirondelles.

Parfois, nous revenions ensemble en voiture. Sur la plaine immense, le soleil couchant était énorme et rouge. Soudain, un rapide vol d'hirondelles venait zébrer sa surface. Tu frissonnais, alors. Tes mains se crispaient sur le volant gainé de peau. Tant de choses pouvaient, à l'époque, nous séparer.

DIE SCHWALBEN fliegen, langsam, hauchdicht über den Wellen, und steigen in Spiralen in die laue Atmosphäre auf. Sie reden nicht mit den Menschen, denn die Menschen bleiben der Erde verhaftet.

Die Schwalben sind nicht frei. Sie sind festgelegt durch ihre sich wiederholenden geometrischen Kreise. Sie modifizieren den Winkel des Flügelschlags ein wenig und beschreiben so Spiralen, die sich immer weiter von der Oberfläche der Erdkugel entfernen. Kurz gesagt, niemand lehrt einen, auf Schwalben zu schießen.

Manchmal kamen wir miteinander im Wagen zurück. Über der endlosen Ebene war die sinkende Sonne riesig und rot. Plötzlich wurde ihre Scheibe von einem Schwalbenschwarm überzuckt. Dann frösteltest du. Deine Hände klammerten sich an das leder-bespannte Lenkrad. So viele Dinge konnten uns damals voneinander entfernen.

IV

NOUVELLE DONNE
à Michel Bulteau

Nous étions arrivés à un moment de notre vie où se faisait
sentir l'impérieuse nécessité de négocier une nouvelle donne,
Ou simplement de crever.
Quand nous étions face à face avec nous-mêmes sur la
banquette arrière dans le fond du garage il n'y avait
plus personne,
On aimait se chercher.

Le sol légèrement huileux où nous glissions une bouteille
de bière à la main,
Et ta robe de satin
Mon ange
Nous avons traversé des moments bien étranges

Où les amis disparaissaient un par un et où les plus gentils
devenaient les plus durs,
S'installaient dans une espèce de fissure
Entre les longs murs blancs de la dépendance
pharmaceutique
Ils devenaient des pantins ironiques,
Pathétiques.

Neue Karten
Michel Bulteau gewidmet

Wir waren an einem Punkt unseres Lebens angelangt,
wo machtvoll die Notwendigkeit spürbar wurde,
die Karten neu zu verteilen,
Oder einfach zu krepieren.
Als wir uns selber hinten in der Garage auf der Rückbank
gegenübersaßen, war niemand mehr da,
Wir suchten einander gern.

Der leicht verölte Boden, auf dem wir ausrutschten,
eine Bierflasche in der Hand,
Und dein Satinkleid
Mein Engel
Wir haben ziemlich seltsame Zeiten durchlebt

In denen die Freunde einer nach dem anderen verschwanden
und aus den Nettesten die Härtesten wurden,
Sich in einer Art Riss niederließen
Zwischen den langen, weißen Mauern der Abhängigkeit
von Pharmaka
Sie wurden zu ironischen, pathetischen
Hampelmännern.

Le lyrisme et la passion nous les avons connus mieux
que personne,
Beaucoup mieux que personne
Car nous avons creusé jusqu'au fond de nos organes
pour essayer de les transformer de l'intérieur
Pour trouver un chemin écarter les poumons pénétrer
usqu'au cœur
Et nous avons perdu,
Nos corps étaient si nus.

Répétition des morts et des abandons et les plus purs
montaient vers leur calvaire,
Je me souviens de ton cousin le matin où il s'était teint
les cheveux en vert
Avant de sauter dans le fleuve,
Sa vie était si neuve.

Poesie und Leidenschaft haben wir gründlicher
kennen gelernt als sonst jemand,
Sehr viel gründlicher als sonst jemand
Denn wir haben bis in die Tiefe unserer Organe
gegraben beim Versuch, sie von innen her zu verwandeln
Um einen Weg zu finden, die Lungen beiseite zu schieben
vorzudringen bis zum Herzen
Und wir haben verloren,
Unsere Körper waren so schutzlos.

Wiederholungen der Tode und des Verlassens und die Reinsten
gingen ihrer Kreuzigung entgegen,
Ich erinnere mich an deinen Cousin an dem Morgen, wo er sich
die Haare grün gefärbt hat
Bevor er in den Fluss sprang,
Sein Leben war so jung.

Nous n'aimons plus beaucoup maintenant les gens qui
viennent critiquer nos rêves,
Nous nous laissons lentement investir par une ambiance
de trêve
Nous ne croyons plus beaucoup maintenant aux
plaisanteries sur le sens du cosmos,
Nous savons qu'il existe un espace de liberté entre
la chair et l'os

Où les répétitions les plaintes
Parviennent atténuées;
Un espace d'étreintes,
Un corps transfiguré.

Wir können die Leute nicht mehr so besonders leiden, die
daherkommen und unsere Träume kritisieren,
Wir lassen uns allmählich von einer Waffenstillstandsstimmung
lähmen
Wir glauben nicht mehr so besonders an die Witze
über den Sinn des Kosmos,
Wir wissen, dass es einen Raum aus Freiheit gibt
zwischen Knochen und Fleisch

Den die Wiederholungen die Klagen
Gedämpft erreichen;
Einen Raum aus Umarmungen,
Einen verklärten Raum.

QUAND IL FAIT FROID,
Ou plutôt quand on a froid,
Quand un centre de froid s'installe avec un
mouvement mou
Au fond de la poitrine
Et saute lourdement entre les poumons
Comme un gros animal stupide;

Quand les membres battent faiblement,
De plus en plus faiblement
Avant de s'immobiliser sur le canapé
De manière apparemment définitive;

Quand les années tournent en clignotant
Dans une atmosphère enfumée
On ne se souvient plus de la rivière parfumée,
La rivière de la première enfance
Je l'appelle, conformément à une ancienne tradition:
la rivière d'innocence.

Maintenant que nous vivons dans la lumière,
Maintenant que nous vivons à proximité immédiate
de la lumière,
Dans des après-midi inépuisables
Maintenant que la lumière autour de nos corps est
devenue palpable,

WENN ES KALT IST
Oder eher wenn einem kalt ist
Wenn ein Kältekern sich mit
weicher Bewegung
Tief in der Brust einnistet
Und plump zwischen den Lungenflügeln hüpft
Wie ein großes, dummes Tier;

Wenn die Gliedmaßen schwächer fuchteln,
Immer schwächer
Bevor sie auf dem Sofa zum Stillstand kommen
Und zwar augenscheinlich endgültig;

Wenn die Jahre blinkend kreisen
In einer verrauchten Atmosphäre
Dann erinnert man sich nicht mehr an den duftenden Fluss,
Den Fluss der frühen Kindheit
Ich nenne ihn, einer alten Tradition gemäß:
den Fluss der Unschuld.

Jetzt, da wir im Licht leben,
Jetzt, da wir in unmittelbarer Nähe
des Lichts leben,
An unerschöpflichen Nachmittagen
Jetzt, da das Licht um unsere Körper
greifbar geworden ist,

Nous pouvons dire que nous sommes parvenus
à destination
Les étoiles se réunissent chaque nuit pour célébrer nos
souffrances et leur transfiguration
En des figures indéfiniment mystérieuses
Et cette nuit de notre arrivée ici, entre toutes les nuits,
nous demeure infiniment précieuse.

Können wir sagen, dass wir am Zielort
angekommen sind
Die Sterne vereinen sich allnächtlich, um unsere
Leiden und ihre Verklärung zu feiern
Mit auf ewig geheimnisvollen Figuren
Und diese Nacht unserer Ankunft hier bleibt uns
von allen Nächten die unendlich kostbarste.

So Long

Il y a toujours une ville, des traces de poètes
Qui ont croisé leur destinée entre ses murs
L'eau coule un peu partout, la mémoire murmure
Des noms de villes, des noms de gens, trous dans la tête.

Et c'est toujours la même histoire qui recommence,
Horizons effondrés et salons de massage
Solitude assumée, respect du voisinage,
Il y a pourtant des gens qui existent et qui dansent.

Ce sont des gens d'une autre espèce, d'une autre race,
Nous dansons tout vivants une danse cruelle
Nous avons peu d'amis mais nous avons le ciel,
Et l'infinie sollicitude des espaces;

Le temps, le temps très vieux qui prépare sa vengeance,
L'incertain bruissement de la vie qui s'écoule
Les sifflements du vent, les gouttes d'eau qui roulent
Et la chambre jaunie où notre mort s'avance.

So long

Es gibt immer eine Stadt, Spuren von Dichtern
Deren Lebenswege sich in diesen Mauern kreuzten
Das Wasser fließt fast allerorten, das Gedächtnis murmelt
Namen von Städten, Namen von Leuten, Löcher im Kopf.

Und es fängt immer wieder dieselbe Geschichte an,
Eingestürzte Horizonte und Massagesalons
Erduldete Einsamkeit, Rücksicht auf die Nachbarschaft,
Trotzdem gibt es Menschen, die existieren und tanzen.

Menschen einer anderen Art sind das, einer anderen Gattung,
Wir tanzen quicklebendig einen grausamen Tanz
Wir haben wenige Freunde, aber wir haben den Himmel,
Und die unendliche Fürsorge der Raumesweiten;

Die Zeit, die sehr alte Zeit, die ihre Rachepläne hegt,
Das undeutliche Brausen des sich verströmenden Lebens
Das Geheul des Windes, die rinnenden Wassertropfen
Und das vergilbte Schlafzimmer, in dem unser Tod
                              Gelände gewinnt.

La mémoire de la mer

Une lumière bleue s'établit sur la ville,
Il est temps de faire vos jeux;
La circulation tombe. Tout s'arrête. La ville est si
tranquille.
Dans un brouillard de plomb, la peur au fond des yeux,
Nous marchons vers la ville,
Nous traversons la ville.

Près des voitures blindées, la troupe des mendiants,
Comme une flaque d'ombre
Glisse en se tortillant au milieu des décombres
Ton frère fait partie des mendiants
Il fait partie des errants
Je n'oublie pas ton frère,
Je n'oublie pas le jeu.

On achète du riz dans des passages couverts,
Encerclés par la haine
La nuit est incertaine,
La nuit est presque rouge
Traversant les années, au fond de moi, elle bouge,
La mémoire de la mer.

DIE ERINNERUNG AN DAS MEER

Blaues Licht setzt sich über der Stadt fest,
Es ist Zeit: Faites vos jeux;
Der Verkehrspegel fällt. Alles bleibt stehen. Die Stadt ist so
still.
Durch bleiernen Nebel, Angst tief in den Augen,
Gehen wir auf die Stadt zu,
Durchqueren wir die Stadt.

Nahe den Panzerwagen der Trupp der Bettler,
Wie eine Schattenlache
Schlängelt er sich zwischen den Trümmern hindurch
Dein Bruder ist einer der Bettler
Er ist einer der Streuner
Ich vergesse deinen Bruder nicht,
Ich vergesse nicht das Spiel.

Wir kaufen Reis in Einkaufspassagen,
Umzingelt vom Hass
Die Nacht ist ungewiss
Die Nacht ist fast rot
Während sie die Jahre durchweht, rührt sich tief in mir
Die Erinnerung an das Meer.

Un été à Deuil-la-Barre

Reptation des branchages entre les fleurs solides,
Glissement des nuages et la saveur du vide:
Le bruit du temps remplit nos corps et c'est dimanche
Nous sommes en plein accord, je mets ma veste blanche

Avant de m'effondrer sur un banc de jardin
Où je m'endors, je me retrouve deux heures plus loin.

Une cloche tinte dans l'air serein
Le ciel est chaud, on sert du vin,
Le bruit du temps remplit la vie;
C'est une fin d'après-midi.

EIN SOMMER IN DEUIL-LA-BARRE

Krauchen des Gezweigs zwischen den soliden Blüten,
Dahinziehen der Wolken und das Aroma der Leere:
Das Geräusch der Zeit erfüllt unsere Körper und es ist Sonntag
Wir stehen in vollem Einverständnis, ich ziehe meine
weiße Jacke an

Bevor ich auf einer Parkbank niedersinke
Wo ich einschlafe und zwei Stunden später wieder zu mir komme.

Eine Glocke klingt in der heiteren Luft
Der Himmel ist warm, Wein wird serviert,
Das Geräusch der Zeit erfüllt das Leben;
Es ist später Nachmittag.

L'AUBE GRANDIT dans la douceur
Le lait tiédit, petites flammes
Vibrantes et bleues, petites sœurs
Lait gonflé comme un sein de femme

Et le bruit du percolateur
Dans le silence de la ville;
Vers le Sud, l'écho d'un moteur
Il est cinq heures, tout est tranquille.

DIE DÄMMERUNG WÄCHST sacht heran
Die Milch wird warm, kleine Flammen
Tanzend und blau, kleine Schwestern
Milch, gewölbt wie eine Frauenbrust

Und das Glucksen der Kaffeemaschine
In der Stille der Stadt;
Gen Süden der Hall eines Motors
Es ist fünf Uhr, alles ist still.

J'AI TOUJOURS EU L'IMPRESSION que nous étions proches, comme deux fruits issus de la même branche. Le jour se lève au moment où je t'écris, le tonnerre gronde doucement; la journée sera pluvieuse. Je t'imagine te redressant dans ton lit. Cette angoisse que tu ressens, je la ressens également.

La nuit nous abandonne,
La lumière délimite
A nouveau les personnes,
Les personnes toutes petites.

Couché sur la moquette, j'observe avec résignation la montée de la lumière. Je vois des cheveux sur la moquette; ces cheveux ne sont pas les tiens. Un insecte solitaire escalade les tiges de laine. Ma tête s'abat, se relève; j'ai envie de fermer vraiment les yeux. Je n'ai pas dormi depuis trois jours; je n'ai pas travaillé depuis trois mois. Je pense à toi.

ICH HABE SEIT JEHER GEFUNDEN, dass wir einander nah sind, wie Früchte von demselben Ast. Es wird hell, während ich dir schreibe, Donner grollt leise; der Tag wird regnerisch. Ich stelle mir vor, wie du dich in deinem Bett aufsetzt. Diese Angst, die du spürst, ich spüre sie auch.

Die Nacht verlässt uns
Das Licht umgrenzt
Wieder die Menschen,
die winzig kleinen Menschen.

Ich liege auf dem Teppichboden und verfolge resigniert das heraufsteigende Licht. Ich sehe Haare auf dem Teppichboden; diese Haare stammen nicht von dir. Ein vereinzeltes Insekt erklimmt die Stängel aus Wolle. Mein Kopf sinkt, hebt sich wieder; ich möchte die Augen wirklich schließen. Ich habe seit drei Tagen nicht geschlafen; ich habe seit drei Monaten nicht gearbeitet. Ich denke an dich.

QUAND LA PLUIE tombait en rafales
Sur notre petite maison
Nous étions à l'abri du mal,
Blottis auprès de la raison.

La raison est un gros chien tendre
Et c'est l'opposé de la perte
Il n'y a plus rien à comprendre,
L'obéissance nous est offerte.

Donnez-moi la paix, le bonheur,
Libérez mon cœur de la haine
Je ne peux plus vivre dans la peur,
Donnez-moi la mesure humaine.

WENN DER REGEN in Sturzbächen fiel
Auf unser kleines Haus
Waren wir vor dem Bösen geborgen,
Zusammengekauert nahe der Vernunft.

Die Vernunft ist ein lieber dicker Hund
Und das Gegenteil des Verlierens
Es gibt nichts mehr zu verstehen,
Der Gehorsam ist uns geschenkt.

Gebt mir Frieden, Glück,
Befreit mein Herz von Hass
Ich kann nicht mehr in der Angst leben,
Gebt mir das menschliche Maß.

IL EXISTE UN PAYS, plutôt une frontière,
Où la lumière est douce et pratiquement solide
Les êtres humains échangent des fragments de lumière,
Mais ils n'ont pas la moindre appréhension du vide.

La parabole du désir
Remplissait nos mains de silence
Et chacun se sentait mourir,
Nos corps vibraient de ton absence.

Nous avons traversé des frontières de craie
Et le second matin le soleil devint proche
Il y avait dans le ciel quelque chose qui bougeait,
Un battement très doux faisait vibrer les roches.

Les gouttelettes de lumière
Se posaient sur nos corps meurtris
Comme la caresse infinie
D'une divinité – matière.

Es GIBT EIN LAND, besser gesagt eine Grenze,
Wo das Licht sanft ist und beinahe körperhaft
Die Menschenwesen tauschen Bruchstücke von Licht aus,
Aber sie haben nicht die geringste Angst vor der Leere.

Das Gleichnis des Begehrens
Füllte unsere Hände mit Schweigen
Und jeder spürte sich sterben,
Unsere Körper vibrierten von deiner Abwesenheit.

Wir überschritten Grenzen aus Kreide
Und am zweiten Morgen stand die Sonne plötzlich nah
Es war am Himmel etwas, das sich bewegte,
Ein sehr sanftes Pochen ließ die Felsen erzittern.

Die Lichttröpfchen
Legten sich auf unsere geschundenen Körper
Wie das unendliche Streicheln
Einer Gottheit – Materie.

LES COULEURS DE LA DÉRAISON
Comme un fétiche inachevé
Définissent de nouvelles saisons,
L'inexistence remplit l'été.

Le soleil du Bouddha tranquille
Glissait au milieu des nuages
Nous venions de quitter la ville,
Le temps n'était plus à l'orage.

La route glissait dans l'aurore
Et les essuie-glaces vibraient,
J'aurais aimé revoir ton corps
Avant de partir à jamais.

DIE FARBEN DER UNVERNUNFT
Umschreiben neue Jahreszeiten
Wie ein unfertiger Fetisch,
Die Nicht-Existenz erfüllt den Sommer.

Die Sonne des gelassenen Buddhas
Glitt zwischen den Wolken dahin
Wir hatten eben die Stadt verlassen
Es sah nicht mehr nach Gewitter aus.

Die Straße glänzte im Morgenrot
Und die Scheibenwischer zitterten,
Ich hätte gern noch einmal deinen Körper gesehen
Bevor ich für immer gehe.

DEHORS IL Y A LA NUIT
La violence, le carnage
Viens près de moi, sans bruit,
Je distingue une image
Mouvante.

Et les contours se brouillent,
La lumière est tremblante
Mon regard se dépouille
Je suis là, dans l'attente,
Sereine.

Nous avons traversé
Des époques de haine,
Des temps controversés
Sans dimension humaine

Et le monde a pris forme,
Le monde est apparu
Dans sa présence nue,
Le monde.

DRAUSSEN SIND DIE NACHT
Die Gewalt, das Blutbad
Komm zu mir her, ohne Laut,
Ich erkenne ein Bild
Das sich bewegt.

Und die Umrisse verschwimmen,
Das Licht zittert
Mein Blick entblößt sich
Ich bin da, ich warte,
Heiter.

Wir haben Epochen
Des Hasses durchlebt,
Streitträchtige Zeiten
Ohne menschliches Maß

Und die Welt nahm Form an,
Die Welt erschien
In ihrer nackten Gegenwart,
Die Welt.

La longue route de Clifden

A l'Ouest de Clifden, promontoire
Là où le ciel se change en eau
Là où l'eau se change en mémoire
Tout au bord d'un monde nouveau

Le long des collines de Clifden,
Des vertes collines de Clifden,
Je viendrai déposer ma peine.

Pour accepter la mort il faut
Que la mort se change en lumière
Que la lumière se change en eau
Et que l'eau se change en mémoire.

L'Ouest de l'humanité entière
Se trouve sur la route de Clifden
Sur la longue route de Clifden
Où l'homme vient déposer sa peine
Entre les vagues et la lumière.

DIE LANGE STRASSE VON CLIFDEN

Westlich von Clifden, Vorgebirge
Dort, wo der Himmel zu Wasser wird
Dort, wo das Wasser zu Gedächtnis wird
Ganz am Rand einer neuen Welt.

Entlang der Hügel von Clifden,
Der grünen Hügel von Clifden,
Werde ich meinen Schmerz klagen.

Damit man den Tod akzeptieren kann
Muss der Tod zu Licht werden
Muss das Licht zu Wasser werden
Und das Wasser zu Gedächtnis.

Der Westen der gesamten Menschheit
Liegt auf der Straße von Clifden
Auf der langen Straße von Clifden
Wo der Mensch seinen Schmerz klagt
Zwischen den Wellen und dem Licht.

MONTRE-TOI, mon ami, mon double
Mon existence est dans tes mains
Je ne suis pas vraiment humain
Je voudrais une existence trouble

Une existence comme un étang, comme une mer
Une existence avec des algues
Et des coraux, et des espoirs, et des mondes amers
Roulés par la pureté des vagues.

L'eau glissera sur mon cadavre
Comme une comète oubliée
Et je retrouverai un havre,
Un endroit sombre et protégé.

Avalanche de fausses raisons
Dans l'univers privé de sens,
Les soirées pleines de privation,
Les murailles de la décadence.

ZEIGE DICH MIR, mein Freund, mein Zwilling
Mein Dasein liegt in deiner Hand
Ich bin nicht wirklich menschlich
Ich sehne mich nach einer dunklen Existenz

Einer Existenz wie ein Teich, wie ein Meer
Einer Existenz mit Algen
Und Korallen, und Hoffnungen, und bitteren Welten
Die in den klaren Wellen branden.

Das Wasser wird über meinen Leichnam ziehen
Wie ein vergessener Komet
Und ich werde in einen Hafen gelangen,
Einen dunklen, behüteten Ort.

Lawine falscher Gründe
Im seines Sinnes beraubten Universum,
Die Abende voller Entbehrungen,
Die Mauern der Dekadenz.

Comme un poisson de mer vidé,
J'ai donné mes organes aux bêtes
Mes intestins écartelés
Sont très loin, déjà, de ma tête.

La chair fourmille d'espérance
Comme un bifteck décomposé,
Il y aura des moments d'errance
Où plus rien ne sera imposé.

Je suis libre comme un camion
Qui traverse sans conducteur
Les territoires de la terreur,
Je suis libre comme la passion.

Wie ein ausgenommener Meeresfisch
Habe ich den Tieren meine Organe geschenkt
Meine gefledderten Eingeweide
Sind schon sehr weit von meinem Kopf entfernt.

Das Fleisch kribbelt von Hoffnung
Wie ein verfaultes Steak,
Es wird Momente des Schweifens geben
In denen keinerlei Zwang mehr herrscht.

Ich bin frei wie ein Lastwagen
Der ohne Fahrer die Ländereien
Des Schreckens durchfährt,
Ich bin frei wie die Leidenschaft.

POÈME À MARIE PIERRE

La clarté paraît dangereuse
Et les femmes ont rarement besoin
D'être satisfaites de leur sexe,
Evidemment.

L'avantage d'avoir des organes sexuels internes,
Je le lis avec clarté dans ton regard
Au demeurant presque innocent.
Tu attends ou tu provoques,
Mais au fond tu attends toujours
Une espèce d'hommage
Qui pourra t'être donné ou refusé,
Et ta seule possibilité en dernière analyse est d'attendre.
Pour cela, je t'admire énormément.

En même temps tu es si faible et si soumise,
Tu sais qu'une quantité excessive de sueur diminuera
le désir
Que je suis seul à pouvoir te donner
Car tu n'en veux pas d'autre,
Et tu as besoin de ce désir.
Pour cela, aussi, je t'admire énormément.

GEDICHT FÜR MARIE PIERRE

Die Klarheit wirkt gefährlich
Und die Frauen brauchen es nur selten
Dass sie geschlechtlich befriedigt werden,
Das ist klar.

Der Vorteil davon, innere Geschlechtsorgane zu haben,
Den lese ich deutlich in deinem Blick
Der übrigens fast unschuldig ist.
Du wartest oder du provozierst,
Aber im Grunde erwartest du immer
Eine Art Huldigung
Die dir erwiesen oder verwehrt werden kann
Und deine einzige Möglichkeit liegt letzten Endes im Warten.
Dafür bewundere ich dich enorm.

Zugleich bist du so schwach und so ergeben,
Du weißt, dass eine übermäßige Menge Schweiß die Lust
vermindern wird
Die ich dir als Einziger verschaffen kann
Denn du willst keinen anderen,
Und du brauchst diese Lust.
Auch dafür bewundere ich dich enorm.

En même temps tu as cette force terrifiante
De ceux qui ont le pouvoir de dire oui ou de dire non
Cette force t'a été donnée
Beaucoup peuvent te chercher, certains peuvent te trouver
Ton regard est la clef de différentes possibilités d'existence
et de différentes structurations du monde
Tu es la clef offerte par la vie pour un certain nombre
d'ailleurs
A ton contact, je deviens progressivement meilleur
Et j'admire, également, ta force.

Je suis en présence de toi
Comme devant un autre monde
Pourtant je vais au fond de toi
Je m'arrête, j'écoute les secondes

Et il y a un autre monde.

Zugleich hast du diese schreckliche Kraft
Derer, die die Macht haben, ja zu sagen oder nein
Diese Kraft ist dir verliehen worden
Viele können dich suchen, manche können dich finden
Dein Blick ist der Schlüssel zu verschiedenen
Daseinsmöglichkeiten und verschiedenen Weltstrukturen
Du bist der vom Leben dargebotene Schlüssel zu einer
gewissen Anzahl von Anderswos
Beim Kontakt mit dir werde ich allmählich ein Besserer
Und ich bewundere auch deine Kraft.

Ich stehe dir gegenüber
Wie einer anderen Welt
Dabei gehe ich tief in dich hinein
Ich halte inne, ich lausche den Sekunden

Und es gibt eine andere Welt.

Naissance aquatique d'un homme

Il y a d'abord cet acte qu'il faut bien qualifier de charnel,
Faute d'un meilleur terme
Acte où nous engageons pourtant une bonne partie de nos
ressources spirituelles
Et de nos croyances
Car nous créons les conditions, non seulement pour un
être, mais aussi pour le monde, d'une nouvelle naissance,
Nous en fixons l'initiation et peut-être le terme.

Il y a ensuite cette espèce d'être animal
Qu'on a bien du mal à mettre en rapport avec la femme
Telle que nous la connaissons
Je veux dire, la femme de nos jours,
Celle qui prend le métro
Et qui n'est plus capable d'amour.

Il y a ce geste de l'embrassement qui remonte si
naturellement vers les lèvres et vers les mains
Devant l'objet fripé qui sort
Qui était protégé il y a quelques instants encore
Qui vient brutalement de tomber en direction de l'humain
De manière irrémédiable
Et nous pleurons, nous aussi, cette chute.

Wassergeburt eines Menschen

Da ist erst einmal dieser Akt, den man als fleischlich
bezeichnen muss,
Mangels eines besseren Begriffs
Ein Akt, bei dem wir allerdings einen guten Teil unserer
geistigen Ressourcen spielen lassen
Und unserer Überzeugungen
Denn wir schaffen die Vorbedingungen nicht nur für ein
Wesen, sondern auch für die Welt, für eine Neugeburt,
Wir bestimmen den Anbeginn und vielleicht auch den Schlusspunkt.

Da ist sodann dieses seltsame tierhafte Wesen
Das man nur schwerlich mit der Frau in Beziehung bringen kann
So wie wir sie kennen
Ich meine die Frau unseres Alltags,
Die Metro fährt
Und nicht mehr zur Liebe fähig ist.

Da ist die Bewegung des Küssens, die so
natürlich zu den Lippen hinführt und zu den Händen
Angesichts dieses zerknitterten Dings, das da rauskommt
Das noch vor wenigen Augenblicken beschützt war
Das eben jäh aufs Menschliche zugefallen ist
Unwiderruflich
Und auch wir beweinen diesen Fall.

Il y a cette espèce de croyance en un monde délivré du mal
Et des cris, et de la souffrance,
Un monde où envisager l'horreur de la naissance
Comme un acte amical
Je veux dire, un monde où l'on pourrait vivre
Depuis le premier instant
Et jusqu'à la fin, jusqu'au terme naturel;
Un tel monde n'est en aucun cas décrit dans nos livres.

Il existe, potentiel.

Da ist diese Art Glauben an eine vom Bösen
Und von Schreien und vom Leid erlöste Welt,
Eine Welt, in der man den Schrecken der Geburt
Als freundschaftlichen Akt ansehen könnte
Ich meine eine Welt, in der man leben könnte
Vom ersten Augenblick an
Und bis zum Ende, bis zum natürlichen Schluss;
Eine solche Welt ist in unseren Büchern nirgendwo beschrieben.

Es gibt sie, als Möglichkeit.

C'est comme une veine qui court sous la peau, et que l'aiguille cherche à atteindre,
C'est comme un incendie si beau qu'on n'a pas envie de l'éteindre,
La peau est endurcie, par endroits presque bleue, et pourtant c'est un bain de fraîcheur au moment où pénètre l'aiguille
Nous marchons dans la nuit et nos mains tremblent un peu, pourtant nos doigts se cherchent et pourtant nos yeux brillent.

C'est le matin dans la cuisine et les choses sont à leur place habituelle,
Par la fenêtre on voit les ruines et dans l'évier traîne une vague vaisselle,
Cependant tout est différent, la nouveauté de la situation est proprement incommensurable,
Hier en milieu de soirée tu le sais nous avons basculé dans le domaine de l'inéluctable.

Au moment où tes doigts tendres petites bêtes ont accroché les miens et ont commencé à les presser doucement
J'ai su qu'il importait très peu que je sois à tel moment où à tel autre ton amant
J'ai vu quelque chose se former, qui ne pouvait être compris dans les catégories ordinaires,
Après certaines révolutions biologiques il y a vraiment de nouveaux cieux, il y a vraiment une nouvelle Terre.

Es ist wie eine Ader, die unter der Haut verläuft und die
von der Nadel gesucht wird,
Es ist wie eine Feuersbrunst so schön, dass man sie
nicht löschen mag,
Die Haut ist verhärtet, stellenweise fast blau, und
trotzdem ist es ein kühles Bad in dem Moment,
wenn die Nadel eindringt
Wir gehen durch die Nacht und unsere Hände zittern ein wenig,
trotzdem suchen unsere Finger einander und unsere
Augen glänzen.

Es ist Morgen in der Küche und die Dinge stehen an ihrem
gewohnten Ort,
Durch das Fenster sieht man die Ruinen und im Spülstein steht
irgendwelcher Abwasch herum,
Dennoch ist alles anders, die Situation ist wahrhaftig
unermesslich neu,
Gestern mitten am Abend sind wir, das weißt du, in den
Bereich des Unvermeidlichen gekippt.

In dem Moment, als deine Finger zarte Tierchen sich an
meine klammerten und anfingen, sie sanft zu drücken
Da wusste ich, dass es sehr unwesentlich ist, in
welchem Augenblick ich dein Liebhaber bin
Ich habe sich etwas herausbilden gesehen, das nicht mit den
üblichen Kategorien begriffen werden kann,
Nach ein paar biologischen Revolutionen gibt es wirklich
neue Himmel, gibt es wirklich eine Neue Erde.

Il ne s'est à peu près rien passé et pourtant il nous est
impossible de nous délivrer du vertige,
Quelque chose s'est mis en mouvement, des puissances
avec lesquelles il n'est pas question qu'on transige,
Comme celles de l'opium ou du Christ, les victimes
de l'amour sont d'abord des victimes bienheureuses
Et la vie qui circule en nous ce matin vient d'être
augmentée dans des proportions prodigieuses.

C'est pourtant la même lumière, dans le matin, qui
s'installe et qui augmente,
Mais le monde perçu à deux a une signification
entièrement différente
Je ne sais plus vraiment si nous sommes dans l'amour ou
dans l'action révolutionnaire
Après que nous en avons parlé tous les deux, tu as acheté
une biographie de Maximilien Robespierre.

Je sais que la résignation vient de partir avec la facilité
d'une peau morte,
Je sais que son départ me remplit d'une joie
incroyablement forte,
Je sais que vient de s'ouvrir un pan d'histoire absolument
inédit
Aujourd'hui et pour un temps indéterminé nous pénétrons
dans un autre monde, et je sais que dans cet autre monde
tout pourra être reconstruit.

Es ist ungefähr nichts passiert und trotzdem ist es
uns nicht möglich, dem Schwindel zu entkommen,
Etwas hat sich in Bewegung versetzt, Mächte, mit denen
keine Kompromisse möglich sind,
Wie die Opfer des Opiums oder Christi sind die Opfer
der Liebe zunächst mal glücklich
Und das Leben, das uns heute Morgen durchströmt,
ist soeben in ganz außerordentlichem Maße gesteigert worden.

Trotzdem ist es dasselbe Licht, das jetzt am Morgen
einsetzt und sich steigert,
Aber die zu zweit gesehene Welt hat eine
vollkommen veränderte Bedeutung
Ich weiß nicht mehr wirklich, ob wir in der Liebe sind
oder in der revolutionären Aktion
Nachdem wir miteinander darüber geredet haben, hast du
eine Biographie von Maximilien Robespierre gekauft.

Ich weiß, dass die Resignation eben verschwunden ist,
so leicht, wie tote Haut abgeht,
Ich weiß, dass ihr Verschwinden mich mit
unglaublich starker Freude erfüllt,
Ich weiß, dass sich ein vollkommen neuer Geschichtsabschnitt
geöffnet hat
Heute treten wir auf unbestimmte Zeit in eine andere Welt ein,
und ich weiß, dass in dieser anderen Welt
alles neu aufgebaut werden kann.

Le sens du combat

Il y a eu des nuits où nous avions perdu jusqu'au sens
du combat
Nous frissonnions de peur, seuls dans la plaine immense,
Nous avions mal aux bras
Il y a eu des nuits incertaines et très denses.

Comme un oiseau blessé tournoie dans l'atmosphère
Avant de s'écraser sur le sol du chemin
Tu titubais, disant des mots élémentaires,
Avant de t'effondrer sur le sol de poussière;
Je te prenais la main.

Nous devions décider d'un autre angle d'attaque,
Décrocher vers le Bien
Je me souviens de nos pistolets tchécoslovaques,
Achetés pour presque rien.

Libres et conditionnés par nos douleurs anciennes
Nous traversions la plaine
Et les mottes gercées résonnaient sous nos pieds;
Avant la guerre, ami, il y poussait du blé.

DER SINN DES KAMPFES

Es gab Nächte, in denen wir alles aus den Augen verloren haben,
sogar den Sinn des Kampfes
Wir fröstelten vor Angst, allein in der unendlichen Ebene,
Uns taten die Arme weh
Es gab ungewisse, sehr intensive Nächte.

Wie ein verletzter Vogel durch die Luft kreiselt
Bevor er auf dem Boden des Weges aufschlägt
Hinktest du und sagtest dazu elementare Worte,
Bevor du auf dem staubigen Boden zusammenbrachst;
Ich nahm deine Hand.

Wir mussten uns für einen anderen Angriffswinkel entscheiden,
Uns zum Guten hin davonmachen
Ich erinnere mich an unsere tschechoslowakischen Pistolen,
Fast für nichts und wieder nichts gekauft.

Frei und von unseren alten Schmerzen geleitet
Durchquerten wir die Ebene
Und die schrundigen Erdschollen tönten unter unseren Füßen;
Vor dem Krieg, Freund, wuchs hier Weizen.

Comme une croix plantée dans un sol desséché
J'ai tenu bon, mon frère;
Comme une croix de fer aux deux bras écartés.
Aujourd'hui, je reviens dans la maison du Père.

Wie ein in ausgetrockneten Boden gerammtes Kreuz
Habe ich durchgehalten, mein Bruder;
Wie ein eisernes Kreuz mit ausgebreiteten Armen.
Heute kehre ich ins Haus des Vaters zurück.

SUCHE NACH GLÜCK

I

Hypermarché – Novembre

D'abord j'ai trébuché dans un congélateur.
Je me suis mis à pleurer et j'avais un peu peur.
Quelqu'un a grommelé que je cassais l'ambiance;
Pour avoir l'air normal j'ai repris mon avance.

Des banlieusards sapés et au regard brutal
Se croisaient lentement près des eaux minérales.
Une rumeur de cirque et de demi-débauche
Montait des rayonnages. Ma démarche était gauche.

Je me suis écroulé au rayon des fromages;
Il y avait deux vieilles dames qui portaient des sardines.
La première se retourne et dit à sa voisine:
« C'est bien triste, quand même, un garçon de cet âge. »

Et puis j'ai vu des pieds circonspects et très larges;
Il y avait un vendeur qui prenait des mesures.
Beaucoup semblaient surpris par mes nouvelles chaussures;
Pour la dernière fois j'étais un peu en marge.

EINKAUFSZENTRUM – NOVEMBER

Als erstes bin ich in eine Tiefkühltruhe gestolpert.
Ich fing an zu weinen und hatte etwas Angst.
Irgendwer maulte, ich würde die Stimmung vermiesen;
Um normal zu wirken, ging ich lieber weiter.

Herausgeputzte Vorstädter mit gnadenlosem Blick
Schlichen beim Mineralwasser umeinander herum.
Dumpfe Geräusche wie im Zirkus, wie eine verhaltene Orgie
Stiegen von den Regalen auf. Mein Gang war unbeholfen.

Ich brach vor der Käsetheke zusammen;
Zwei alte Damen standen da, Sardinen in der Hand.
Die erste dreht sich um und sagt zu ihrer Nachbarin:
»Wirklich traurig, ein junger Mann, und das in seinem Alter.«

Und dann sah ich umsichtige, sehr breite Füße;
Ein Verkäufer, der Maßnahmen ergriff.
Viele schienen sich über meine neuen Schuhe zu wundern;
Zum letzten Mal befand ich mich ein wenig am Rand.

Non Reconcilié

Mon père était un con solitaire et barbare;
Ivre de déception, seul devant sa télé,
Il ruminait des plans fragiles et très bizarres,
Sa grande joie étant de les voir capoter.

Il m'a toujours traité comme un rat qu'on pourchasse;
La simple idée d'un fils, je crois, le révulsait.
Il ne supportait pas qu'un jour je le dépasse,
Juste en restant vivant alors qu'il crèverait.

Il mourut en avril, gémissant et perplexe;
Son regard trahissait une infinie colère.
Toutes les trois minutes il insultait ma mère,
Critiquait le printemps, ricanait sur le sexe.

À la fin, juste avant l'agonie terminale,
Un bref apaisement parcourut sa poitrine.
Il sourit en disant: «Je baigne dans mon urine»,
Et puis il s'éteignit avec un léger râle.

UNVERSÖHNT

Mein Vater war ein Arschloch, einzelgängerisch, barbarisch;
Trunken vor Enttäuschung, einsam vor der Glotze,
Er heckte kurzlebige, abwegige Pläne aus,
Seine größte Freude: Wenn sie koppheister gingen.

Er hat mich immer behandelt wie eine Ratte, die man vertilgen will;
Allein die Vorstellung, einen Sohn zu haben, war ihm, glaube ich, zuwider.
Er ertrug nicht, dass ich ihn eines Tages überholen werde,
Und leben bleibe, wenn er verreckt.

Er starb im April, ächzend und verblüfft;
In seinem Blick lag unermessliche Wut.
Alle paar Minuten beschimpfte er meine Mutter,
Bemäkelte den Frühling, verlachte den Sex.

Am Ende, kurz vorm letzten Todeskampf,
Zog kurze Befriedung rasch durch sein Herz.
Er sagte lächelnd: »Ich schwimme in meinem Urin«,
Um dann leise röchelnd zu erlöschen.

JIM

Tant que tu n'es pas là, je t'attends, je t'espère;
C'est une traversée blanche et sans oxygène.
Les passants égarés sont bizarrement verts;
Au fond de l'autobus je sens craquer mes veines.

Un ami de toujours m'indique l'arrêt Ségur.
C'est un très bon garçon, il connaît mes problèmes;
Je descends je vois Jim; il descend de voiture,
Il porte à son blouson je ne sais quel emblème.

Parfois Jim est méchant, il attend que j'aie mal.
Je saigne sans effort; l'autoradio fredonne.
Puis Jim sort ses outils; il n'y a plus personne,
Le boulevard est désert. Pas besoin d'hôpital.

JIM

Wenn du nicht hier bist, warte ich sehnsüchtig;
Ein blindes Durchhalten ohne Sauerstoff.
Die vereinzelten Passanten sind seltsam grün;
Ich sitze hinten im Bus und höre meine Adern bersten.

Ein alter Freund zeigt mir die Haltestelle Ségur.
Ein sehr freundlicher Mensch, der meine Probleme kennt;
Ich steige aus ich sehe Jim; er steigt aus dem Wagen,
Er trägt an seiner Jacke irgendein Emblem.

Manchmal ist Jim gemein, er möchte, dass es mir weh tut.
Ich blute ohne weiteres; das Autoradio trällert.
Dann holt Jim die Instrumente heraus; niemand ist mehr da.
Der Boulevard liegt menschenleer. Muss nicht ins Krankenhaus.

J'AI PEUR de tous ces gens raisonnables et soumis
Qui voudraient me priver de mes amphétamines.
Pourquoi vouloir m'ôter mes dernières amies?
Mon corps est fatigué et ma vie presque en ruines.

Souvent les médecins, ces pustules noircies,
Fatiguent mon cerveau de sentences uniformes;
Je vis ou je survis très en dehors des normes;
Je m'en fous. Et mon but n'est pas dans cette vie.

Quelquefois le matin je sursaute et je crie,
C'est rapide c'est très bref mais là j'ai vraiment mal;
Je m'en fous et j'emmerde la protection sociale.

Le soir je relis Kant, je suis seul dans mon lit.
Je pense à ma journée, c'est très chirurgical;
Je m'en fous. Je reviens vers le point initial.

ICH HABE ANGST vor all den vernünftigen, angepassten Leuten
Die mir meine Amphetamine wegnehmen möchten.
Warum wollen sie mich um meine letzten Freundinnen bringen?
Mein Körper ist müde und mein Leben so gut wie ruiniert.

Oft kommen die Ärzte, schwarz angelaufene Eiterbeulen,
Und ermüden mein Hirn mit monotonen Sentenzen;
Ich lebe oder überlebe weitab jeder Norm;
Ich scheiß drauf. Und mein Ziel liegt nicht in diesem Leben.

Morgens manchmal schrecke ich hoch und schreie,
Ganz kurz nur es geht rasch vorbei, aber dann tut es wirklich weh;
Ich scheiß drauf und zum Teufel mit dem sozialen Netz.

Abends lese ich wieder mal Kant, allein in meinem Bett.
Ich überdenke den Tag, chirurgisch präzis;
Ich scheiß drauf. Und komme zum Ursprung zurück.

Mon Corps est comme un Sac traversé de fils rouges
Il fait noir dans la chambre, mon œil luit faiblement
J'ai peur de me lever, au fond de moi je sens
Quelque chose de mou, de méchant, et qui bouge.

Cela fait des années que je hais cette viande
Qui recouvre mes os. La couche est adipeuse,
Sensible à la douleur, légèrement spongieuse;
Un peu plus bas il y a un organe qui bande.

Je te hais, Jésus-Christ, qui m'a donné un corps
Les amitiés s'effacent, tout s'enfuit, tout va vite,
Les années glissent et passent et rien ne ressuscite,
Je n'ai pas envie de vivre et j'ai peur de la mort.

MEIN KÖRPER IST WIE EIN SACK, den rote Fäden durchziehen
In meinem Zimmer ist es dunkel, mein Auge schimmert schwach
Ich habe Angst vorm Aufstehen, tief in mir spüre ich
Etwas Weiches, Böses, das sich bewegt.

Seit Jahren hasse ich dies Fleisch
Das an meinen Knochen klebt. Eine verfettete Schicht,
Schmerzempfindlich, aufgeschwemmt;
Und etwas tiefer ein Organ, das sich versteift.

Ich hasse dich, Jesus, der du mir einen Leib gegeben hast
Die Freundschaften verlöschen, alles flieht, alles geht schnell,
Die Jahre gleiten vorbei und sind weg und nichts lebt wieder auf,
Ich habe keine Lust zu leben und ich habe Angst vorm Tod.

Une Vie, petite

Je me suis senti vieux peu après ma naissance;
Les autres se battaient, désiraient, soupiraient;
Je ne sentais en moi qu'un informe regret.
Je n'ai jamais rien eu qui ressemble à l'enfance.

Au fond de certains bois, sur un tapis de mousse,
Des troncs d'arbre écœurants survivent à leurs feuilles;
Autour d'eux se développe une atmosphère de deuil;
Leur peau est sale et noire, des champignons y poussent.

Je n'ai jamais servi à rien ni à quiconque;
C'est dommage. On vit mal quand on vit pour soi-même.
Le moindre mouvement constitue un problème,
On se sent malheureux et cependant quelconque.

On se meut vaguement, comme un animalcule;
On n'est presque plus rien, et pourtant qu'est-ce qu'on souffre!
On transporte avec soi une espèce de gouffre
Portatif et mesquin, vaguement ridicule.

On ne croit plus vraiment que la mort soit funeste;
Surtout pour le principe, de temps en temps, on rit;
On essaie vainement d'accéder au mépris.
Puis on accepte tout, et la mort fait le reste.

Ein Leben, ein kleines

Ich fühlte mich alt schon kurz nach meiner Geburt;
Die anderen kämpften, begehrten, seufzten;
Ich spürte in mir nichts als formloses Bedauern.
Ich habe nie so etwas wie eine Kindheit gehabt.

Tief in manchen Wäldern, auf einem Teppich aus Moos,
Überdauern widerliche Bäumstämme ihr Blattwerk;
Um sie herum entsteht eine Aura der Trauer;
Ihre Haut ist schmutzig und schwarz, Pilze wuchern darauf.

Ich habe nie gedient, weder einem Menschen noch einer Sache;
Das ist schade. Wer nur für sich selbst lebt, lebt schlecht.
Die geringste Bewegung ist dann ein Problem,
Man fühlt sich unglücklich und dennoch beliebig.

Man regt sich schwach, wie ein winziges Tier;
Man ist fast nichts mehr, und doch, wie schwer muss man leiden!
Man trägt mit sich eine Art Abgrund herum
Tragbar und schäbig, irgendwie lächerlich auch.

Man glaubt nicht mehr ganz, dass der Tod so schlimm ist;
Eigentlich nur aus Prinzip lacht man noch von Zeit zu Zeit;
Man versucht vergebens, Zynismus zu erlangen.
Dann nimmt man alles hin, und der Tod erledigt den Rest.

J'AIME LES HÔPITAUX, asiles de souffrance
Où les vieux oubliés se transforment en organes
Sous les regards moqueurs et pleins d'indifférence
Des internes qui se grattent en mangeant des bananes.

Dans leurs chambres hygiéniques et cependant sordides
On distingue très bien le néant qui les guette
Surtout quand le matin ils se dressent, livides,
Et réclament en geignant leur première cigarette.

Les vieux savent pleurer avec un bruit minime,
Ils oublient les pensées et ils oublient les gestes
Ils ne rient plus beaucoup, et tout ce qui leur reste
Au bout de quelques mois, avant la phase ultime,

Ce sont quelques paroles, presque toujours les mêmes;
Merci je n'ai pas faim mon fils viendra dimanche.
Je sens mes intestins, mon fils viendra quand même.
Et le fils n'est pas là, et leurs mains presque blanches.

ICH MAG KRANKENHÄUSER, diese Horte des Leidens
Wo sich die vergessenen Alten zu Organen verwandeln
Unter den spöttisch-gleichgültigen Blicken
Der Assistenzärzte, die sich kratzen und dabei Bananen essen.

In ihren hygienischen und dabei trübseligen Zimmern
Sieht man sehr deutlich das Nichts, das ihrer harrt
Vor allem morgens, wenn sie sich totenblass recken
Und ächzend nach der ersten Zigarette verlangen.

Die Alten verstehen ganz leise zu weinen,
Sie vergessen die Gedanken, auch die Bewegungen vergessen sie
Sie lachen nicht mehr oft, und alles, was ihnen bleibt
Nach ein paar Monaten, vor der allerletzten Zeit,

Sind ein paar Wörter, fast immer dieselben;
Danke ich hab keinen Hunger nächsten Sonntag kommt mein Sohn.
Mein Gedärm tut mir weh, trotzdem kommt mein Sohn.
Und der Sohn ist nicht da, und ihre fast schon weißen Hände.

Tant de Cœurs ont battu, déjà, sur cette terre
Et les petits objets blottis dans leurs armoires
Racontent la sinistre et lamentable histoire
De ceux qui n'ont pas eu d'amour sur cette terre.

La petite vaisselle des vieux célibataires,
Les couverts ébréchés de la veuve de guerre
Mon dieu! Et les mouchoirs des vieilles demoiselles
L'intérieur des armoires, que la vie est cruelle!

Les objets bien rangés et la vie toute vide
Et les courses du soir, restes d'épicerie
Télé sans regarder, repas sans appétit

Enfin la maladie, qui rend tout plus sordide,
Et le corps fatigué qui se mêle à la terre,
Le corps jamais aimé qui s'éteint sans mystère.

So viele Herzen haben schon geschlagen auf Erden
Und die kleinen Dinge kauern ganz hinten im Schrank
Erzählen die erbärmliche und traurige Geschichte
Derer, die keine Liebe gefunden haben auf Erden.

Der kleine Abwasch der alten Junggesellen,
Die angeschlagenen Teller der Kriegerwitwe
Mein Gott! Und die Taschentücher der alten Jungfern
Was da in den Schränken steckt – wie grausam ist das Leben!

Wohlverwahrte Dinge und vollkommen leeres Leben
Der abendliche Einkauf, was im Laden übrig war
Fernsehen ohne hinzusehen, Essen ohne Appetit

Endlich die Krankheit, die alles noch mehr zuschanden macht,
Und der müde Körper geht wieder in die Erde ein,
Der nie geliebte Körper, der ohne Geheimnis erlischt.

Ma Sœur était très laide à l'âge de dix-sept ans,
Dans sa classe de troisième on l'appelait gras-double.
Un matin de novembre elle sauta dans l'étang;
Mais on la repêcha, l'eau était jaune et trouble.

Blottie sous l'édredon comme un gros rat obèse,
Elle rêvait d'une vie sereine et peu consciente
Sans relations sociales et sans espoir de baise,
Mais tranquille et très douce et presque évanescente.

Le lendemain matin elle aperçut des formes,
Glissantes et légères sur le mur à sa droite.
Elle dit reste avec moi, il faut pas que je dorme;
Je vois un grand Jésus, dans le lointain, il boite.

Elle dit j'ai un peu peur, mais ça ne peut pas être pire.
Crois-tu qu'il reviendra? Je vais mettre un corsage.
Je vois des petites maisons, il y a tout un village;
C'est si joli, là-bas. Est-ce que je vais souffrir?

MEINE SCHWESTER war mit siebzehn äußerst hässlich,
Doppelrahmstufe wurde sie in der elften Klasse genannt.
Eines Novembermorgens ist sie in den Teich gesprungen;
Aber sie wurde rausgefischt, das Wasser war gelblich und trüb.

Unter ihre Steppdecke gekauert wie eine große, fette Ratte,
Träumte sie von einem heiteren, gedankenarmen Leben
Ohne Sozialkontakte und ohne Hoffnung auf Ficks,
Dafür ruhig und schön sanft und fast schon ohne Farben.

Am nächsten Morgen sah sie Formen
Sacht über die Wand zu ihrer Rechten gleiten.
Sie sagte bleib bei mir, ich darf nicht schlafen;
Ich sehe einen großen Jesus, ganz weit weg, er hinkt.

Sie sagte ich hab ein bisschen Angst, aber schlimmer kann es nicht werden.
Glaubst du, er kommt wieder? Ich ziehe jetzt eine Bluse an.
Ich sehe kleine Häuschen, da ist ein ganzes Dorf;
Ach, ist es dort hübsch. Ob ich wohl leiden muss?

La Mort est difficile pour les vieilles dames trop riches
Entourées de belles-filles qui les appellent «ma biche»,
Pressent un mouchoir de lin sur leurs yeux magnifiques,
Évaluent les tableaux et les meubles antiques.

Je préfère la mort des vieux de HLM
Qui s'imaginent encore jusqu'au bout qu'on les aime,
Attendant la venue du fils hypothétique
Qui paierait le cercueil en sapin authentique.

Les vieilles dames trop riches finissent au cimetière,
Entourées de cyprès et d'arbustes en plastique
C'est une promenade pour les sexagénaires,
Les cyprès sentent bon et chassent les moustiques.

Les vieux de HLM finissent au crématoire,
Dans un petit casier à l'étiquette blanche.
Le bâtiment est calme; personne, même le dimanche,
Ne dérange le sommeil du très vieux gardien noir.

DER TOD IST SCHWER für alte, allzu reiche Damen
Inmitten Schwiegertöchtern, die zu ihnen »Häschen« sagen,
Ihnen Leinentaschentücher auf die wunderbaren Augen drücken
Und dabei den Wert der Bilder und antiken Möbel berechnen.

Da gefällt mir schon besser der Tod der Sozialbau-Alten
Die noch bis zum Ende daran glauben, dass jemand sie liebt,
Sie harren des Besuchs eines behaupteten Sohns
Der angeblich den Sarg aus Fichte Echtholz zahlt.

Die alten, allzu reichen Damen landen auf dem Friedhof,
Umzingelt von Zypressen und Sträuchern aus Plastik
Für Sechzigjährige ist das ein Spazierweg,
Die Zypressen duften und halten einem die Mücken vom Leib.

Die Sozialbau-Alten landen im Krematorium,
In einem kleinen Fach mit weißem Etikett.
Still ist es in diesem Haus; niemand, nicht mal sonntags,
Stört den Schlaf des uralten schwarzen Wachmanns.

Où est mon Corps subtil? Je sens venir la nuit,
Piquée d'aiguilles bleues et de chocs électriques.
Des bruits venus de loin dans un espace réduit:
La ville qui ronronne, machine anecdotique.

Demain je vais sortir, je quitterai ma chambre,
Je marcherai usé sur un boulevard mort,
Les femmes du printemps et leurs corps qui se cambrent
Se renouvelleront en fastidieux décors.

Demain il y aura des salades auvergnates
Dans les cafés bondés où les cadres mastiquent;
Aujourd'hui c'est dimanche. Splendeur de Dieu, éclate!
Je viens de m'acheter une poupée en plastique

Et je vois s'envoler des étoiles de sang,
Je vois des yeux crevés qui glissent sur les murs;
Marie, mère de Dieu, protège mon enfant!
La nuit grimpe sur moi comme une bête impure.

WO IST MEIN HINREISSENDER KÖRPER? Ich spüre, wie die Nacht kommt,
Gespickt ist sie mit blauen Nadeln und mit Elektroschocks.
Geräusche, die von fern her kommen in einen engen Raum:
Die summende Stadt, diese klischeehafte Maschine.

Morgen gehe ich hinaus, ich werde mein Zimmer verlassen,
Werde ausgelaugt wandern auf einem toten Boulevard,
Die Frauen des Frühlings und ihre straffen Körper
Erscheinen wieder, nervtötend ausstaffiert.

Morgen gibt es grünen Salat mit Speck
In überfüllten Cafés, wo Angestellte kauen;
Heute ist Sonntag. Gottes Glanz, erstrahle!
Ich habe mir eine Plastikpuppe gekauft

Und ich sehe Sterne aus Blut auffliegen,
Sehe zerquetschte Augen, sie gleiten an den Wänden herab;
Maria, Mutter Gottes, beschütze mein Kind!
Die Nacht kriecht an mir empor wie ein unreines Tier.

À l'Angle de la FNAC bouillonnait une foule
Très dense et très cruelle.
Un gros chien mastiquait le corps d'un pigeon blanc.
Plus loin, dans la ruelle,
Une vieille clocharde toute ramassée en boule
Recevait sans mot dire le crachat des enfants.

J'étais seul rue de Rennes. Les enseignes électriques
M'orientaient dans des voies vaguement érotiques.
Bonjour c'est Amandine.
Je ne ressentais rien au niveau de la pine.
Quelques loubards glissaient un regard de menace
Sur les nanas friquées et les revues salaces.
Des cadres consommaient. C'est leur fonction unique.
Et tu n'étais pas là. Je t'aime, Véronique.

AN DER ECKE BEI DER FNAC brodelte eine Menge
Sehr dicht und sehr grausam.
Ein dicker Hund kaute auf dem Körper einer weißen Taube herum.
Weiter weg, in der Gasse,
Ließ sich die alte, zur Kugel geduckte Clocharde
Wortlos von den Kindern bespucken.

Ich war allein in der Rue de Rennes. Die Leuchtreklamen
Wiesen mir einen Weg, der ungefähr ins Erotische ging.
Hallo, ich bin Amandine.
Ich spürte in meinem Schwengel da unten keinerlei Regung.
Ein paar Halbstarke übten finstere Blicke
Auf die finanzstarken Miezen und geilen Magazine.
Angestellte konsumierten. Das ist ihre einzige Funktion.
Und du warst nicht da. Ich liebe dich, Véronıque.

I

J'ÉTAIS SEUL AU VOLANT de ma Peugeot 104;
Avec la 205 j'aurais eu l'air plus frime.
Il pleuvait sans arrêt et je déteste me battre;
Il me restait trois francs et cinquante-cinq centimes.

J'ai hésité devant l'embranchement de Colmar:
Était-il bien prudent de quitter l'autoroute?
Sa dernière lettre disait: «J'en ai carrément marre
De toi et tes problèmes. Ta connerie me dégoûte.«

Nos relations en bref avaient connu un froid;
La vie bien trop souvent éloigne ceux qui s'aiment.
Sans me décourager et en claquant des doigts,
J'entonnai un refrain de la «Vie de bohème».

I

ICH SASS ALLEIN AM STEUER meines Peugeot 104;
Mit dem 205 hätte ich mehr hergemacht.
Es regnete die ganze Zeit und ich hasse es zu kämpfen;
Ich hatte noch drei Franc und fünfundfünfzig Centimes.

Vor der Abzweigung nach Colmar zögerte ich erst:
War die Autobahn zu verlassen denn klug?
In ihrem letzten Brief hieß es: »Ich habe die Nase so voll
Von dir und deinen Problemen. Deine Idiotie widert mich an.«

Kurz, es herrschte zwischen uns eine eher frostige Zeit;
Allzu oft werden zwei, die sich lieben, vom Leben auseinander gebracht.
Ich ließ den Mut nicht sinken, schnipste mit den Fingern
Und stimmte einen Refrain aus »La Bohème« an.

II

Les Allemands sont des porcs, mais ils savent faire des routes
Comme disait mon grand-père, esprit fin et critique.
J'étais un peu tendu; la fatigue, sans doute,
J'accueillis avec joie le bitume germanique
Ce voyage peu à peu tournait à la déroute,
Je me sentais au bord de la crise hystérique.

J'avais assez d'essence pour atteindre Francfort;
Là très certainement je me ferais des amis
Et entre deux saucisses nous braverions la mort,
Nous parlerions de l'homme et du sens de la vie.

Dépassant deux camions qui transportaient des viandes,
Ravi par ce projet je chantonnais des hymnes;
Non rien n'était fini, la vie et ses offrandes
S'étendaient devant moi, incertaińes et sublimes.

II

Die Deutschen sind Schweine, aber Straßen bauen können sie
Wie mein Großvater zu sagen pflegte, der scharfsinnige Feingeist.
Ich war ein wenig angespannt; die Müdigkeit wahrscheinlich,
Freudig begrüßte ich den germanischen Asphalt
Diese Reise wurde allmählich zur wilden Flucht,
Ich fühlte mich am Rand eines hysterischen Anfalls.

Ich hatte genug Benzin, um nach Frankfurt zu kommen;
Dort würde ich ganz sicher Freunde finden
Und zwischen zwei Würstchen würden wir dem Tod die Stirne bieten,
Über den Menschen reden und über den Sinn des Lebens.

Ich überholte zwei Laster, die Fleisch transportierten,
Entzückt von meinen Aussichten, trällerte ich Hymnen;
Nein, nichts war vorbei, das Leben und seine Opfergaben
Lagen ausgebreitet vor mir da, ungewiss und voll Erhabenheit.

L'AMOUR, L'AMOUR.

Dans un ciné porno, des retraités poussifs
Contemplaient, sans y croire,
Les ébats mal filmés de deux couples lascifs;
Il n'y avait pas d'histoire.

Et voilà, me disais-je, le visage de l'amour,
L'authentique visage.
Certains sont séduisants; ils séduisent toujours,
Et les autres surnagent.

Il n'y a pas de destin ni de fidélité,
Mais des corps qui s'attirent.
Sans nul attachement et surtout sans pitié,
On joue et on déchire.

Certains sont séduisants et partant très aimés;
Ils connaîtront l'orgasme.
Mais tant d'autres sont las et n'ont rien à cacher,
Même plus de fantasmes;

L'AMOUR, L'AMOUR.

Kurzatmige Rentner in einem Pornokino
Verfolgten ohne rechten Glauben
Die schlecht gefilmten Spiele zweier lasziver Paare;
Eine Handlung gab es nicht.

Da hast du, so dachte ich, das Gesicht der Liebe,
Ihr urechtes Gesicht.
Die einen sind verführerisch; sie verführen immer,
Die anderen schwimmen so mit.

Es gibt weder Schicksal noch Treue,
Nur Körper, die einander begehren.
Ohne jede Zuneigung und vor allem ohne Mitleid,
Man spielt und man zerreißt.

Manche sind verführerisch und daher viel geliebt;
Sie dürfen den Orgasmus erleben.
Doch so viele andere sind müde und haben keinerlei Geheimnis,
Nicht mal Phantasien mehr;

Juste une solitude aggravée par la joie
Impudique des femmes;
Juste une certitude: «Cela n'est pas pour moi»,
Un obscur petit drame.

Ils mourront c'est certain un peu désabusés,
Sans illusions lyriques;
Ils pratiqueront à fond l'art de se mépriser,
Ce sera mécanique.

Je m'adresse à tous ceux qu'on n'a jamais aimés,
Qui n'ont jamais su plaire;
Je m'adresse aux absents du sexe libéré,
Du plaisir ordinaire.

Ne craignez rien, amis, votre perte est minime:
Nulle part l'amour n'existe.
C'est juste un jeu cruel dont vous êtes les victimes;
Un jeu de spécialistes.

Nur noch Einsamkeit, vertieft durch
Die schamlose Freude der Frauen;
Nur noch eine Gewissheit: »Das ist nicht für mich«,
Ein unscheinbares kleines Drama.

Im Sterben werden sie, das ist sicher, recht ernüchtert sein,
Von poetischen Illusionen befreit;
Sie werden die Kunst des Selbsthasses gründlich beherrschen,
Ganz automatisch.

Ich wende mich an alle, die nie jemand geliebt hat,
Die nie zu gefallen wussten;
Ich wende mich an die, die im befreiten Sex nicht vorkommen,
Im rohen Sinnengenuss.

Fürchtet euch nicht, Freunde, da verpasst ihr kaum etwas:
Die Liebe gibt es nirgendwo.
Das hier ist nur ein grausames Spiel, und ihr seid die Opfer;
Ein Spiel für Spezialisten nur.

NATURE

Je ne jalouse pas ces pompeux imbéciles
Qui s'extasient devant le terrier d'un lapin
Car la nature est laide, ennuyeuse et hostile;
Elle n'a aucun message à transmettre aux humains.

Il est doux, au volant d'une puissante Mercedes,
De traverser des lieux solitaires et grandioses;
Manœuvrant subtilement le levier de vitesses
On domine les monts, les rivières et les choses.

Les forêts toutes proches glissent sous le soleil
Et semblent refléter d'anciennes connaissances;
Au fond de leurs vallées on pressent des merveilles,
Au bout de quelques heures on est mis en confiance;

On descend de voiture et les ennuis commencent.
On trébuche au milieu d'un fouillis répugnant,
D'un univers abject et dépourvu de sens
Fait de pierres et de ronces, de mouches et de serpents.

On regrette les parkings et les vapeurs d'essence,
L'éclat serein et doux des comptoirs de nickel;
Il est trop tard. Il fait trop froid. La nuit commence.
La forêt vous étreint dans son rêve cruel.

NATUR

Ich beneide mitnichten diese aufgeblasenen Idioten
Die jeder Kaninchenbau in Verzückung versetzt
Denn die Natur ist hässlich, lästig, feindlich gesonnen;
Sie hat für die Menschen keinerlei Botschaft parat.

Es tut wohl, am Steuer eines starken Mercedes
Einsame, grandiose Gegenden zu durchfahren;
Mit geschickter Betätigung des Ganghebels
Beherrscht man Berge, Flüsse und Dinge.

Dichtbei gelegene Wälder glitzern in der Sonne
Als spiegelten sie ein altes Wissen wider;
Tief hinten in den Tälern ahnt man Wunder,
Nach ein paar Stunden ist man des Vertrauens voll;

Dann steigt man aus dem Wagen, und schon fängt der Ärger an.
Man torkelt hinaus in einen grässlichen Wust,
Eine widerwärtige Welt ohne den geringsten Sinn
Die aus Steinen und Dornen, Fliegen und Schlangen besteht.

Man sehnt sich nach Parkplätzen und Benzindunst,
Dem heiter-wohltuenden Glanz metallener Theken;
Es ist zu spät. Es ist zu kalt. Die Nacht bricht an.
Der Wald überkommt dich mit seinem grausamen Traum.

VACANCES

Un temps mort. Un trou blanc dans la vie qui s'installe.
Des rayons de soleil pivotent sur les dalles.
Le soleil dort; l'après-midi est invariable.
Des reflets métalliques se croisent sur le sable.

Dans un bouillonnement d'air moite et peu mobile,
On entend se croiser les femelles d'insectes.
J'ai envie de me tuer, de rentrer dans une secte;
J'ai envie de bouger, mais ce serait inutile.

Dans cinq heures au plus tard le ciel sera tout noir;
J'attendrai le matin en écrasant des mouches.
Les ténèbres palpitent comme de petites bouches;
Puis le matin revient, sec et blanc, sans espoir.

FERIEN

Eine tote Zeit. Ein weißes Loch macht sich im Leben breit.
Sonnenstrahlen trudeln auf den Fliesen.
Die Sonne schläft; der Nachmittag steht still.
Metallische Reflexe irren über dem Sand.

In brummelnder, feuchter, fast regloser Luft
Hört man die Insektenweibchen schwirren.
Ich habe Lust, mich umzubringen, einer Sekte beizutreten;
Ich habe Lust, mich zu bewegen, doch das wäre ohne Sinn.

In fünf Stunden spätestens wird der Himmel finster sein;
Ich werde auf den Morgen warten und unterdessen Fliegen töten.
Die Dunkelheit zuckt wie kleine Münder;
Dann kommt wieder der Morgen, schroff und weiß, hoffnungslos.

La Lumière a lui sur les eaux
Comme aux tout premiers jours du monde.
Notre existence est un fardeau:
Quand je pense que la Terre est ronde!

Sur la plage il y avait une famille entière,
Autour d'un barbecue ils parlaient de leur viande,
Riaient modérément et ouvraient quelques bières;
Pour atteindre la plage, j'avais longé la lande.

Le soir descend sur les varechs,
La mer bruit comme un animal;
Notre cœur est beaucoup trop sec,
Nous n'avons plus de goût au mal.

J'ai vraiment l'impression que ces gens se connaissent,
Car des sons modulés s'échappent de leur groupe.
J'aimerais me sentir membre de leur espèce;
Brouillage accentué, puis le contact se coupe.

DAS LICHT schimmerte auf dem Wasser
Wie an den frühesten Tagen der Welt.
Unser Dasein ist eine Bürde:
Wenn ich daran denke, dass die Erde rund ist!

Am Strand war eine ganze Familie,
Rund um einen Grill sprachen sie über ihr Fleisch,
Lachten maßvoll und tranken ein paar Bier;
Auf dem Weg zum Strand war ich durch die Heide gegangen.

Der Abend senkt sich über den Tang,
Das Meer rauscht wie ein Tier;
Unser Herz ist viel zu trocken,
Wir haben keine Freude am Bösen mehr.

Es kommt mir wirklich vor, als kennten diese Leute sich,
Denn abgestimmte Töne dringen aus ihrer Gruppe.
Gern würde ich mich fühlen, als wäre ich von ihrer Art;
Deutliche Störgeräusche, dann ist die Verbindung weg.

Moments de la Fin de Journée,
Après le soleil et la plage.
La déception s'est incarnée;
Je ressens à nouveau mon âge.

Appel de la nuit qui restaure
Dans nos cerveaux las, l'espérance;
J'ai l'impression d'être en dehors
D'une architecture d'apparences

Et de planer dans un non-être
Qui s'interrompt tous les matin
Quand il faut à nouveau paraître
Et prendre sa part du festin.

Dire «Bonjour» aux êtres humains,
Jouer son rôle, Blitzkrieg social;
Se sentir très mal le matin,
Et rêver de la loi morale.

AUGENBLICKE AM ENDE DES TAGES,
Nach Sonne und Strand.
Die Enttäuschung ist Fleisch geworden;
Ich spüre mein Alter erneut.

Ruf der Nacht, der wieder in unseren
abgespannten Hirnen Hoffnung weckt;
Mir ist, als wäre ich draußen
Vor einer Architektur des Scheins

Und schwebte in einem Nicht-Sein
Das allmorgendlich aussetzt
Wenn man wieder in Erscheinung treten
Und am Festmahl teilhaben muss.

Zu den Menschenwesen »Guten Tag« sagen,
Seine Rolle spielen, Blitzkrieg der Gesellschaft;
Sich morgens sehr schlecht fühlen
Und träumen: vom moralischen Gesetz.

Chevauchement mou des Collines;
Au loin, le ronron d'un tracteur.
On a fait du feu dans les ruines;
La vie est peut-être une erreur.

Je survis de plus en plus mal
Au milieu de ces organismes
Qui rient et portent des sandales,
Ce sont de petits mécanismes.

Que la vie est organisée
Dans ces familles de province!
Une existence amenuisée,
Des joies racornies et très minces.

Une cuisine bien lavée;
Ah! cette obsession des cuisines!
Un discours creux et laminé;
Les opinions de la voisine.

Sanfte Überlagerung der Hügel;
Das Schnurren eines Traktors fern.
In den Ruinen hat jemand ein Feuer entfacht;
Vielleicht ist das Leben ein Irrtum.

Ich überlebe immer schlechter
Inmitten dieser Organismen
Die lachen und Sandalen tragen,
Das sind kleine Mechanismen.

Wie organisiert das Leben ist
Dieser Familien in der Provinz!
Ein geschrumpftes Dasein,
Verschrumpelte, winzige Freuden.

Eine sorgfältig geputzte Küche;
Ah! Diese Küchenmanie!
Hohles, ausgewalztes Gerede;
Die Ansichten der Nachbarin.

AU-DELÀ DE CES MAISONS BLANCHES,
Il y a un autre univers
Quelque chose en moi se déclenche,
J'ai besoin d'un autre univers.

La présence des HLM,
L'hypertrophie du moi qui saigne
Il faudrait un monde où l'on aime,
Un océan où l'on se baigne

Pas ces embryons de piscines
Où les banlieusards se détendent;
Dans les discothèques en ruine,
Quelques loubards s'étirent et bandent.

Quelque chose en moi se fissure,
J'ai besoin de trouver la joie
D'accepter l'homme et la nature,
Je n'y arrive pas. J'ai froid.

JENSEITS DIESER WEISSEN HÄUSER
Ist ein anderes Universum da
In mir gerät etwas in Bewegung,
Ein anderes Universum brauche ich.

Die Allgegenwart der Sozialbau-Häuser,
Die Übersteigerung des blutenden Ichs
Es müsste eine Welt da sein, in der man lieben,
Ein Ozean, in dem man schwimmen kann

Nicht diese Schwimmbad-Embryonen,
Wo die Vorstädter sich erholen;
In Ruinen von Diskotheken
Recken sich ein paar Halbstarke und sind geil.

In mir ist etwas am Zerreißen,
Ich möchte Freude empfinden
Den Menschen annehmen und die Natur,
Es gelingt mir nicht. Ich friere.

Il est vingt et une Heures, l'obscurité s'installe
Je ne peux plus crier, je n'en ai plus la force
Il pleut légèrement, les vacances s'amorcent
J'essaie d'imaginer que tout ça m'est égal.

Pour la vingtième fois je prends mon téléphone
Je n'ai plus rien à dire mais je peux écouter,
Suivre la vie des gens et m'y intéresser,
Pour la vingtième fois je ne trouve personne.

J'ai acheté du pain et du fromage en tranches,
Ça devrait m'éviter de crever mon œil droit
Les aliments gargouillent, je crois qu'on est dimanche,
Le temps heureusement est modérément froid.

S'il y a quelqu'un qui m'aime, sur Terre ou dans les astres,
Il devrait maintenant me faire un petit signe
Je sens s'accumuler les prémices d'un désastre,
Le rasoir dans mon bras trace un trait rectiligne.

EINUNDZWANZIG UHR, die Dunkelheit richtet sich ein
Ich kann nicht mehr schreien, mir fehlt die Kraft
Es regnet leicht, die Ferien kommen in Gang
Ich versuche mir vorzustellen, all das wäre mir egal.

Zum x-ten Male greife ich zum Telefon
Ich habe nichts mehr zu sagen, aber zuhören kann ich noch,
Das Leben der Leute mitverfolgen, mich dafür interessieren,
Zum x-ten Male treffe ich niemanden an.

Ich habe Brot gekauft und Käse in Scheiben,
Da sollte es nicht nötig sein, mir das rechte Auge auszustechen
Die Nahrungsmittel blubbern, ich glaube, es ist Sonntag,
Zum Glück ist es heute nur mäßig kalt.

Wenn es denn jemanden gibt, der mich liebt, auf Erden oder in den Sternen,
Dann sollte er mir jetzt ein kleines Zeichen geben
Ich spüre, wie die Vorzeichen für eine Katastrophe sich mehren,
Die Rasierklinge zieht auf meinem Arm einen geraden Strich.

II

Comme un Plant de Maïs déplanté de sa terre,
Une vieille coquille oubliée par la mer,
À côté de la vie

Je me tourne vers toi qui a osé m'aimer
Viens avec moi, partons, je voudrais retrouver
Les traces de la nuit.

WIE EIN SETZLING MAIS, aus seiner Wurzelerde gerissen,
Eine leere, vom Meer vergessene Muschelschale,
Abseits des Lebens

Wende ich mich an dich, die mich zu lieben gewagt hat
Komm mit mir, lass uns gehen, ich möchte wiederfinden
Die Spuren der Nacht.

Une Sensation de Froid

Le matin était clair et absolument beau;
Tu voulais préserver ton indépendance.
Je t'attendais en regardant les oiseaux:
Quoi que je fasse, il y aurait la souffrance.

EINE EMPFINDUNG VON KÄLTE

Der Morgen war klar und makellos schön;
Du wolltest deine Unabhängigkeit bewahren.
Ich wartete auf dich und schaute den Vögeln nach:
Was ich auch tun würde, eins würde es geben, Leid.

Après-midi de fausse Joie,
Et les corps qui se désunissent
Tu n'as plus très envie de moi,
Nos regards ne sont plus complices.

Oh! la séparation, la mort
Dans nos regards entrecroisés
La lente désunion des corps,
Ce bel après-midi d'été.

NACHMITTAG VOLL FALSCHER FREUDE,
Und die sich entzweienden Körper
Du hast nicht mehr viel Lust auf mich,
Unsere Blicke haben ihren Einklang verloren.

Oh! Trennung, Tod
In unseren sich kreuzenden Blicken
Die langsame Entzweiung der Körper,
An diesem schönen Sommernachmittag.

Les petits Objets nettoyés
Traduisent un état de non-être.
Dans la cuisine, le cœur broyé,
J'attends que tu veuilles reparaître.

Compagne accroupie dans le lit,
Plus mauvaise part de moi-même
Nous passons de mauvaises nuits,
Tu me fais peur. Pourtant, je t'aime.

Un samedi après-midi,
Seul dans le bruit du boulevard.
Je parle seul. Qu'est-ce que je dis?
La vie est rare, la vie est rare.

DIE KLEINEN, GEREINIGTEN GEGENSTÄNDE
Offenbaren einen Zustand der Nicht-Existenz.
In der Küche stehe ich mit gebrochenem Herzen,
Ich warte, dass du dich wieder zeigst.

Gefährtin, die sich im Bett zusammenkauert,
Die schlechtere Hälfte meiner selbst
Wir verbringen schlechte Nächte,
Du machst mir Angst. Dennoch, ich liebe dich.

Eines Samstagnachmittags,
Allein im Lärm des Boulevards.
Ich rede vor mich hin. Was sage ich?
Leben ist selten, Leben ist selten.

POURQUOI NE POUVONS-NOUS JAMAIS
Jamais
Être aimés?

WARUM KÖNNEN WIR BLOSS NIE
Nie
Geliebt werden?

Vivre sans Point d'Appui, entouré par le vide,
Comme un oiseau de proie sur une mesa blanche;
Mais l'oiseau a ses ailes, sa proie et sa revanche;
Je n'ai rien de tout ça. L'horizon reste fluide.

J'ai connu de ces nuits qui me rendaient au monde,
Où je me réveillais plein d'une vie nouvelle
Mes artères battaient, je sentais les secondes
S'égrener puissamment, si douces et si réelles.

C'est fini. Maintenant, je préfère le soir.
Je sens chaque matin monter la lassitude,
J'entre dans la région des grandes solitudes,
Je ne désire plus qu'une paix sans victoire.

Vivre sans point d'appui, entouré par le vide,
La nuit descend sur moi comme une couverture,
Mon désir se dissout dans ce contact obscur;
Je traverse la nuit, attentif et lucide.

OHNE HALTEPUNKT LEBEN, von Leere umgeben,
Wie ein Raubvogel auf einer weißen Mesa;
Doch der Vogel hat seine Flügel, seine Opfer und seine Rache;
Ich habe dergleichen nicht. Der Horizont bleibt ungenau.

Ich habe Nächte erlebt, die mich der Welt zurückgegeben haben,
In denen ich erwachte, von einem neuen Leben erfüllt
Meine Adern pochten, ich spürte die Sekunden
Machtvoll vorüberziehen, so zart und so wahr.

Das ist vorbei. Jetzt ist mir der Abend lieber.
Ich spüre jeden Morgen, wie der Überdruss heraufsteigt,
Ich betrete das Reich der großen Einsamkeiten,
Ich ersehne nur noch einen Frieden ohne Sieg.

Ohne Haltepunkt leben, von Leere umgeben,
Die Nacht senkt sich auf mich herab, einer Decke gleich,
Mein Begehren löst sich in dieser dunklen Berührung auf;
Ich durchwandere die Nacht, aufmerksam und hellwach.

Le long Fil de l'Oubli se déroule et se tisse
Inéluctablement. Cris, pleurs et plaintes.
Refusant de dormir, je sens la vie qui glisse
Comme un grand bateau blanc, tranquille et hors d'atteinte.

DER LANGE FADEN DES VERGESSENS spult sich ab und webt
Unausweichlich. Schreie, Weinen und Wehklagen.
Ich weigere mich zu schlafen und spüre das Leben entgleiten
Wie ein großes weißes Schiff, ruhig und unerreichbar.

LE TRAIN DE CRÉCY-LA-CHAPELLE

J'aimerais bien avoir quelques contemporains
Quand l'insomnie creuse mes nuits, parfois, très tard;
J'aimerais tellement rencontrer des regards,
Parler avec des gens comme on parle aux humains.

Muré dans ma méfiance et ma timidité,
La nuit semble si longue à mon cerveau malade
J'aimerais bien parfois avoir des camarades,
On me dit que je perds mes meilleures années.

Ah! ces adolescentes que je n'ai pas aimées
Quand je prenais le train de Crécy-la-Chapelle
Le samedi midi, revenant du lycée;
Je les voyais bouger et je les trouvais belles.

Je sentais battre en moi un monde de désirs
Et le samedi soir je regardais ma gueule;
Je n'osais pas danser, je n'osais pas partir,
Personne ne m'embrassait. Je me sentais bien seul.

Je me méprisais tant que je voulais mourir,
Ou vivre des moments forts et exceptionnels;
Aujourd'hui je m'efforce à ne pas trop souffrir,
J'approche de la fin. Je rejoins le réel.

Der Zug aus Crécy-la-Chapelle

Ich hätte wirklich gern ein paar Zeitgenossen
Wenn die Schlaflosigkeit meine Nächte höhlt, manchmal, sehr spät;
Ich möchte derart gern Blicken begegnen,
Mit Leuten reden, wie man mit Menschen spricht.

Eingemauert bin ich in Misstrauen und Schüchternheit,
Die Nacht erscheint meinem kranken Hirn so lang
Ich hätte wirklich gern manchmal ein paar Kameraden,
Man sagt mir, ich verlöre meine besten Jahre.

Ah! diese jungen Mädchen, die ich nicht geliebt habe
Wenn ich den Zug aus Crécy-la-Chapelle nahm
Samstagnachmittags, auf dem Heimweg vom Gymnasium;
Ich sah, wie sie sich bewegten, und ich fand sie schön.

Ich spürte in mir eine Welt aus Lüsten pochen
Und Samstagabends sah ich mir meine Fratze an;
Ich traute mich nicht zu tanzen, ich traute mich nicht raus,
Niemand küsste mich. Ich fühlte mich so sehr allein.

Ich hasste mich dermaßen, dass ich sterben wollte,
Oder wollte Starkes, Außerordentliches erleben;
Heute bemühe ich mich nur noch, nicht allzu viel zu leiden,
Ich nähere mich dem Ende. Ich erreiche die Wirklichkeit.

Monde Extérieur

Il y a quelque chose de mort au fond de moi,
Une vague nécrose une absence de joie
Je transporte avec moi une parcelle d'hiver,
Au milieu de Paris je vis comme au désert.

Dans la journée je sors acheter de la bière,
Dans le supermarché il y a quelques vieillards
J'évite facilement leur absence de regard
Et je n'ai guère envie de parler aux caissières.

Je n'en veux pas à ceux qui m'ont trouvé morbide,
J'ai toujours eu le don de casser les ambiances
Je n'ai à partager que de vagues souffrances
Des regrets, des échecs, une expérience du vide.

Rien n'interrompt jamais le rêve solitaire
Qui me tient lieu de vie et de destin probable,
D'après les médecins je suis le seul coupable.

C'est vrai j'ai un peu honte, et je devrais me taire;
J'observe tristement l'écoulement des heures;
Les saisons se succèdent dans le monde extérieur.

ÄUSSERE WELT

Es ist da etwas Totes tief in mir,
Eine verborgene Nekrose eine fehlende Freude
Ich trage mit mir ein Stückchen Winter herum,
Mitten in Paris lebe ich wie in der Wüste.

Irgendwann am Tage gehe ich raus, um Bier zu kaufen,
Im Supermarkt sind ein paar Alte
Ich weiche leicht ihren fehlenden Blicken aus
Und habe wenig Lust, die Kassiererinnen anzusprechen.

Ich nehme es niemandem übel, der mich todlangweilig findet,
Ich hatte schon immer das Talent, die Stimmung zu verderben
Ich habe nichts zu teilen als unbestimmtes Leid
Bedauern, Scheitern, eine Erfahrung der Leere.

Nichts unterbricht jemals den einsamen Traum
Der mir als Ersatz fürs Leben dient und als wahrscheinliches Geschick,
Den Ärzten zufolge bin ich als einziger schuld.

Ja, ich schäme mich etwas, und ich sollte still sein;
Ich beobachte traurig, wie die Stunden verfließen;
Die Jahreszeiten gehen dahin in der äußeren Welt.

JE N'AI PLUS LE COURAGE de me voir dans la glace.
Parfois je ris un peu, je me fais des grimaces;
Ça ne dure pas longtemps. Mes sourcils me dégoûtent.
J'en arrache une partie; cela forme des croûtes.

Le soir j'entends rentrer la voisine d'en face;
J'en ai le cœur serré, je me fige sur place.
Je ne l'ai jamais vue car je suis très habile,
Je deviens un pantin sardonique et docile.

La nuit tranquillement s'insinue dans la cour;
Derrière mes carreaux je contemple la plante.
Je suis vraiment content d'avoir connu l'amour,
Je me suis démoli pour une chose vivante.

Hier au petit jour j'ai brûlé des photos;
C'était un plaisir neuf, quoique vraiment fugace.
J'ai même envisagé d'écouter la radio;
La musique fait mal et les discours agacent.

Je ne m'indigne plus du silence des choses,
Elles ne parlent qu'à ceux qui vivent parmi elles;
Il y a des êtres humains, leur visage est tout rose,
On dirait des bébés. Fiction émotionnelle.

ICH HABE NICHT MEHR DEN MUT, mich im Spiegel anzusehen.
Manchmal bin ich etwas albern, ich schneide mir Grimassen;
Das geht nicht lange. Meine Augenbrauen widern mich an.
Ich zupfe einen Teil aus; es bildet sich Schorf.

Abends höre ich, wie die Frau von gegenüber heimkommt;
Es schnürt mir das Herz ab, ich erstarre, wo ich bin.
Ich habe sie noch nie gesehen, denn ich bin sehr geschickt,
Ich werde zu einem sardonischen, gelehrigen Hampelmann.

Die Nacht schleicht sich gemächlich in den Hof ein;
Ich betrachte das Gewächs hinter meinen Fensterscheiben.
Ich bin wirklich froh, dass ich die Liebe kennengelernt habe,
Ich habe mich für etwas Lebendiges zugrunde gerichtet.

Gestern sehr früh habe ich Fotos verbrannt;
Ein ganz neues, wenn auch wahrlich flüchtiges Vergnügen.
Ich habe sogar erwogen, Radio zu hören;
Die Musik tut weh und das Gerede erbost.

Ich empöre mich nicht mehr über das Schweigen der Dinge,
Sie reden nur mit denen, die unter ihnen leben;
Es gibt Menschenwesen mit ganz rosigem Gesicht,
Wie Babys fast. Sentimentale Fiktion.

Je traverse la Ville où la nuit s'abandonne
Et je compte mes chances d'atteindre le matin
L'air surchauffé s'enroule comme un drap de satin
Dans l'escalier désert, mes semelles résonnent.

Je monte retrouver le canapé classique
Où j'attends sans dormir, blotti dans les coussins,
La lueur un peu sale, imprécise du matin,
L'heure de retrouver les gestes automatiques;

La journée fatiguée et les yeux qui font mal,
Les trois bols de café et le cœur qui palpite
Les habits enfilés dont le contact irrite
La peau mal réveillée, les titres du journal,

Les humains qui se croisent au métro Invalides
Les cuisses des secrétaires, le rire des techniciens
Les regards qu'ils se jettent comme un combat de chiens,
Les mouvements qu'ils font autour d'un centre vide.

ICH DURCHWANDERE DIE STADT, in der die Nacht sich ergeht
Und rechne meine Chancen aus, den Morgen zu erreichen
Die überhitzte Luft bauscht sich wie ein Laken aus Satin
Im leeren Treppenhaus hallen meine Sohlen wider.

Ich gehe hoch zu dem klassischen Sofa
Auf dem ich schlaflos warte, in die Kissen geduckt:
Auf das angeschmutzte, ungenaue Licht des Morgens,
Auf die Stunde, in der man die automatischen Bewegungen wiederfindet;

Auf den müden Tag und die schmerzenden Augen,
Auf die drei Schalen Kaffee und das pochende Herz
Auf die übergestreifte Kleidung, deren Berührung irritiert
Auf die nur halb wache Haut, die Schlagzeilen in der Zeitung,

Auf die Menschen, die einander in der Metrostation Invalides begegnen
Auf die Schenkel der Sekretärinnen, das Lachen der Techniker
Auf die Blicke, die sie einander zuwerfen, Kampfhunden gleich,
Auf ihre Bewegungen um einen leeren Mittelpunkt.

La Fêlure

Dans l'immobilité, le silence impalpable,
Je suis là. Je suis seul. Si on me frappe, je bouge.
J'essaie de protéger une chose sanglante et rouge,
Le monde est un chaos précis et implacable.

Il y a des gens autour, je les sens qui respirent
Et leurs pas mécaniques se croisent sur le grillage.
J'ai pourtant ressenti la douleur et la rage;
Tout près de moi, tout près, un aveugle soupire.

Cela fait très longtemps que je survis. C'est drôle.
Je me souviens très bien du temps de l'espérance
Et je me souviens même de ma petite enfance,
Mais je crois que j'en suis à mon tout dernier rôle.

Tu sais je l'ai compris dès la première seconde,
Il faisait un peu froid et je suais de peur
Le pont était brisé, il était dix-neuf heures
La fêlure était là, silencieuse et profonde.

DER RISS

In der Reglosigkeit, der ungreifbaren Stille,
Bin ich da. Bin ich allein. Wenn man mich schlägt, dann zucke ich.
Ich versuche, ein blutiges und rotes Ding zu schützen,
Die Welt ist ein präzises und gnadenloses Chaos.

Ringsum gibt es Leute, ich spüre, wie sie atmen
Und ihre mechanischen Schritte wandern übers Gitter.
Und doch habe ich den Schmerz gespürt und die Wut;
Ganz dicht bei mir, ganz dicht, ein Blinder, der seufzt.

Ich überlebe schon sehr lange. Seltsam.
Ich erinnere mich sehr gut an die Zeit der Hoffnung
Und ich erinnere mich sogar an meine frühe Kindheit,
Aber ich glaube, das hier wird meine allerletzte Rolle.

Weißt du, ich habe es in der ersten Sekunde schon begriffen,
Es war ein bisschen kalt und ich schwitzte vor Angst
Die Brücke war geborsten, es war neunzehn Uhr
Der Riss war da, still und tief.

APAISEMENT

Tout seul au point du jour – solitude sereine
Un manteau de brouillard descend de la rivière
La tristesse a fini par dissiper la haine,
Je ne suis déjà plus du monde de la matière.

Hier mon corps scarifié rampait sur le dallage
Et je cherchais des yeux un couteau de cuisine
Du sang devait couler, mon cœur gonflé de rage
Secouait péniblement les os de ma poitrine.

L'angoisse bourgeonnait comme un essaim de vers
Cachés sous l'épiderme, hideux et très voraces;
Ils suintaient, se tordaient. J'ai saisi une paire
De ciseaux. Et puis j'ai regardé mon corps en face.

Tout seul au point du jour – infinie solitude
La rivière charrie des monceaux de cadavres
Je plane à la recherche de nouvelles latitudes,
Un caboteur poussif remonte vers Le Havre.

BEFRIEDUNG

Ganz allein bei Anbruch des Tags – heitere Einsamkeit
Ein Nebelmantel wandert vom Fluss herab
Die Traurigkeit hat schließlich den Hass zerstreut,
Ich gehöre schon nicht mehr zur dinglichen Welt.

Gestern kroch mein zerschnittener Leib über die Fliesen
Und meine Augen suchten nach einem Küchenmesser
Blut sollte fließen, mein wutgeschwelltes Herz
Rüttelte schmerzhaft an den Knochen meiner Brust.

Die Angst pflanzte sich fort wie ein Haufen Würmer
Die unter der Epidermis versteckt sind, gräulich und gefräßig;
Sie glitschten, ringelten sich. Ich packte
Eine Schere. Und dann sah ich meinen Körper an, frontal.

Ganz allein bei Anbruch des Tags – unendliche Einsamkeit
Der Fluss befördert Leichenberge
Ich schwebe auf der Suche nach neuen Horizonten,
Ein asthmatischer Frachter schiebt sich aufwärts gen Le Havre.

Cette Envie de ne plus rien faire et surtout ne plus rien éprouver
Ce besoin subit de se taire et de se détacher
Au jardin du Luxembourg, si calme,
Être un vieux sénateur vieillissant sous ses palmes.

Et plus rien du tout, ni les enfants, ni leurs bateaux, ni surtout la musique
Ne viendrait troubler cette méditation désenchantée et presque ataraxique
Ni l'amour surtout, ni la crainte.
Ah! n'avoir aucun souvenir des étreintes.

DIESE LUST, nichts mehr zu tun, vor allem nichts mehr zu fühlen
Dieses plötzliche Bedürfnis, zu schweigen und sich abzulösen
Im so ruhigen Jardin du Luxembourg,
Ein Senator a. D. zu sein, der unter seinen Auszeichnungen altert.

Und dann würde nichts mehr, weder die Kinder noch ihre Boote,
                              vor allem nicht mehr die Musik
Würde nichts diese desillusionierte, fast unerschütterliche Meditation
                                                    mehr stören
Vor allem nicht die Liebe, und auch die Ängste nicht.
Ah! keinerlei Erinnerung an Umarmungen mehr haben.

Fin de Parcours possible

À quoi bon s'agiter? J'aurai vécu quand même
Et j'aurai observé les nuages et les gens
J'ai peu participé, j'ai tout connu quand même
Surtout l'après-midi, il y a eu des moments.

La configuration des meubles de jardin
Je l'ai très bien connue, à défaut d'innocence;
La grande distribution et les parcours urbains,
Et l'immobile ennui des séjours de vacances.

J'aurai vécu ici, en cette fin de siècle,
Et mon parcours n'a pas toujours été pénible
(Le soleil sur la peau et les brûlures de l'être);
Je veux me reposer dans les herbes impassibles.

Comme elles je suis vieux et très contemporain,
Le printemps me remplit d'insectes et d'illusions
J'aurai vécu comme elles, torturé et serein,
Les dernières années d'une civilisation.

Mögliches Ende des Weges

Warum sich immer mühen? Ich werde dennoch gelebt haben
Werde die Wolken betrachtet haben und die Leute
Ich habe wenig teilgenommen und dennoch alles kennen gelernt
Vor allem nachmittags, da hat es Momente gegeben.

Die Konfiguration der Gartenmöbel
Die habe ich sehr gut gekannt, mangels Unschuld nämlich;
Den Einkaufsmarkt und die Wege durch die Stadt,
Und den reglosen Verdruss der Aufenthalte im Urlaub.

Ich werde hier gelebt haben, an diesem Fin de Siècle,
Und mein Weg ist nicht immer nur schwer gewesen
(Die Sonne auf der Haut und die Brandwunden des Seins);
Ich möchte ausruhen auf dem unbeirrten Gras.

Ich bin so alt und meiner Zeit so nah wie das Gras,
Der Frühling erfüllt mich mit Insekten und mit Illusionen
Ich werde gelebt haben wie das Gras, gemartert und heiter,
In den letzten Jahren einer Zivilisation.

Un matin de Soleil rapide,
Et je veux réussir ma mort.
Je lis dans leurs yeux un effort:
Mon Dieu, que l'homme est insipide!

On n'est jamais assez serein
Pour supporter les jours d'automne
Dieu que la vie est monotone,
Que les horizons sont lointains!

Un matin d'hiver, doucement,
Loin des habitations des hommes;
Désir d'un rêve, absolument,
D'un souvenir que rien ne gomme.

EIN RASCHER SONNIGER MORGEN,
Und ich will meinen Tod zustande bringen.
Ich lese in den Augen der anderen Mühe:
Mein Gott, was für ein Langweiler ist der Mensch!

Man ist nie heiter genug
Um die herbstlichen Tage zu ertragen
Gott, was ist das Leben monoton,
Wie die Horizonte fern!

Eines Wintermorgens, sacht,
Fern der menschlichen Wohnungen;
Sehnsucht nach einem Traum, unbedingt,
Nach einer Erinnerung, die nichts auslöschen kann.

INCAPABLE DE NOSTALGIE
J'envie le calme des vieillards
La petite mort dans leurs regards,
Leur air en deçà de la vie.

Incapable de m'imposer
J'envie la soif des conquérants
La simplicité des enfants,
La façon qu'ils ont de pleurer.

Mon corps tendu jusqu'au délire
Attend comme un embrasement
Un devenir, un claquement;
La nuit je m'exerce à mourir.

UNFÄHIG ZUR NOSTALGIE
Beneide ich die Ruhe der Alten
Den kleinen Tod in ihren Augen,
Ihre Art jenseits des Lebens.

Unfähig mich aufzudrängen
Beneide ich den Durst der Eroberer
Die Schlichtheit der Kinder,
Ihre Art zu weinen.

Mein bis zum Delirium gespannter Körper
Erwartet etwas wie eine Feuersbrunst
Ein Werden, ein Zuklappen;
Nachts übe ich mich im Sterben.

Précoce Comédien, expert à la souffrance,
J'ai vécu une étrange et pathétique enfance.
Je jouais aux voitures, croyais à l'amitié,
Et malgré moi déjà j'excitais la pitié.

L'agonie des fleurs est brutale
Comme l'envers d'une explosion,
Le pourrissement de leurs pétales
Évoque nos dérélictions.

J'ai grandi au milieu de machines à plaisir
Qui traversaient la vie sans aimer, sans souffrir;
Je n'ai pas renoncé à ce monde idéal
Entr'aperçu jadis. Et j'ai souvent eu mal.

L'agonie de l'homme est sordide
Comme une lente crucifixion.
On n'arrive pas à faire le vide;
On meurt avec ses illusions.

ALS FRÜHREIFER KOMÖDIANT, im Leiden erfahren,
Habe ich eine seltsame, sentimentale Kindheit gehabt.
Ich spielte mit Autos, glaubte an die Freundschaft,
Und ohne es zu wollen, rief ich schon Mitleid hervor.

Die Agonie der Blumen ist brutal
Wie die Umkehrung einer Explosion,
Der Verfall ihrer Blütenblätter
Gemahnt an unsere Verlassenheit.

Ich wuchs inmitten von Vergnügungsmaschinen auf
Die durch das Leben gingen, ohne zu lieben noch zu leiden;
Ich habe auf jene Idealwelt nicht verzichtet
Die ich einst erahnte. Und ich spürte häufig Schmerz.

Die Agonie der Menschen ist erbärmlich
Wie ein langsamer Tod am Kreuz.
Tabula rasa zu machen gelingt nicht;
Man nimmt seine Illusionen mit ins Grab.

Ce Soir en marchant dans Venise
J'ai repensé à toi, ma Lise.
J'aurais bien aimé t'épouser
Dans la basilique dorée.

Les gens s'en vont, les gens se quittent
Ils veulent vivre un peu trop vite
Je me sens vieux, mon corps est lourd
Il n'y a rien d'autre que l'amour.

ALS ICH HEUTE ABEND DURCH VENEDIG GING
Habe ich wieder an dich gedacht, liebe Lise.
Ich hätte dich gern geheiratet
In der goldenen Kirche.

Die Leute gehen fort, die Leute verlassen einander
Sie wollen ein bisschen zu schnell leben
Ich fühle mich alt, mein Körper ist schwer
Es gibt nichts anderes außer der Liebe.

Ton Regard, Bien-aimée, me portait dans l'espace
Tes yeux étaient si tendres et je n'avais plus peur
Au milieu des courants et des cristaux de glace,
Le doux flot de la joie faisait battre mon cœur.

Au milieu du danger mon âme était sereine
L'homme déchirait l'homme, plein de hargne et de haine,
Nous vivions un moment redoutable et cruel
Et le monde attendait une parole nouvelle.

Ton regard, mon amour, me portait dans la foule
Et je n'avais plus peur d'affronter les cyniques
Quelquefois cependant j'avais la chair de poule,
Le mal se propageait comme un choc électrique.

Alors je t'appelais, je te disais: «Je t'aime»
Et tu me promettais qu'il y aurait d'autres jours
Au milieu de la mort, de l'orgueil, du blasphème
Si nous pouvions le faire, nous sauverions l'amour.

Et puis cette nuit vint, une nuit ordinaire
Le soleil se battait, glissait dans les ténèbres
Mes genoux ont plié, je suis tombé par terre
Son baiser était froid, indifférent, funèbre.

Dein Blick, Geliebte, trug mich im Raum
Deine Augen waren liebevoll und ich hatte nicht mehr Angst
Inmitten der Strömungen und der Eiskristalle,
Die süße Welle der Freude ließ mein Herz schneller schlagen.

Inmitten der Gefahr war meine Seele froh
Der Mensch zerriss den Menschen, voller Bosheit und Hass,
Wir erlebten eine furchtbare, grausame Zeit
Und auf eine neue Parole wartete die Welt.

Dein Blick, meine Liebste, trug mich in der Menge
Ich hatte keine Angst mehr, vor die Zyniker zu treten
Manchmal bekam ich dennoch Gänsehaut,
Das Böse breitete sich aus wie ein Elektroschock.

Dann rief ich dich und sagte »Ich liebe dich« zu dir
Und du versprachst, dass andere Tage kommen würden
Inmitten des Todes, des Hochmuts und der Lästerung
Und wenn es uns gelingen würde, so wollten wir die Liebe retten.

Und dann kam jene Nacht, eine ganz gewöhnliche Nacht
Die Sonne kämpfte, glitt in die Dunkelheit hinab
Meine Knie knickten ein, ich fiel auf die Erde
Ihr Kuss war kalt, gleichgültig, grabeshaft.

Je me suis redressé après quelques secondes
Et j'ai lu dans tes yeux que tu n'aimais personne
Tu glissais vers la vie, tu revenais au monde,
Au chaos sec et dur que la mort emprisonne.

J'ai vu de grands rochers se briser dans le ciel,
J'ai vu de longs courants se tordre et se détendre
J'ai vu le grand serpent du monde matériel
Qui étouffait en toi le dernier regard tendre.

Notre amour se brisait comme une maison s'effondre,
Jamais on ne viendrait pour relever ses murs
Jamais des cris d'enfants au milieu des décombres
N'éveilleraient les spectres et leur vague murmure.

L'aube vint. J'étais seul. Vers l'Est, de grands nuages
Se tordaient souplement, annonciateurs d'orage.
Je me suis relevé après une longue attente;
J'ai arraché des fleurs de mes deux mains tremblantes;
Très loin, je le savais, le principe destructeur
Se réorganisait. J'ai marché dans la peur.

Nach ein paar Sekunden stand ich wieder auf
Und las in deinen Augen, dass du niemanden liebst
Du glittest dem Leben entgegen, du kamst wieder zur Welt,
Zum ungerührten, harten Chaos, das der Tod umfängt.

Ich sah große Felsen im Himmel bersten,
Ich sah lange Luftströme sich in- und auseinander winden
Ich sah die große Schlange der materiellen Welt
In dir den letzten liebevollen Blick ersticken.

Unsere Liebe zerbrach, so wie ein Haus einstürzt,
Nie würde jemand kommen und ihre Wände neu errichten
Nie würden Kinderrufe in den Trümmern
Die Gespenster wecken und ihr verhaltenes Murmeln.

Das Morgengrauen kam. Ich war allein. Gen Osten große Wolken
Geschmeidig sich bauschend, Gewitterboten.
Ich stand auf nach langem Warten;
Ich riss mit zitternden Händen Blumen aus;
Sehr fern, das wusste ich, ordnete sich erneut
Das destruktive Prinzip. Ich wandelte in der Angst.

DERNIERS TEMPS

Il y aura des journées et des temps difficiles
Et des nuits de souffrance qui semblent insurmontables
Où l'on pleure bêtement les deux bras sur la table
Où la vie suspendue ne tient plus qu'à un fil;
Mon amour je te sens qui marche dans la ville.

Il y aura des lettres écrites et déchirées
Des occasions perdues des amis fatigués
Des voyages inutiles des déplacements vides
Des heures sans bouger sous un soleil torride,
Il y aura la peur qui me suit sans parler

Qui s'approche de moi, qui me regarde en face
Et son sourire est beau, son pas lent et tenace
Elle a le souvenir dans ses yeux de cristal,
Elle a mon avenir dans ses mains de métal
Elle descend sur le monde comme un halo de glace.

Il y aura la mort tu le sais mon amour
Il y aura le malheur et les tout derniers jours
On n'oublie jamais rien, les mots et les visages
Flottent joyeusement jusqu'au dernier rivage
Il y aura le regret, puis un sommeil très lourd.

LETZTE ZEITEN

Es wird schwierige Tage und Zeiten geben
Und Nächte voll Leiden, die nicht überstehbar scheinen
In denen man blöde flennt, beide Arme auf dem Tisch
In denen das Leben nur noch an einem Fädchen hängt;
Meine Liebe, ich spüre, wie du durch die Stadt gehst.

Es wird Briefe geben, geschrieben und wieder zerrissen
Vertane Gelegenheiten und Freunde, die müde sind
Zwecklose Reisen und sinnentleertes Hin und Her
Stunden, reglos unter der glühenden Sonne,
Es wird die Angst geben, die mich wortlos verfolgt

Die mir näher rückt, mir ins Gesicht schaut
Und ihr Lächeln ist schön, ihr Schritt langsam und beharrlich
Sie trägt die Erinnerung in ihren kristallenen Augen,
Sie trägt meine Zukunft in ihren metallenen Händen
Sie steigt auf die Welt hernieder wie ein Halo aus Eis.

Es wird den Tod geben das weißt du meine Liebe
Es wird das Unglück geben und die allerletzten Tage
Man vergisst nie irgendwas, die Worte und Gesichter
Treiben fröhlich bis ans letzte Gestade
Es wird das Bedauern geben, dann einen Schlaf so schwer.

III

PEUPLE ASSOIFFÉ DE VIE,
Connais ton créateur.
Je me retrouve dans la nuit:
Il bat, mon cœur.

NACH LEBEN DÜRSTENDES VOLK,
Erkenne deinen Schöpfer.
Ich bin wieder in der Nacht:
Es schlägt, mein Herz.

PHOTOGRAPHIES DE SES ENFANTS,
Cet amour inconditionnel.
Il faut mourir, un jour, pourtant;
Nous nous reverrons tous au ciel.

PHOTOS VON SEINEN KINDERN,
Diese bedingungslose Liebe.
Eines Tages muss man dennoch sterben;
Wir sehen uns alle im Himmel wieder.

Est-il vrai qu'en un lieu au-delà de la mort
Quelqu'un nous aime et nous attend tels que nous sommes?
Des vagues d'air glacé se succèdent sur mon corps;
J'ai besoin d'une clef pour retrouver les hommes.

Est-il vrai que parfois les êtres humains s'entraident
Et qu'on peut être heureux au-delà de treize ans?
Certaines solitudes me semblent sans remède;
Je parle de l'amour, je n'y crois plus vraiment.

Quand la nuit se précise au centre de la ville
Je sors de mon studio, le regard implorant;
Les boulevards charrient des coulées d'or mobile
Personne ne me regarde, je suis inexistant.

Plus tard je me blottis près de mon téléphone
Je fais des numéros, mais je raccroche à temps.
Une forme est tapie derrière l'électrophone;
Elle sourit dans le noir, car elle a tout son temps.

Ist es wahr, dass an einem Ort jenseits des Todes
Uns jemand liebt und uns so erwartet, wie wir sind?
Wellen eisiger Luft spülen über meinen Körper;
Ich brauche einen Schlüssel, um zu den Menschen zurückzufinden.

Ist es wahr, dass die Menschenwesen einander manchmal helfen
Und man auch jenseits der Dreizehn glücklich sein kann?
Manche Einsamkeit erscheint mir nicht behebbar;
Ich spreche von der Liebe, ich glaube nicht mehr wirklich an sie.

Wenn sich die Nacht im Stadtzentrum verdichtet
Verlasse ich mein Apartment mit flehendem Blick;
Die Boulevards befördern Ströme von regsamem Gold
Niemand schaut mich an, ich existiere nicht.

Später kauere ich mich neben mein Telefon
Ich wähle Nummern, aber ich lege rechtzeitig auf.
Eine Form lauert hinter dem Phonokoffer;
Sie lächelt im Dunkeln, denn sie hat alle Zeit der Welt.

LES IMMATÉRIAUX

La présence subtile, interstitielle de Dieu
A disparu.
Nous flottons maintenant dans un espace désert
Et nos corps sont à nu.

Flottant, dans la froideur d'un parking de banlieue
En face du centre commercial
Nous orientons nos torses par des mouvements souples
Vers les couples du samedi matin
Chargés d'enfants, chargés d'efforts,
Et leurs enfants se disputent en hurlant des images de
Goldorak.

Die Immateriellen

Die geheimnisvolle, interstitielle Gegenwart Gottes
Ist verschwunden.
Wir schweben jetzt in einem verlassenen Raum
Und unsere Körper liegen bloß.

Wir schweben in der Kälte eines Parkplatzes am Stadtrand
Dem Einkaufszentrum gegenüber
Und richten unsere Torsi mittels geschmeidiger Bewegungen
Auf die samstagvormittäglichen Ehepaare aus, sie sind
Beladen mit Kindern, beladen mit Mühsal,
Und ihre Kinder streiten sich kreischend um Abbilder von
Goldorak.

Un mélange d'Humains monstrueux et sans nombre
Gravitait dans les rues. Le ciel était pervers.
J'inventais sans arrêt des nuances de vert.
Devant moi trois caniches, talonnés par leur ombre.

Je veux penser à toi, Arthur Schopenhauer,
Je t'aime et je vois dans le reflet des vitres,
Le monde est sans issue et je suis un vieux pitre,
Il fait froid. Il fait très froid. Adieu la Terre.

À la fin je sais bien on rentre à la maison;
Le terme est ironique, vous avez bien raison.
C'est vrai je connais mal tous mes colocataires,
Il y a un infirmier et quelques fonctionnaires.

Ils ont beaucoup d'amis, du moins je le suppose;
Je m'approche des murs, j'ai creusé quelque chose.
Ils font le même bruit qu'un troupeau de gorilles;
Je ferme un peu les yeux et je peux voir les grilles.

Le matin vers huit heures je passe devant l'église,
Dans l'autobus 23 des vieillards agonisent
Et la même journée bientôt s'immobilise;
On peut s'interroger sur le sens des Églises.

EINE MISCHUNG GRÄSSLICHER MENSCHEN ohne Zahl
Kreiste durch die Straßen. Der Himmel war pervers.
Ohne Unterlass erfand ich Nuancen von Grün.
Vor mir drei Pudel, von ihrem Schatten gehetzt.

An dich will ich denken, Arthur Schopenhauer,
Ich liebe dich und sehe im Spiegelbild der Scheiben:
Die Welt ist rettungslos verloren und ich bin ein alter Clown,
Es ist kalt. Es ist sehr kalt. Leb wohl denn, Erde.

Am Ende, das weiß ich schon, kehrt man zu sich nach Haus zurück;
Das Wort ist ironisch, da haben Sie ganz recht.
Es stimmt, ich kenne meine Mitmieter kaum,
Es gibt da einen Krankenpfleger und ein paar Beamte auch.

Sie haben viele Freunde, das nehme ich wenigstens an;
Ich trete an die Wände, ich habe da ein bisschen gekratzt.
Sie machen einen Krach wie eine Horde Gorillas;
Ich schließe die Augen halb und schon kann ich die Käfige sehen.

Morgens gegen acht komme ich an der Kirche vorbei,
Im 23er Bus brüten Greise in ihrer Agonie
Und der ganze Tag gerät bald in Erstarrung;
Da fragt man sich doch, wozu Kirchen denn da sind.

Tu parlais Sexualité, relations humaines. Parlais-tu vraiment, en fait? Un brouhaha nous environnait; des mots semblaient sortir de ta bouche. Le train pénétrait dans un tunnel. Avec un léger grésillement, un léger retard, les lampes du compartiment s'allumèrent. Je détestais ta jupe plissée, ton maquillage. Tu étais ennuyeuse comme la vie.

DU REDETEST ÜBER SEXUALITÄT, zwischenmenschliche Beziehungen. Redetest du denn wirklich? Getöse umgab uns; aus deinem Mund schienen Wörter zu kommen. Der Zug drang in einen Tunnel ein. Ein wenig knisternd, ein wenig verzögert ging die Abteilbeleuchtung an. Ich fand deinen Faltenrock grässlich, dein Make-up auch. Du warst so langweilig wie das Leben.

MERCREDI. MAYENCE – VALLÉE DU RHIN – COBLENCE.

Évidente duplicité de la solitude. Je vois ces vieux assis autour d'une table, il y en a au moins dix. Je pourrais m'amuser à les compter, mais je suis sûr qu'il y en a au moins dix. Et pfuui! Si je pouvais m'envoler au ciel, m'envoler au ciel tout de suite!
Ils émettent parlant tous ensemble une cacophonie de sons où l'on ne reconnaît que quelques syllabes mastiquées, comme arrachées à coups de dents.
Mon Dieu! qu'il est donc difficile de se réconcilier avec le monde!…

J'ai compté. Il y en a douze. Comme les apôtres. Et le garçon de café serait-il censé figurer le Christ?

Et si je m'achetais un tee-shirt «*Jesus*»?

MITTWOCH. MAINZ – RHEINTAL – KOBLENZ.

Offensichtliche Duplizität der Einsamkeit. Ich sehe diese Alten um einen Tisch sitzen, es sind mindestens zehn. Ich könnte sie zählen, zum Spaß, aber ich bin sicher, es sind mindestens zehn. Wenn ich doch zischsch! in den Himmel davonfliegen könnte, hier und jetzt in den Himmel, auf und davon!
Sie geben beim Reden alle miteinander eine Kakophonie aus Tönen von sich, aus der man nur ein paar zerkaute, wie mit Reißzähnen zerfetzte Silben heraushören kann.
Mein Gott! wie schwierig es doch ist, sich mit der Welt zu versöhnen! ...

Ich habe gezählt. Es sind zwölf. Wie die Apostel. Soll der Kellner jetzt etwa Jesus Christus spielen?

Und wenn ich mir ein T-Shirt mit der Aufschrift *Jesus* kaufe?

IL EST DES MOMENTS DANS LA VIE où l'on a presque l'impression
d'entendre l'ironique froufrou du temps qui se dévide,
Et la mort marque des points sur nous.
On s'ennuie un peu, et on accepte de se détourner provisoire-
ment de l'essentiel pour consacrer quelques minutes à l'accom-
plissement d'une besogne ennuyeuse et sans joie mais que l'on
croyait rapide,
Et puis on se retourne, et l'on s'aperçoit avec écœurement que
deux heures de plus ont glissé dans le vide,

Le temps n'a pas pitié de nous.

A la fin de certaines journées on a l'impression d'avoir vécu un
quart d'heure et naturellement on se met à penser à son âge,
Alors on essaie d'imaginer une ruse une sorte de coup de poker
qui nous ferait gagner six mois et le meilleur moyen est encore
de noircir une page,
Car sauf à certains moments historiques précis et pour certains
individus dont les noms sont écrits dans nos livres,
Le meilleur moyen de gagner la partie contre le temps est
encore de renoncer dans une certaine mesure à y vivre.

Le lieu où nos gestes se déroulent et s'inscrivent harmonieuse-
ment dans l'espace et suscitent leur propre chronologie,
Le lieu où tous nos êtres dispersés marchent de front et où tout
décalage est aboli,
Le lieu magique de l'absolu et de la transcendance
Où la parole est chant, où la démarche est danse
N'existe pas sur Terre,

Mais nous marchons vers lui.

Es gibt Momente im Leben, da kommt es einem fast so vor, als vernähme man das ironische Geraschel der sich abspulenden Zeit,
Und der Tod sammelt Punkte gegen uns.
Man langweilt sich ein wenig, und man willigt ein, sich vorübergehend vom Wesentlichen abzuwenden und ein paar Minuten auf eine lästige und freudlose Verrichtung zu verschwenden, die man wenigstens für kurz gehalten hatte,
Und dann dreht man sich wieder um, und angewidert bemerkt man, dass schon wieder zwei Stunden ins Leere weggerutscht sind,

Die Zeit kennt kein Mitleid mit uns.

Am Ende mancher Tage ist es einem, als hätte man nur eine Viertelstunde lang gelebt, und natürlich denkt man dann darüber nach, wie alt man ist,
Und man sucht nach einer List, einer Art Pokertrick, der einem ein halbes Jahr draufgibt, und das beste Mittel dazu ist immer noch, ein Blatt Papier vollzuschreiben,
Denn außer in gewissen genauen historischen Momenten und außer im Leben gewisser Menschen, deren Namen in unseren Büchern stehen,
Ist das beste Mittel, das Spiel gegen die Zeit zu gewinnen, immer noch, in gewissem Maße darauf zu verzichten, dass man in ihr lebt.

Der Ort, an dem unsere Bewegungen ablaufen, sich harmonisch in den Raum einschreiben und ihre eigene Chronologie erzeugen,
Der Ort, an dem all unsere verstreuten Wesen nebeneinander marschieren, an dem alle Missverhältnisse aufgehoben sind,
Der magische Ort des Absoluten und der Transzendenz
Wo das Wort ein Gesang ist, das Gehen ein Tanz
Den gibt es nicht auf Erden.

Aber wir gehen ihm entgegen.

LE CORPS DE L'IDENTITÉ ABSOLUE

La maison du Seigneur est semblable à une taupinière;
Il y a de nombreuses ouvertures,
Des galeries où le corps a de la peine à se glisser;
Pourtant, le centre est désespérément vide.

La Jérusalem céleste est présente ici-bas,
Dans les yeux de certaines femmes;
Il y a un temps d'établissement de l'accord, comme une synchronisation
des récepteurs,
Puis les regards se plongent et se réfléchissent dans quelque chose d'infiniment salvateur
Qui est l'Autre et l'Unique, L'espace et le point fixe.
Niant le temps, d'un même pas, nous pénétrons dans le royaume de l'identique.

Au centre du temple du Seigneur il y a une pièce aux murs blanchis, au plafond bas;
Cette pièce comporte en son centre un autel.
Ceux qui parviennent ici sont d'abord surpris par l'ambiance de vide et de calme qui émane de ces lieux;
Pourquoi la surface de l'autel est-elle vide? Est-ce ainsi que doit se manifester Dieu?

DER KÖRPER DER VOLLKOMMENEN WESENSGLEICHHEIT

Das Haus des Herrn ist wie ein Maulwurfsbau;
Es gibt zahlreiche Öffnungen,
Tunnel, durch die der Körper sich nur mit Mühe zwängen kann;
Dennoch ist der Mittelpunkt hoffnungslos leer.

Das himmlische Jerusalem ist hienieden gegenwärtig
In den Augen mancher Frauen;
Es gibt eine Zeit, da der Einklang sich ereignet, wie eine Synchronisation der Empfangsgeräte,
Dann tauchen die Blicke ineinander ein und spiegeln sich wider in etwas, das unendlich viel Rettung verheißt
Und das ist Das Andere und Das Einzige,
Der Raum und der Fixpunkt.
Wenn wir die Zeit leugnen, betreten wir mit demselben Schritt das Reich des Wesensgleichen.

Im Mittelpunkt des Tempels des Herrn befindet sich ein Raum mit geweißten Wänden und niedriger Decke;
Dieser Raum enthält in seiner Mitte einen Altar.
Wer hierher gelangt, wundert sich zunächst, welche Leere und Stille an diesem Ort herrscht;
Warum ist der Altartisch leer? Muss Gott sich so offenbaren?

Ce n'est qu'au bout de plusieurs jours, de plusieurs nuits de méditation et de veille
Qu'au centre de l'espace se révèle et prend forme quelque chose qui ressemble à un soleil,

Quelque chose autour de quoi l'espace se lie et se constitue en même temps par ce lien,
Un point central autour duquel le monde se forme et se définit dans un formidable entrelacement topologique,
Un point dont la contemplation prolongée conduit l'âme à un saut vers l'absolument identique.

Le nom de ce point n'existe dans aucune langue; mais de lui émanent la joie, la lumière et le bien.

Erst nach mehreren Tagen und mehreren Nächten der Meditation und
des Wachens
Scheint in der Mitte dieses Raumes etwas auf und nimmt Form an, das
einer Sonne gleicht,

Etwas, um das herum der leere Raum sich verdichtet und zugleich
durch diese Verdichtung entsteht,
Ein zentraler Punkt, um den herum die Welt sich formt und sich
definiert, in einem gewaltigen topologischen Flechtwerk,
Ein Punkt, dessen fortgesetzte Betrachtung die Seele zu einem Sprung
in das vollkommen Wesensgleiche führt.

Der Name dieses Punktes existiert in keiner Sprache; aber es gehen
von ihm die Freude, das Licht und das Gute aus.

L E M O N D E A P P A R A Î T, plus que jamais, homogène et stable. Le soleil de neuf heures coule lentement dans la rue en pente douce; les immeubles anciens et modernes se côtoient sans animosité marquée. Parcelle de l'humanité, je suis assis sur un banc. Le jardin a été rénové récemment; on a installé une fontaine. Je ressens, sur ce banc, ma présence humaine; ma présence humaine en face de la fontaine.

Il s'agit d'une fontaine moderne; l'eau s'écoule entre des hémisphères gris; elle tombe, avec lenteur, d'un hémisphère à l'autre. Entre des sphères, elle ne pourrait que glisser; mais le choix de l'architecte s'avère plus fin: l'eau remplit progressivement les hémisphères supérieurs; ceux-ci remplis, ils dégouttent doucement vers les hémisphères inférieurs; au bout d'un temps qui me paraît variable, tout se vide d'un seul coup. Puis l'eau coule à nouveau, et le processus reprend.
Avons-nous affaire à une métaphore de la vie? J'en doute. Plus probablement l'architecte a-t-il voulu mettre en scène sa vision du mouvement perpétuel. Comme beaucoup d'autres.

DIE WELT ERSCHEINT mehr denn je homogen und stabil. Die Neun-Uhr-Sonne rinnt langsam durch die leicht abfallende Straße; die alten und modernen Gebäude flankieren einander ohne besondere Feindseligkeit. Ich, eine Parzelle der Menschheit, sitze auf einer Bank. Der Park ist kürzlich instand gesetzt worden; man hat einen Springbrunnen installiert. Ich spüre auf dieser Bank meine menschliche Gegenwart; meine menschliche Gegenwart gegenüber diesem Brunnen.

Es handelt sich dabei um einen modernen Springbrunnen; das Wasser rinnt über einige graue Halbkugeln, es fällt gemächlich von einer auf die andere. Ganze Kugeln könnte es nur umfließen; die Entscheidung des Architekten ist gewitzt: denn das Wasser füllt nach und nach die oberen Halbkugeln; wenn diese voll sind, tröpfeln sie zunächst ein wenig in die darunter gelegenen; nach einer Zeitspanne, die mir nicht festgelegt scheint, leert sich das Ganze auf einen Schlag. Dann fließt das Wasser weiter und der Prozess beginnt erneut.
Haben wir es hier mit einer Metapher auf das Leben zu tun? Ich bezweifle das. Wahrscheinlich wollte der Architekt vielmehr seine Vision eines Perpetuum mobile in Szene setzen. Wie viele andere.

VENDREDI 11 MARS. 18 H 15. SAORGE.

Allongé à l'hôtel; après la tension de la marche, les muscles se reposent; ils sont envahis d'une chaleur vive, mais plaisante.

Occidental, sentimental, primaire, je n'arrive pas vraiment à sympathiser avec le bouddhisme (avec ce qu'implique le bouddhisme: cette patiente étude du corps, dirigée par l'intellect; cette étude presque scientifique du corps, de ses réactions, de l'utilisation de ses réactions dans une démarche mystique et pratique).

En d'autres termes je reste un romantique, émerveillé par l'idée d'envol (de pur envol, spirituel, détaché du corps). J'estime la chasteté, la sainteté, l'innocence; je crois au don des larmes et à la prière du cœur. Le bouddhisme est plus intelligent, il est plus efficace; il n'empêche que je ne parviens pas à y adhérer.

Je suis allongé sur le lit, mes muscles se reposent; et je me sens prêt, comme du temps de ma jeunesse, à d'infinies effusions sensibles.

FREITAG, 11. MÄRZ. 18 H 15. SAORGE.

Im Hotel, lang auf dem Bett; nach der Anstrengung des Gehens erholen
sich die Muskeln; sie sind von intensiver, aber angenehmer Wärme erfüllt.
Als westlicher, sentimentaler, beschränkter Mensch gelingt es mir nicht
wirklich, mich für den Buddhismus zu erwärmen (mit dem, was der Bud-
dhismus impliziert, dieser geduldigen, vom Intellekt geleiteten Erfor-
schung des Körpers; dieser geradezu wissenschaftlichen Erforschung des
Körpers, seiner Reaktionen, der Verwendung seiner Reaktionen in einer
mystischen und konkreten Praxis).
Mit anderen Worten, ich bleibe ein Romantiker, fasziniert von der Idee des
Flugs (des reinen Flugs, des geistigen, vom Körper gelösten). Keuschheit,
Heiligkeit, Unschuld schätze ich hoch; ich glaube an das Geschenk der
Tränen und an das Gebet des Herzens. Der Buddhismus ist intelligenter, er
ist effektiver; trotzdem kann ich mich ihm nicht anschließen.

Ich liege lang auf dem Bett, meine Muskeln erholen sich; und ich fühle
mich wie in meiner Jugendzeit bereit zu endlosen, überschwänglichen
Gefühlsergüssen.

CONFRONTATION

Et si nous avons besoin de tant d'amour, à qui la faute?
Si nous ne pouvons radicalement pas nous adapter
A cet univers de transactions généralisées
Que voudraient tant voir adopter
Les psychologues, et tous les autres?

Et si nous avons besoin de tant de rêves, à qui la faute?
Si une fraction non encore déterminée de notre psyché
Ne peut définitivement pas se contenter
D'une harmonieuse gestion de nos pulsions répertoriées
Quatre ou cinq, au maximum?

Et si nous avons besoin de croire à quelque chose
Qui nous dépasse, nous tire en avant, et dans lequel en même temps
                                                    on se repose,
Si nous avons besoin d'un bonheur absolument pas quantifiable,
D'une force intérieure qui germe en nous et se joue des impondérables,
Qui se développe en nous et donne à notre existence une valeur, une utilité
et un sens inaliénables,
Si nous avons besoin aussi et en même temps de nous sentir coupables,
De nous sentir humiliés et malheureux de ne pas être plus que nous sommes
Si vraiment nous avons besoin de tout cela pour nous sentir des hommes,
Qu'allons-nous faire?

Il est temps de lâcher prise.

KONFRONTATION

Und wessen Fehler ist es denn, dass wir so viel Liebe brauchen?
Wenn wir uns nun mal durchaus nicht anpassen wollen
An dieses Universum generalisierter Transaktionen
Das wir so dringend übernehmen sollten
Nach Meinung der Psychologen und all der anderen?

Und wessen Fehler ist es denn, dass wir so viele Träume brauchen?
Wenn ein noch nicht bestimmtes Teilstück unserer Psyche
Sich ein für alle Mal nicht zufrieden geben will
Mit einer harmonischen Bewirtschaftung unserer aufgelisteten Triebe
Vieren oder fünfen, höchstens?

Und wenn wir es nötig haben, an etwas zu glauben,
Das größer ist als wir, das uns voranzieht, und in dem man sich zugleich
                                                    ausruhen kann,
Wenn wir ein absolut nicht quantifizierbares Glück benötigen,
Eine innere Kraft, die in uns keimt und sich nicht um Unvorhersehbares
                                                    schert,
Die sich in uns entwickelt und unserem Dasein einen unveräußerlichen
Wert verleiht, einen Nutzen und einen Sinn,
Wenn wir es zugleich auch nötig haben, uns schuldig zu fühlen,
Gedemütigt und unglücklich, weil wir nicht mehr sind, als wir sind
Wenn wir wirklich das alles brauchen, um uns als Menschen zu fühlen,
Was sollen wir tun?

Es ist Zeit, lockerzulassen.

Je suis comme un Enfant qui n'a plus droit aux larmes,
Conduis-moi au pays où vivent les braves gens
Conduis-moi dans la nuit, entoure-moi d'un charme,
Je voudrais rencontrer des êtres différents.

Je porte au fond de moi une ancienne espérance
Comme ces vieillards noirs, princes dans leur pays,
Qui balaient le métro avec indifférence;
Comme moi ils sont seuls, comme moi ils sourient.

Iᴄʜ ʙɪɴ ᴡɪᴇ ᴇɪɴ Kɪɴᴅ, das nicht mehr weinen darf,
Führ mich in das Land, wo die gutmütigen Menschen leben
Führ mich durch die Nacht, umhülle mich mit einem Zauber,
Ich möchte so gern Wesen begegnen, die anders sind.

Ich trage tief in mir eine uralte Hoffnung
Wie diese schwarzen Greise, Fürsten einst in ihrem Land,
Die ungerührt die Metro kehren;
Sie sind einsam wie ich, und wie ich lächeln sie.

IL EST VRAI que ce monde où nous respirons mal
N'inspire plus en nous qu'un dégoût manifeste,
Une envie de s'enfuir sans demander son reste,
Et nous ne lisons plus les titres du journal.

Nous voulons retourner dans l'ancienne demeure
Où nos pères ont vécu sous l'aile d'un archange,
Nous voulons retrouver cette morale étrange
Qui sanctifiait la vie jusqu'à la dernière heure.

Nous voulons quelque chose comme une fidélité,
Comme un enlacement de douces dépendances,
Quelque chose qui dépasse et contienne l'existence;
Nous ne pouvons plus vivre loin de l'éternité.

Es STIMMT, diese Welt, in der wir kaum noch Luft bekommen,
Flößt uns nur noch deutlichen Ekel ein,
Den Impuls zu fliehen, ohne uns auszahlen zu lassen,
Und die Überschriften in der Zeitung lesen wir nicht mehr.

Wir möchten in die alte Heimstatt zurück
Wo unsere Vorväter lebten, vom Flügel eines Erzengels beschützt,
Wir möchten jene eigentümliche Moral zurückerlangen
Die das Leben bis zur letzten Stunde heilig werden ließ.

Wir möchten etwas wie eine Art Treue,
Wie ein Geflecht aus süßen Abhängigkeiten,
Etwas, das über das Dasein hinausgeht und es birgt;
Wir können nicht mehr leben fernab der Ewigkeit.

Après-midi Boulevard Pasteur

Je revois les yeux bleus des touristes allemands
Qui parlaient société devant un formidable.
Leurs «Ach so» réfléchis, un peu nerveux pourtant,
Se croisaient dans l'air vif; ils étaient plusieurs tables.

Sur ma gauche causaient quelques amis chimistes:
Nouvelles perspectives en synthèse organique!
La chimie rend heureux, la poésie rend triste,
Il faudrait arriver à une science unique.

Structure moléculaire, philosophie du moi
Et l'absurde destin des derniers architectes;
La société pourrit, se décompose en sectes:
Chantons l'alléluia pour le retour du roi!

Nachmittag, Boulevard Pasteur

Ich erinnere mich an die blauen Augen der deutschen Touristen
Die vor ihren Halben über die Gesellschaft sprachen.
Ihr nachdenkliches, wenn auch etwas gereiztes »ach so«
Klang durch die kühle Luft; sie füllten mehrere Tische.

Zu meiner Linken plauderten ein paar befreundete Chemiker:
Neue Perspektiven in organischer Synthese!
Chemie stimmt froh, Poesie macht traurig,
Eine Universalwissenschaft müsste man begründen.

Molekularstruktur, Philosophie des Ichs
Und das absurde Schicksal der letzten Architekten;
Die Gesellschaft verfault, zerfällt in Sekten:
Stimmen wir das Halleluja an auf die Rückkehr des Königs!

Boule de Sang, Boule de Haine,
Pourquoi tous ces gens réunis?
C'est la société humaine;
La nuit retombe sur Paris.

Pendant que dans l'azur fictif
Se croisent les euromissiles,
Un vieux savant à l'œil plaintif
Examine quelques fossiles.

Dinosaures, gentils dinosaures,
Que voyaient vos grands yeux stupides?
Se battait-on déjà à mort
Dans vos marécages torpides?

Y a-t-il eu un âge d'or,
Une bonne loi naturelle?
Répondez, gentils dinosaures:
Pourquoi la vie est si cruelle?

BALLUNG AUS BLUT, BALLUNG AUS HASS,
Warum all diese Leute zusammen?
Das ist die menschliche Gesellschaft;
Die Nacht senkt sich wieder über Paris.

Während im fiktiven Azur
Die Bahnen der Kurzstreckenraketen sich kreuzen,
Untersucht ein alter, weiser Mann
Traurigen Auges ein paar Fossilien.

Dinosaurier, ihr lieben Dinosaurier,
Was haben eure großen, dummen Augen gesehen?
Bekämpfte man sich schon bis auf den Tod
In euren dumpfen Sümpfen?

Hat es ein Goldenes Zeitalter gegeben,
Ein gütiges Naturgesetz?
Antwortet, ihr lieben Dinosaurier:
Warum ist das Leben so grausam?

Aux Confins du Désert Mojave
Vit un cactus bimillénaire.
Il a poussé sur de la lave,
Serein comme un dieu tutélaire.

A l'équinoxe de printemps,
Au temps où la Terre bascule,
Les Indiens s'agenouillent devant
Toute la nuit. Et la nuit brûle

De leurs incantations vibrantes
Comme la langue d'un serpent.
De leurs voix hachées et stridentes,
Ils essaient de dompter le Temps

De le forcer à se plier,
A refermer enfin sa courbe.
Un jour viendra, disent les sorciers,
Où le Temps, tortueux et fourbe,

Finira par être piégé
Dans cette architecture de plaintes
Et nous serons légers, légers …
L'Éternité sera atteinte.

AM ÄUSSERSTEN RANDE DER MOJAVE-WÜSTE
Lebt ein zweitausendjähriger Kaktus.
Er ist auf Lava gewachsen,
Heiter wie ein Schutzgott.

Zur Frühlings-Tagundnachtgleiche,
Zur Zeit, da die Erde eine Wende macht,
Knien die Indianer vor ihm nieder,
Eine Nacht lang. Und die Nacht lodert auf

Von ihren Gesängen, die vibrieren
Wie die Zunge einer Schlange.
Mit dem Stakkato ihrer schrillen Rufe
Versuchen sie die Zeit zu bezwingen

Auf dass sie sich unterwerfe
Und endlich ihren Lauf beschließt.
Es wird kommen ein Tag, so sagen die Schamanen,
Wo die Zeit, die gewundene und listenreiche,

Endlich in diesem Gebäude
Aus Klagen in die Falle geht
Und leicht, leicht werden wir sein …
Dann haben wir die Ewigkeit erreicht.

IV

VARIATION 49: LE DERNIER VOYAGE

Un triangle d'acier sectionne le paysage;
L'avion s'immobilise au-dessus des nuages.
Altitude 8000. Les voyageurs descendent:
Ils dominent du regard la Cordillère des Andes

Et dans l'air raréfié l'ombilic d'un orage
Se développe et se tord;
Il monte des vallées comme un obscur présage,
Comme un souffle de mort.

Nos regards s'entrecroisent, interrogeant en vain
L'épaisseur de l'espace
Dont la blancheur fatale enveloppe nos mains
Comme un halo de glace.

Santiago du Chili, le 11 décembre.

VARIATION 49: DIE LETZTE REISE

Ein Dreieck aus Stahl durchschneidet die Landschaft;
Das Flugzeug hält über den Wolken.
Höhe 8000. Die Passagiere steigen aus:
Sie überblicken die Kette der Anden

Und in der dünnen Luft wallt langsam
Der Nabel eines Gewitters auf;
Er entsteigt den Tälern, einem dunklen Omen,
Einem Hauch des Todes gleich.

Unsere Blicke kreuzen sich, befragen vergebens
Die Dichte des Raums
Dessen verhängnisvolles Weiß unsere Hände umgibt
Wie ein Halo aus Eis.

Santiago de Chile, 11. Dezember

LES OPÉRATEURS CONTRACTANTS

Vers la fin d'une nuit, au moment idéal
Où s'élargit sans bruit le bleu du ciel central
Je traverserai seul, comme à l'insu de tous,
La familiarité inépuisable et douce
Des aurores boréales.

Puis mes pas glisseront dans un chemin secret,
À première vue banal
Qui depuis des années serpente en fins dédales,
Que je reconnaîtrai.

Ce sera un matin apaisé et discret.
Je marcherai longtemps, sans joie et sans regret,
La lumière très douce des aubes hivernales
Enveloppant mes pas d'un sourire amical.
Ce sera un matin lumineux et secret.

L'entourage se refuse au moindre commentaire;
Monsieur est parti en voyage.
Dans quelques jours sûrement il y aura la guerre;
Vers l'Est le conflit se propage.

DIE KONTRAHIERENDEN OPERATOREN

Gegen Ende einer Nacht, im idealen Augenblick
Wenn in der Mitte des Himmels das Blau sich geräuschlos weitet
Werde ich allein, als wüsste niemand davon,
Die unerschöpfliche, sanfte Vertrautheit
Des Nordlichts durchqueren.

Dann werden meine Schritte mich führen über einen geheimen,
Auf den ersten Blick nichtssagenden Weg
Der sich seit Jahren in feinen Windungen schlängelt,
Die ich wiedererkennen werde.

Ein friedlicher, sanfter Morgen wird das sein.
Ich werde lange wandern, ohne Freude, ohne Reue,
Das so milde Licht der Winterdämmerung
Wird meine Schritte mit freundlichem Lächeln umhüllen.
Ein heller, geheimnisvoller Morgen wird das sein

Die Umgebung verweigert jeglichen Kommentar;
Monsieur ist auf Reisen gegangen.
In ein paar Tagen entbrennt sicher ein Krieg;
Im Osten breiten sich bereits die Kämpfe aus.

LA TEXTURE FINE ET DÉLICATE DES NUAGES
Disparaît derrière les arbres;
Et soudain c'est le flou qui précède un orage:
Le ciel est beau, hermétique comme un marbre.

DIE FEINE, EMPFINDLICHE TEXTUR DER WOLKEN
Verschwindet hinter den Bäumen;
Auf einmal Benommenheit wie vor einem Gewitter;
Der Himmel ist schön, undurchdringlich wie Marmor.

VOCATION RELIGIEUSE

Je suis dans un tunnel fait de roches compactes;
Sur ma gauche à deux pas un homme sans paupières
M'enveloppe des yeux. Il se dit libre et fier;
Très loin, plus loin que tout, gronde une cataracte.

C'est le déclin des monts et la dernière halte;
L'autre homme a disparu. Je continuerai seul.
Les parois du tunnel me semblent de basalte;
Il fait froid. Je repense au pays des glaïeuls.

Le lendemain matin l'air avait goût de sel;
Alors je ressentis une double présence.
Sur le sol gris serpente un trait profond et dense,
Comme l'arc aboli d'un ancien rituel.

RELIGIÖSE BERUFUNG

Ich bin in einem Tunnel aus kompaktem Fels;
Zu meiner Linken, zwei Schritt entfernt, ein Mann ohne Lider,
Der mich mit Blicken umfängt. Er sagt, er sei frei und stolz;
Sehr weit weg, weiter als alles andere, donnert ein Wasserfall.

Hier fallen die Berge ab, es ist die letzte Rast;
Der andere Mann ist fort. Ich werde alleine weitergehen.
Die Tunnelwände scheinen aus Basalt zu sein;
Es ist kalt. Ich denke ans Land der Gladiolen zurück.

Am nächsten Morgen schmeckte die Luft nach Salz;
Da spürte ich eine zwiefache Gegenwart.
Über den grauen Boden schlängelt sich ein tiefer, dichter Strich,
Wie der vergessene Bogen eines alten Rituals.

Doucement, nous glissions vers un palais fictif
Environné de larmes.
L'azur se soulevait comme un ballon captif;
Les hommes étaient en armes.

SACHT, SO GLITTEN WIR auf einen fiktiven
Von Tränen umkreisten Palast zu.
Das Blau stieg auf wie ein gefesselter Ballon;
Die Männer waren bewaffnet.

Passage

I

Des nuages de pluie tournoient dans l'air mobile,
Le monde est vert et gris. C'est le règne du vent.
Et tout sens se dissout hormis le sens tactile ...
Le reflet des tilleuls frissonne sur l'étang.

Pour rejoindre à pas lents une mort maritime,
Nous avons traversé des déserts chauds et blancs
Et nous avons frôlé de dangereux abîmes ...
De félines figures souriaient en dedans.

Et les volontés nues refusaient de mourir.
Venus de Birmanie, deux de nos compagnons,
Les traits décomposés par un affreux sourire,
Glissaient dans l'interorbe du Signe du Scorpion.

Par les chemins austères des monts du Capricorne,
Leurs deux corps statufiés dansaient dans nos cervelles;
Les sombres entrelacs du pays de Fangorn
Engloutirent soudain l'image obsessionnelle.

Et quelques-uns parvinrent à l'ultime archipel ...

PASSAGE

I

Regenwolken kreiseln in der bewegten Luft,
Die Welt ist grün und grau. Es herrscht der Wind.
Und jeder Sinn löst sich auf bis auf den Tastsinn …
Das Spiegelbild der Linden fröstelt auf dem Teich.

Um langsamen Schritts zu einem Tod auf See zu gelangen,
Haben wir glühende, weiße Wüsten durchquert
Und sind dicht an gefährliche Abgründe geraten …
Katzengestaltige Wesen lächelten darin.

Und die nackten Willenskräfte weigerten sich zu sterben.
Aus Birma stammten zwei unserer Weggenossen,
Die Gesichter von grässlichem Grinsen entstellt,
Glitten sie in die Umlaufbahn des Sternkreiszeichens Skorpion.

Über die kargen Wege des Berges namens Steinbock
Tanzten ihre zu Statuen erstarrten Körper in unseren Hirnen;
Die dunklen Verflechtungen des Landes Fangorn
Verschluckten diese Zwangsvorstellung jäh.

Und einige wenige gelangten bis zum äußersten Archipel …

II

C'est un plan incliné environné de brume;
Les rayons du soleil y sont toujours obliques.
Tout paraît recouvert d'asphalte et de bitume,
Mais rien n'obéit plus aux lois mathématiques.

C'est la pointe avancée de l'être individuel;
Quelques-uns ont franchi la Porte des Nuages.
Déjà transfigurés par un chemin cruel,
Ils souriaient, très calmes, au moment du passage.

Et les courants astraux irradient l'humble argile
Issue, sombre alchimie, du bloc dur du vouloir
Qui se mêle et s'unit comme un courant docile
Au mystère diffus du Grand Océan Noir.

Un brouillard fin et doux cristallise en silence
Au fond de l'univers;
Et mille devenirs se dénouent et s'avancent,
Les vagues de la mer.

II

Eine schiefe Ebene, von Dunst umwabert;
Die Sonnenstrahlen sind hier immer schräg.
Alles scheint bedeckt von Asphalt und Bitumen,
Doch nichts gehorcht mehr den Gesetzen der Mathematik.

Das ist der äußerste Punkt des individuellen Daseins;
Einige haben die Pforte der Wolken durchschritten.
Bereits von diesem grausamen Weg verklärt,
Lächelten sie, sehr ruhig, im Augenblick des Übergangs.

Und die Sternenläufe bescheinen den demütigen Lehm
Der in dunkler Alchimie aus dem harten Block des Wollens
                                    hervorgegangen ist.
Der sich vermischt und vereinigt, wie eine gefügige Strömung
Mit dem verschwommenen Mysterium des Großen Schwarzen Ozeans.

Feiner, milder Nebel kristallisiert sich schweigend
Am Grunde des Universums;
Und tausendfaches Werden entwirrt sich und schreitet voran,
Die Wellen des Meers.

Au Bout du Blanc

I

Au bout, il y aura un matin de neige
Dans une gare de province
Le cadavre d'un petit chien beige,
Des possibilités très minces.

Au bout du blanc, il y a la mort
Il y a l'évanescence des corps
Dans le matin gelé, captif,
J'achève mon parcours émotif.

J'achève ma vie, je me couche,
Le sol ressemble à une bouche
Dont les lèvres de terre noircie
Sont prêtes à recueillir ma vie.

AM ENDE DES WEISS

I

Am Ende wird es einen verschneiten Morgen geben
An einem Bahnhof in der Provinz
Den Kadaver eines kleinen, beigen Hundes,
Stark eingegrenzte Möglichkeiten.

Am Ende des Weiss, da steht der Tod
Es gibt das Verblassen der Körper
Im eisigen, gefesselten Morgen
Beende ich den Lauf meiner Gefühle.

Ich beende mein Leben, ich lege mich hin,
Der Boden ähnelt einem Mund
Dessen Lippen aus schwärzlicher Erde
Bereit sind, mein Leben aufzunehmen.

II

Le matin revient, le sol fume
Et je suis mort pour pas grand-chose
Le soleil déchire la brume,
Le ciel est légèrement rose.

Une germination bestiale
Reformera des animaux
Et tout revivra à nouveau,
Y compris le bien et le mal,
Dans le silence des animaux;
Le silence des bêtes est brutal.

Les bêtes se capturent et se touchent,
Les bêtes se déchirent et se mordent
Parfois elles se rassemblent en hordes
Les bêtes ont des mains, une bouche
Ouverte sur un trou de sang
Elles ont des griffes, elles ont des dents
Dans leurs artères le sang palpite
Le sang s'affole, circule très vite.

Par ailleurs, les falaises s'effritent.

II

Der Morgen kehrt wieder, der Boden dampft
Und ich bin gestorben um einer Nichtigkeit willen
Die Sonne zerreißt den Dunst,
Der Himmel ist zartrosa.

Ein bestialisches Keimen
Wird Tiere neu entstehen lassen
Und dann lebt alles wieder auf,
Einschließlich Gut und Böse,
Im Schweigen der Tiere;
Das Schweigen der Tiere ist brutal.

Die Tiere fangen und berühren einander,
Die Tiere zerreißen und beißen einander
Manchmal rotten sie sich zu Horden zusammen
Tiere haben Hände, einen Mund
Der vor einem blutigen Loch klafft
Sie haben Krallen, sie haben Zähne
In ihren Adern pocht das Blut
Das Blut wird rasend, kreist sehr schnell.

Die Steilküsten übrigens zerbröckeln.

VARIATION 32

Deux hommes nus couchés sur le bord du rivage,
Et la vie a tracé de singulières phrases
Sur leur peau. Ils sont là, innocents et très sages,
Survivants harassés que la marée arase.

Deux grands requins tout blancs jouent autour de l'épave;
Le soleil innocent fait briller les yeux morts
D'un éclat sardonique.
Tout cela n'est pas grave,
Mais quel affreux décor …
Tournent les goélands de leur vol concentrique!

Saint-Christophe du Ligneron, le 17 juillet.

VARIATION 32

Zwei nackte Männer, sie liegen ganz dicht am Ufer,
Und das Leben hat einzigartige Sätze gezeichnet
Auf ihrer Haut. Da liegen sie, unschuldig und sehr brav,
Erschöpfte Überlebende, abgeschliffen von der Flut.

Zwei große, ganz weiße Haie umspielen das Wrack;
Die unschuldige Sonne lässt die blicklosen Augen funkeln
Mit sardonischem Blitz.
All das ist nicht schlimm,
Doch was für eine grässliche Umgebung …
Es kreisen die Möwen in konzentrischem Flug!

Saint-Christophe du Ligneron, 17. Juli

Une Gare dans les Yvelines
Que n'avait pas atteint la guerre
Au bout du quai, un chien urine
Le chef de train est en prières.

Les tôles d'un wagon-couchettes
Rouillaient parmi les herbes maigres
Un aveugle vendait des chaussettes,
Il appartenait à la pègre.

L'espoir a déserté la ville
Le lendemain de l'explosion,
Nous avons été trop subtils
(Une question de génération).

Le soleil se noie, flaque verte,
Sur l'horizon couperosé
Je ne crois plus aux cotes d'alerte,
L'avenir s'est ankylosé.

EIN BAHNHOF IM DEPARTEMENT YVELINES
Wohin der Krieg nicht vorgedrungen war
Am Ende des Bahnsteigs pinkelt ein Hund
Der Zugführer ist ins Gebet versunken.

Die Blechwände eines Liegewagens
Rosteten im dürren Gras
Ein Blinder verkaufte Strümpfe,
Er gehörte zur Unterwelt.

Die Hoffnung hat die Stadt geleert
Am Tage nach der Explosion,
Wir sind zu feinfühlig gewesen
(Eine Frage der Generation).

Als grüne Pfütze ertrinkt die Sonne
Im rot geäderten Horizont
Ich glaube nicht mehr an kritische Punkte,
Die Zukunft ist erstarrt.

QUAND DISPARAÎT LE SENS DES CHOSES
Au milieu de l'après-midi,
Dans la douceur d'un samedi,
Quand on est cloué par l'arthrose.

La disparition des traverses
Au milieu de la voie ferrée
Se produit juste avant l'averse,
Les souvenirs sont déterrés.

Je pense à mon signal d'appel
Oublié au bord de l'étang,
Je me souviens du monde réel
Où j'ai vécu, il y a longtemps.

WENN DER SINN DER DINGE VERSCHWINDET
Am hellichten Nachmittag,
In der Sanftheit eines Samstags,
Wenn die Arthrose einen fesselt.

Das Verschwinden der Schwellen
Zwischen den Eisenbahngeleisen
Ereignet sich kurz vor dem Wolkenbruch,
Die Erinnerungen werden ausgegraben.

Ich denke an meinen Pieper
Den ich am Ufer des Teichs vergessen habe,
Ich erinnere mich an die reale Welt,
In der ich gelebt habe, lang ist es her.

Séjour-Club 2

Le soleil tournait sur les eaux
Entre les bords de la piscine.
Lundi matin, désirs nouveaux;
Dans l'air flotte une odeur d'urine.

Tout à côté du club enfants,
Une peluche décapitée
Un vieux Tunisien dépité
Qui blasphème en montrant les dents.

J'étais inscrit pour deux semaines
Dans un parcours relationnel,
Les nuits étaient un long tunnel
Dont je sortais couvert de haine.

Lundi matin, la vie s'installe;
Les cendriers indifférents
Délimitent mes déplacements
Au milieu des zones conviviales.

CLUB-URLAUB 2

Die Sonne kreiste über dem Wasser
Zwischen den Schwimmbeckenrändern.
Montag Morgen, neue Wünsche;
In der Luft steht Uringeruch.

Gleich neben dem Club sind Kinder,
Ein geköpftes Stofftier
Ein alter, verdrossener Tunesier
Der mit gebleckten Zähnen lästert.

Ich hatte für zwei Wochen gebucht
Ein zwischenmenschliches Getriebe,
Die Nächte waren ein langer Tunnel
Aus dem ich hassüberhäuft herauskam.

Montag früh, das Leben richtet sich ein;
Die gleichgültigen Aschenbecher
Begrenzen meinen Bewegungsradius
Inmitten der gastlichen Bereiche.

DANS L'ABRUTISSEMENT qui me tient lieu de grâce
Je vois se dérouler des pelouses immobiles,
Des bâtiments bleutés et des plaisirs stériles
Je suis le chien blessé, le technicien de surface

Et je suis la bouée qui soutient l'enfant mort,
Les chaussures délacées craquelées de soleil
Je suis l'étoile obscure, le moment du réveil
Je suis l'instant présent, je suis le vent du Nord.

Tout a lieu, tout est là, et tout est phénomène
Aucun événement ne semble justifié,
Il faudrait parvenir à un cœur clarifié;
Un rideau blanc retombe et recouvre la scène.

IN DER ABGESTUMPFTHEIT, die mir für Gnade steht
Sehe ich reglose Rasenflächen sich erstrecken,
Bläuliche Gebäude und sterile Vergnügungen
Ich bin der verletzte Hund, der Fachmann für die Oberfläche

Und ich bin die Boje, an der das ertrunkene Kind sich hält,
Mit von der Sonne gesprungenen, nicht zugeschnürten Schuhen
Ich bin der dunkle Stern, der Augenblick des Erwachens
Ich bin der gegenwärtige Moment, ich bin der Wind aus Nord.

Alles findet statt, alles ist da, und alles ist Erscheinung
Kein Ereignis wirkt begründet,
Man müsste ein geklärtes Herz erlangen;
Ein weißer Vorhang fällt, die Bühne wird verhüllt.

La Route

Le ciel s'écartelait, déchiré de pylônes,
Et quelques réverbères se penchaient sur la route
Je regardais les femmes et je les voulais toutes,
Leurs lèvres écartées formaient des polygones.

Je n'atteindrai jamais à la pleine patience
De celui qui se sait aimé dans l'éternel
Mon parcours sera bref, erratique et cruel,
Aussi loin du plaisir que de l'indifférence.

Les plantes de la nuit grimpaient sur la verrière
Et les femmes glissaient près du bar tropical;
Dans le tunnel des nuits l'espérance est brutale,
Et le sexe des femmes inondé de lumière.

DIE STRASSE

Der Himmel wurde zerfetzt, von Pfeilern zerstückelt,
Und ein paar Laternen beugten sich über die Straße
Ich schaute nach den Frauen und ich wollte sie alle,
Ihre Lippen öffneten sich zu vieleckigen Formen.

Ich erlange niemals die große Geduld
Dessen, der sich auf ewig geliebt weiß
Mein Weg wird kurz sein, unstet und grausam,
Gleich weit vom Genuss wie von der Gleichgültigkeit entfernt.

Die Pflanzen der Nacht rankten über die Glaswand
Und die Frauen glitten bei der Tropen-Bar einher;
Im Tunnel der Nächte ist die Hoffnung brutal,
Und das Geschlecht der Frauen von Licht überströmt.

Véronique

La maison était rose avec des volets bleus
Je voyais dans la nuit les traits de ton visage
L'aurore s'approchait, j'étais un peu nerveux,
La lune se glissait dans un lac de nuages

Et tes mains dessinaient un espace invisible
Où je pouvais bouger et déployer mon corps
Et je marchais vers toi, proche et inaccessible,
Comme un agonisant qui rampe vers la mort.

Soudain tout a changé dans une explosion blanche,
Le soleil s'est levé sur un nouveau royaume;
Il faisait presque chaud et nous étions dimanche,
Dans l'air ambiant montaient les harmonies d'un psaume.

Je lisais une étrange affection dans tes yeux
Et j'étais très heureux dans ma petite niche;
C'était un rêve tendre et vraiment lumineux,
Tu étais ma maîtresse et j'étais ton caniche.

VÉRONIQUE

Das Haus war rosa mit blauen Läden
Ich sah in der Nacht die Züge deines Gesichts
Die Dämmerung nahte, ich war ein bisschen nervös,
Der Mond stahl sich in einem Wolkensee davon

Und deine Hände zeichneten einen unsichtbaren Raum
In dem ich mich bewegen und meinen Körper entfalten konnte
Und ich ging auf dich zu – du warst nah und unerreichbar –,
Wie ein Sterbender auf den Tod zukriecht.

Jäh schlug alles um in einer weißen Explosion,
Die Sonne ging auf über einem neuen Königreich;
Es war fast warm und es war ein Sonntag,
In der Luft ringsum stiegen Psalmenklänge auf.

Ich las eine seltsame Zuneigung in deinen Augen
Und ich war sehr glücklich in meiner kleinen Hundehütte;
Das war ein zärtlicher und wirklich leuchtender Traum,
Du warst mein Frauchen und ich war dein Pudel.

L'Été dernier

Vers le Soleil se tend l'effort du végétal;
Le combat se poursuit et la chaleur augmente;
La réverbération devient éblouissante;
Des couches empilées d'air, d'une torpeur égale,
Remuent sournoisement.

J'étais je vous le jure dans mon état normal;
Les fleurs trouaient mes yeux de leur éclat brutal;
C'était un accident.

Je revois maintenant les circonstances exactes.
Nous étions arrêtés près d'une cataracte.
La souple peau des prés s'ouvrit, gueule béante;
La réverbération devint éblouissante;
Il y avait çà et là des fleurs de digitale;
Ma sœur et moi marchions sur un tapis nuptial.

DER LETZTE SOMMER

Der Sonne entgegen richtet sich die Mühe des Grüns;
Der Kampf fährt fort und die Hitze nimmt zu;
Die Helligkeit wird blendend;
Aufeinander gestapelte Schichten von Luft, alle gleich dumpf,
Bewegen sich tückisch.

Ich war, das schwöre ich Ihnen, im selben Zustand wie sonst auch;
Die Blumen durchbohrten meine Augen mit ihrer brutalen Pracht;
Es war ein Unfall.

Ich erkenne jetzt die genauen Umstände wieder.
Wir hatten bei einem Wasserfall gehalten.
Die geschmeidige Haut der Wiesen öffnete sich, ein klaffendes Maul;
Die Helligkeit wurde blendend;
Es gab hier und da Fingerhut, blühend;
Meine Schwester und ich schritten über einen Hochzeitsteppich.

LA FILLE

La fille aux cheveux noirs et aux lèvres très minces
Que nous connaissons tous sans l'avoir rencontrée
Ailleurs que dans nos rêves. D'un doigt sec elle pince
Les boyaux palpitants de nos ventres crevés.

Das Mädchen

Das schwarzhaarige, sehr dünnlippige Mädchen
Das wir alle kennen, ohne ihm je anders als in unseren Träumen
Begegnet zu sein. Mit kalten Fingern zwickt es
Die zuckenden Eingeweide unserer geschundenen Leiber.

Le Jardin aux Fougères

Nous avions traversé le jardin aux fougères,
L'existence soudain nous apparut légère
Sur la route déserte nous marchions au hasard
Et, la grille franchie, le soleil devint rare.

De silencieux serpents glissaient dans l'herbe épaisse,
Ton regard trahissait une douce détresse
Nous étions au milieu d'un chaos végétal,
Les fleurs autour de nous exhibaient leurs pétales.

Animaux sans patience, nous errons dans l'Éden,
Hantés par la souffrance et conscients de nos peines
L'idée de la fusion persiste dans nos corps
Nous sommes, nous existons, nous voulons être encore,

Nous n'avons rien à perdre. L'abjecte vie des plantes
Nous ramène à la mort, sournoise, envahissante.
Au milieu d'un jardin nos corps se décomposent,
Nos corps décomposés se couvriront de roses.

DER GARTEN VOLL FARN

Wir hatten den Garten voll Farn durchschritten,
Mit einmal erschien das Dasein uns leicht
Auf der verlassenen Straße gingen wir ziellos einher
Und als wir durchs Gitter waren, machte die Sonne sich rar.

Schlangen glitten lautlos durch das dichte Gras,
Dein Blick verriet eine sanfte Bedrängnis
Wir standen mitten in einem grünen Chaos,
Die Blumen ringsum stellten ihre Blüten zur Schau.

Geduldlose Tiere, so durchirren wir den Garten Eden,
Verfolgt vom Schmerz und unserer Leiden bewusst
Die Idee der Verschmelzung besteht in unseren Körpern fort
Wir sind, wir existieren, wir wollen weiterhin sein,

Wir haben nichts zu verlieren. Das schändliche Leben der Pflanzen
Führt uns zum Tod zurück, dem tückischen, alles ergreifenden.
Inmitten eines Gartens zersetzen sich unsere Körper,
Unsere zersetzten Körper werden von Rosen bedeckt sein.

TRACES DE LA NUIT.
Une étoile brille, seule,
Préparée pour de lointaines eucharisties.

Des destins se rassemblent, perplexes,
Immobiles.

Nous marchons je le sais vers des matins étranges.

SPUREN DER NACHT.
Ein Stern glänzt, allein,
Bereitet zu fernen Eucharistien.

Schicksale sammeln sich, verblüfft,
Reglos.

Wir gehen, das weiß ich, auf seltsame Morgen zu.

Les Algébristes

Ils flottaient dans la nuit près d'un astre innocent,
Observant la naissance du monde,
Le développement des plantes
Et le foisonnement impur des bactéries;
Ils venaient de très loin, ils avaient tout leur temps.

Ils n'avaient pas vraiment
D'idée sur l'avenir,
Ils voyaient le tourment
Le manque et le désir
S'installer sur la Terre
Au milieu des vivants,
Ils connaissaient la guerre,
Ils chevauchaient le vent.

Ils se sont rassemblés tout au bord de l'étang;
Le brouillard se levait et ranimait le ciel.
Souvenez-vous, amis, des formes essentielles;
Souvenez-vous de l'homme. Souvenez-vous longtemps.

DIE ALGEBRISTEN

Sie schwebten in der Nacht neben einem unschuldigen Stern,
Beobachteten die Geburt der Welt,
Die Entwicklung der Pflanzen
Und das widerliche Wimmeln der Bakterien;
Sie kamen von weit her, sie hatten sehr viel Zeit.

Sie hatten keine wirkliche
Vorstellung von der Zukunft,
Sie sahen, wie Qual
Entbehrung und Begehren
Sich auf Erden niederließen
Inmitten der Lebenden,
Sie kannten den Krieg,
Sie ritten auf dem Wind.

Dann versammelten sie sich am Rande des Teichs;
Der Nebel lichtete sich und belebe den Himmel.
Erinnert euch, Freunde, der grundlegenden Formen;
Erinnert euch des Menschen. Erinnert euch lang.

La Disparition

Nous marchons dans la ville, nous croisons des regards
Et ceci définit notre présence humaine;
Dans le calme absolu de la fin de semaine,
Nous marchons lentement aux abords de la gare.

Nos vêtements trop larges abritent des chairs grises
À peu près immobiles dans la fin de journée;
Notre âme minuscule, à demi condamnée,
S'agite entre les plis, et puis s'immobilise.

Nous avons existé, telle est notre légende;
Certains de nos désirs ont construit cette ville
Nous avons combattu des puissances hostiles,
Puis nos bras amaigris ont lâché les commandes

Et nous avons flotté loin de tous les possibles;
La vie s'est refroidie, la vie nous a laissés
Nous contemplons nos corps à demi effacés,
Dans le silence émergent quelques *data* sensibles.

DAS VERSCHWINDEN

Wir gehen durch die Stadt, wir begegnen Blicken
Und dies definiert unser menschliches Dasein;
In der tiefen Ruhe des Wochenends,
Gehen wir langsam nahe beim Bahnhof umher.

Unsere zu weite Kleidung birgt graues Fleisch
Das am Ende des Tages so gut wie regungslos ist;
Unsere winzige Seele, halb verurteilt,
zuckt in den Falten, dann hält sie still.

Wir haben existiert, so lautet unsere Legende;
Einige unserer Wünsche haben diese Stadt erbaut
Wir haben feindliche Mächte bekämpft,
Dann haben unsere abgemagerten Arme die Steuerung losgelassen

Und wir schwebten weit entfernt von allen Möglichkeiten;
Das Leben kühlte ab, dann verließ das Leben uns
Wir betrachten unsere halb ausgelöschten Körper,
In der Stille tauchen einige wahrnehmbare *Daten* auf.

LES VISITEURS

Maintenant ils sont là, réunis à mi-pente;
Leurs doigts vibrent et s'effleurent dans une douce ellipse.
Un peu partout grandit une atmosphère d'attente;
Ils sont venus de loin, c'est le jour de l'éclipse.

Ils sont venus de loin et n'ont presque plus peur;
La forêt était froide et pratiquement déserte.
Ils se sont reconnus aux signes de couleur;
Presque tous sont blessés, leur regard est inerte.

Il règne sur ces monts un calme de sanctuaire;
L'azur s'immobilise et tout se met en place.
Le premier s'agenouille, son regard est sévère;
Ils sont venus de loin pour juger notre race.

DIE BESUCHER

Jetzt sind sie da, auf halbem Gefälle vereint;
Ihre Finger beben und streifen einander in sanfter Ellipse.
Vielerorts entsteht erwartungsvolle Atmosphäre;
Sie sind von fern gekommen, es ist der Tag der Sonnenfinsternis.

Sie sind von fern gekommen und haben fast keine Angst mehr;
Der Wald war kalt und so gut wie menschenleer.
Sie haben einander an farbigen Zeichen wiedererkannt;
Fast alle sind verletzt, ihr Blick ist leblos.

Es herrscht über diesen Bergen eine kirchenhafte Stille;
Das Blau hält inne und alles geht an seinen Platz.
Der Erste kniet nieder, sein Blick ist streng;
Sie sind von fern gekommen, um über unsere Art zu richten.

Les Champs de Betteraves surmontés de Pylônes
Luisaient. Nous nous sentions étrangers à nous-mêmes,
Sereins. La pluie tombait sans bruit, comme une aumône;
Nos souffles retenus formaient d'obscurs emblèmes
Dans le ciel du matin.

Un devenir douteux battait dans nos poitrines,
Comme une annonciation.
La civilisation n'était plus qu'une ruine;
Cela, nous le savions.

DIE VON PFEILERN ÜBERRAGTEN RÜBENFELDER
Glänzten. Wir fühlten uns uns selber fremd,
Heiter. Der Regen fiel geräuschlos, einem Almosen gleich;
Unser verhaltener Atem schuf rätselhafte Embleme
Vorm morgendlichen Himmel.

Ein zweifelhaftes Werden schlug in unseren Brüsten,
Einer Verkündigung gleich.
Die Zivilisation war nur noch eine Ruine;
Das jedenfalls wussten wir.

Nous avions pris la Voie Rapide
Sur le talus, de grands lézards
Glissaient leur absence de regard
Sur nos cadavres translucides.

Le réseau des nerfs sensitifs
Survit à la mort corporelle
Je crois à la Bonne Nouvelle,
Au destin approximatif.

La conscience exacte de soi
Disparaît dans la solitude.
Elle vient vers nous, l'infinitude …
Nous serons dieux, nous serons rois.

WIR HATTEN DIE SCHNELLSTRASSE GENOMMEN
Große Eidechsen auf der Böschung
Sahen mit nicht vorhandenen Blicken
Auf unsere durchscheinenden Leichen herab.

Das Netz der Empfindungsnerven
Lebt über den leiblichen Tod hinaus
Ich glaube an die Gute Nachricht,
An ein ungefähres Schicksal.

Das genaue Bewusstsein seiner selbst
Verschwindet in der Einsamkeit.
Sie kommt auf uns zu, die Unendlichkeit …
Götter werden wir sein, und Könige.

Nous attendions, sereins, seuls sur la piste blanche;
Un Malien emballait ses modestes affaires
Il cherchait un destin très loin de son désert
Et moi je n'avais plus de désir de revanche.

L'indifférence des nuages
Nous ramène à nos solitudes;
Et soudain nous n'avons plus d'âge,
Nous prenons de l'altitude.

Lorsque disparaîtront les illusions tactiles
Nous serons seuls, ami, et réduits à nous-mêmes.
Lors de la transition de nos corps vers l'extrême,
Nous vivrons des moments d'épouvante immobile.

La platitude de la mer
Dissipe le désir de vivre.
Loin du soleil, loin des mystères,
Je m'efforcerai de te suivre.

WIR WARTETEN, heiter, allein auf der weißen Piste;
Ein Maler packte seine bescheidenen Habseligkeiten ein
Er suchte ein Schicksal weit fort von seiner Wüste
Und ich empfand kein Bedürfnis nach Rache mehr.

Die Gleichgültigkeit der Wolken
Bringt uns zu unseren Einsamkeiten zurück;
Und urplötzlich sind wir ohne Alter,
Wir gewinnen an Höhe.

Wenn die taktilen Täuschungen verschwinden werden
Werden wir allein sein, mein Freund, und auf uns selbst gestellt.
Beim Übergang unserer Körper zum Äußersten
Werden wir Momente reglosen Schreckens erleben.

Die Flachheit des Meers
Zerstreut den Wunsch zu leben.
Fern der Sonne, fern der Mysterien,
Werde ich mich bemühen, dir zu folgen.

WIEDERGEBURT

I

Vu d'un compartiment de train, la campagne.
Une purée de vert. Une soupe de vert.
Avec tous ces détails si foncièrement inutiles (arbres, etc.)
qui surnagent, justement comme des grumeaux dans la
soupe.
Tout cela donne envie de vomir.

Qu'il est loin, l'émerveillement des années d'enfance !
l'émerveillement de découvrir le paysage filant par la
fenêtre …

Une vache qui en saute une autre … Décidément, ces
créatures ne doutent de rien !

Ridicule de la voisine d'en face.
La ligne de ses cils forme un oblique chinois, et sa
bouche une ligne semblable, rétractée vers le bas,
méchamment.
Je suis sûr qu'elle m'arracherait les yeux avec plaisir.

Cesser de la regarder. Peut-être est-elle dangereuse … ?

VON EINEM ZUGABTEIL AUS GESEHEN, das Land.
Ein Püree aus Grün. Eine Suppe aus Grün.
Mit all diesen so gründlich überflüssigen Details (Bäumen usw.),
die obenauf treiben, genau wie Klümpchen in der
Suppe.
All das macht Lust sich zu erbrechen.

Wie fern es ist, das Staunen der Kindheit!
das Staunen, die Landschaft zu entdecken, die hinter dem
Fenster vorbeisaust …

Eine Kuh bespringt eine andere … Wahrhaftig,
diese Geschöpfe überschätzen sich!

Lächerlich die Frau, die gegenüber sitzt.
Die Linie ihrer Augenbrauen bildet einen chinesischen Bogen, und ihr
Mund eine ähnliche Linie, nach unten geneigt,
bösartig.
Ich bin sicher, sie würde mir mit Vergnügen die Augen auskratzen.

Sie nicht weiter betrachten. Vielleicht ist sie gefährlich …?

LES LAMPES

Les lampes disposées en rampe centrale au plafond de la rame de TGV ressemblaient aux pas d'un animal géométrique – un animal créé pour éclairer l'homme.
Les pattes de l'animal étaient des rectangles aux coins légèrement arrondis; elles s'espaçaient avec régularité, comme des traces. De temps à autre une forme ronde s'intercalait entre les traces de pas – comme si l'animal, telle une mouche géante, avait irrégulièrement apposé sa trompe sur le plafond.

De tout cela émanait, il faut bien le dire, une vie assez inquiétante.

Die Lampen

Die in einer Reihe mittig an der Waggondecke im Hochgeschwindigkeitszug angebrachten Lampen sahen aus wie die Tritte eines geometrischen Tieres – eines Tieres, geschaffen, um dem Menschen Licht zu spenden.
Die Pfoten dieses Tieres waren leicht abgerundete Rechtecke; sie folgten einander regelmäßig, wie Spuren. Von Zeit zu Zeit schob sich eine runde Form zwischen die Trittspuren – als hätte das Tier wie eine Riesenfliege in unregelmäßigen Abständen den Rüssel an die Decke gesetzt.

All dies, das muss man wirklich sagen, strahlte eine ziemlich beunruhigende Lebendigkeit aus.

STATION BOUCICAUT. Une lumière liquide coulait sur les voûtes de carrelage blanc ; et cette lumière semblait – paradoxe atroce – couler vers le haut.

A peine installé dans la rame, je me sentis obligé d'examiner le tapis de sol – un tapis de caoutchouc gris, parsemé de nombreuses rondelles. Ces rondelles étaient légèrement en relief ; tout à coup, j'eus l'impression qu'elles respiraient. Je fis un nouvel effort pour me raisonner.

METROSTATION BOUCICAUT. Flüssiges Licht floss über die weißen Kachelgewölbe; und dieses Licht schien – schauderhaftes Paradoxon – nach oben zu fließen.

Kaum saß ich im Wagon, fühlte ich den Zwang, den Bodenbelag zu untersuchen – eine graue Gummischicht mit zahlreichen Ringen. Diese Ringe schienen leicht erhaben zu sein; auf einmal war mir, als würden sie atmen. Ich machte eine erneute Anstrengung, Vernunft anzunehmen.

Les informations se mélangent comme des aiguilles
Versées dans ma cervelle
Par la main aveugle du commentateur ;
J'ai peur.
Depuis huit heures, les déclarations cruelles
Se succèdent dans mon récepteur ;
Très haut, le soleil brille.

Le ciel est légèrement vert,
Comme un éclairage de piscine ;
Le café est amer,
Partout on assassine ;
Le ciel n'éclaire plus que des ruines.

DIE NACHRICHTEN vermischen sich wie Nadeln
In mein Gehirn geschüttet
Von der blinden Hand des Sprechers;
Ich habe Angst.
Seit acht Uhr nichts als Grausamkeiten
In meinem Apparat;
Sehr weit oben strahlt die Sonne.

Der Himmel ist leicht grün,
Wie Schwimmbadbeleuchtung;
Der Kaffee ist bitter,
Überall wird gemordet;
Der Himmel beleuchtet nur noch Ruinen.

JE TOURNAIS EN ROND DANS MA CHAMBRE,
Des cadavres se battaient dans ma mémoire ;
Il n'y avait plus vraiment d'espoir ;
En bas, quelques femmes s'insultaient
Tout près du Monoprix fermé depuis décembre.

Ce jour-là, il faisait grand calme ;
Les bandes s'étaient repliées dans les faubourgs.
J'ai senti l'odeur du napalm,
Le monde est devenu très lourd.
Les informations se sont arrêtées vers six heures ;
J'ai senti s'accélérer les mouvements de mon cœur
Le monde est devenu solide,
Silencieux, les rues étaient vides
Et j'ai senti venir la mort.

Ce jour-là, il a plu très fort.

ICH ZOG IN MEINEM ZIMMER KREISE,
Kadaver kämpften miteinander in meinem Gedächtnis;
Es gab keine wirkliche Hoffnung mehr;
Unten beschimpften sich ein paar Frauen
Neben dem Supermarkt, der seit Dezember geschlossen war.

An jenem Tag herrschte tiefe Stille;
Die Banden hatten sich an den Stadtrand verkrochen.
Ich spürte den Geruch des Napalms,
Die Welt wurde sehr schwer.
Die Nachrichten endeten gegen sechs Uhr;
Ich spürte meinen Herzschlag schneller werden
Die Welt wurde fest,
Still lagen die leeren Straßen
Und ich spürte den Tod kommen.

An jenem Tag regnete es sehr stark.

Je m'éveille, et le monde retombe sur moi comme un bloc ;
Le monde confus, homogène.
Le soleil traverse l'escalier, j'entame un soliloque,
Un dialogue de haine.

Vraiment, se disait Michel, la vie devrait être différente,
La vie devrait être un peu plus vivante ;
On ne devrait pas voir ces choses ;
Ni les voir, ni les vivre.

Maintenant le soleil traverse les nuées,
Sa lumière est brutale ;
Sa lumière est puissante sur nos vies écrasées ;
Il est presque midi et la terreur s'installe.

ICH ERWACHE, und die Welt stürzt auf mich wie ein Block;
Die wirre, gleichförmige Welt.
Die Sonne fällt schräg ins Treppenhaus, ich beginne ein
Selbstgespräch,
Einen hasserfüllten Dialog.

Wirklich, dachte Michel, die Welt müsste anders sein,
Und das Leben etwas lebendiger;
Man sollte die Dinge nicht sehen müssen;
Weder sie sehen noch sie erleben.

Jetzt fällt die Sonne schräg durch die Wolken,
Ihr Licht ist schonungslos;
Ihr Licht liegt machtvoll auf unseren zerschmetterten Leben;
Es ist fast Mittag und das Entsetzen nistet sich ein.

LES DENTS QUI SE DÉFONT
Dans la mâchoire maigre,
La soirée tourne à l'aigre
Et je touche le fond.

L'anesthésie revient et dure quelques secondes,
Au milieu de la foule le temps semble figé
Et l'on n'a plus envie de refaire le monde,
Au milieu de la foule et des parcours piégés.

La vie les tentatives,
L'échec qui se confirme
Je regarde les infirmes,
Puis il y a la dérive.

Nous avons souhaité une vie prodigieuse
Où les corps se penchaient comme des fleurs écloses,
Nous avons tout raté : fin de partie morose ;
Je ramasse les débris d'une main trop nerveuse.

DIE ZÄHNE ZERFALLEN
Im dürren Kiefer,
Der Abend versauert
Und ich bin ganz unten.

Die Betäubung kehrt zurück und hält für ein paar Sekunden an,
Mitten in der Menge wirkt die Zeit wie erstarrt
Und man hat keine Lust mehr, die Welt neu zu erschaffen,
Mitten in der Menge und auf Wegen voller Fallstricke.

Das Leben die Versuche,
Das sich bestätigende Scheitern
Ich betrachte die Versehrten,
Dann gerät alles ins Rutschen.

Wir haben uns ein üppiges Leben gewünscht
In dem die Körper sich neigen sollten wie erblühte Blumen,
Wir haben alles verpatzt: verdrießliches Endspiel;
Ich sammle die Scherben einer allzu nervösen Hand ein.

LE TRAIN QUI S'ARRÊTAIT AU MILIEU DES NUAGES
Aurait pu nous conduire à un destin meilleur
Nous avons eu le tort de trop croire au bonheur
Je ne veux pas mourir, la mort est un mirage.

Le froid descend sur nos artères
Comme une main sur l'espérance
Le temps n'est plus à l'innocence,
J'entends agoniser mon frère.

Les êtres humains luttaient pour des morceaux de temps,
J'entendais crépiter les armes automatiques,
Je pouvais comparer les origines ethniques
Des cadavres empilés dans le compartiment.

La cruauté monte des corps
Comme une ivresse inassouvie ;
L'histoire apportera l'oubli,
Nous vivrons la seconde mort.

DER ZUG, DER MITTEN IN DEN WOLKEN STEHEN BLIEB
Hätte uns zu einem besseren Schicksal führen können
Wir haben zu Unrecht allzu fest ans Glück geglaubt
Ich will nicht sterben, der Tod ist ein Trugbild.

Die Kälte steigt zu unseren Arterien hinab
So, wie eine Hand nach den Hoffnungen greift
Es ist nicht mehr die Zeit der Unschuld,
Ich höre den Todeskampf meines Bruders.

Die Menschenwesen kämpften um Stücke der Zeit,
Ich hörte die automatischen Waffen knattern,
Ich konnte die ethnischen Zugehörigkeiten vergleichen
Der Leichen, die im Abteil gestapelt waren.

Die Grausamkeit steigt aus den Körpern auf
Wie ein ungestillter Rausch;
Die Geschichte wird das Vergessen bringen,
Dann erleben wir den zweiten Tod.

LES HOMMAGES À L'HUMANITÉ
Se multiplient sur la pelouse
Ils étaient au nombre de douze,
Leur vie était très limitée.

Ils fabriquaient des vêtements
Des objets, des petites choses,
Leur vie était plutôt morose
Ils fabriquaient des revêtements,

Des abris pour leur descendance,
Ils n'avaient que cent ans à vivre
Mais ils savaient écrire des livres
Et ils nourrissaient des croyances.

Ils alimentaient la douleur
Et ils modifiaient la nature
Leur univers était si dur
Ils avaient eu si faim, si peur

HULDIGUNGEN AN DIE MENSCHHEIT
Liegen auf dem Rasen
Es waren zwölf an der Zahl,
Ihr Leben war sehr beschränkt.

Sie stellten Kleidung her
Gegenstände, kleine Dinge,
Ihr Leben war ziemlich kläglich
Sie stellten Umkleidungen her,

Unterstände für ihre Nachkommenschaft,
Sie hatten nur hundert Jahre zu leben
Doch verstanden sie Bücher zu schreiben
Und sie pflegten verschiedene Glauben.

Sie unterhielten den Schmerz
Und sie bauten die Natur um
Ihr Universum war so hart
Sie hatten so Hunger gehabt, so Angst

LES MATINS À PARIS, les pics de pollution
Et la guerre en Bosnie qui risque de reprendre
Mais tu trouves un taxi, c'est une satisfaction
Au milieu de la nuit un souffle d'air plus tendre

Te conduit vers le jour,
Le mois d'août se prolonge
Et tu diras bonjour
Dans ton bain, à l'éponge.

Tu as bien fait de prendre
Tes vacances en septembre
Si je n'avais pas d'enfants moi je ferais pareil,
On a parfois autant de journées de soleil.

Le samedi soir est terminé,
Il va falloir éliminer
La nuit tombe sur la résidence,
Il est plus tard que tu ne penses
Les lumières du bar tropical
S'éteignent. On va fermer la salle.

Tu déjeuneras seul
D'un panini saumon
Dans la rue de Choiseul
Et tu trouveras ça bon.

DIE MORGEN IN PARIS, die Spitzenwerte der Verschmutzung
Und in Bosnien droht der Krieg weiterzugehen
Aber du findest ein Taxi, das ist befriedigend
Mitten in der Nacht ein etwas leichterer Hauch

Der dich zum Tag führt,
Der August dehnt sich aus
Und im Bad sagst du
Guten Morgen zu deinem Schwamm.

Du hast recht daran getan
Deinen Urlaub im September zu nehmen
Wenn ich keine Kinder hätte, ich würde es auch so tun,
Manchmal hat man da genauso viele Sonnentage.

Der Samstagabend ist beendet,
Jetzt heißt es eliminieren müssen
Die Nacht senkt sich über die Siedlung,
Es ist später, als du denkst
Die Lichter in der Tropenbar
Erlöschen. Der Gastraum wird gleich geschlossen.

Du wirst allein frühstücken
Ein Panino mit Lachs
In der Rue de Choiseul
Und du wirst das gut finden.

Je vis dans des parois de verre,
Dans un bureau paysager
Et le soir je me roule par terre,
Mon chien commence à être âgé
Et ma voisine donne des soirées,
Ma voisine fait trop de manières.

Je me sens parfois solitaire,
Je ne donne jamais de soirée
J'entends ma voisine s'affairer,
Parfois ma voisine exagère.

Je ne renonce pas à plaire,
Je commence à m'interroger :
Est-ce que je suis vraiment âgé ?
Est-ce que je suis vraiment sincère ?

ICH LEBE ZWISCHEN WÄNDEN AUS GLAS,
In einer Bürolandschaft
Und abends kugle ich mich auf dem Boden,
Mein Hund wird langsam alt
Und meine Nachbarin gibt Abendgesellschaften,
Meine Nachbarin macht allzu große Umstände.

Ich fühle mich bisweilen einsam,
Ich gebe niemals eine Abendgesellschaft
Ich höre meine geschäftige Nachbarin,
Manchmal übertreibt meine Nachbarin.

Ich höre nicht auf, gefallen zu wollen,
Ich frage mich allmählich:
Bin ich wirklich alt?
Bin ich wirklich ehrlich?

La nouvelle année nous engage
A détruire quelques relations
Et à démolir quelques cages,
A désassembler des fictions.

Reportant sur son agenda
Tous ces gens qu'on ne verra plus
On se sent un peu bête, parfois ;
Il faut qu'on meure ou bien qu'on tue.

L'ancienne année grille mes doigts
Comme une allumette oubliée
Puis le jour se lève, il fait froid ;
Je commence à me replier.

L'année de la parole divine
Est encore à réinventer ;
Sur mon matelas, je rumine
Des réalités disjonctées.

DAS NEUE JAHR regt uns an
Ein paar Bekanntschaften zu zerstören
Und ein paar Käfige einzureißen,
Fiktionen auseinander zu nehmen.

Wenn man in seinem Adressbuch
All die Leute vermerkt, die man nicht wiedersehen wird
Fühlt man sich ein bisschen dumm, bisweilen;
Doch wer nicht sterben will, muss töten.

Das alte Jahr verbrennt mir die Finger
Wie ein vergessenes Streichholz
Dann wird es Tag, es ist kalt;
Ich kapsele mich wieder ab.

Das Jahr des Gottesworts
Muss erst noch erfunden werden;
Auf meiner Matratze sinne ich
Einander ausschließenden Wirklichkeiten nach.

LES MARRONNIERS DU LUXEMBOURG
Attrapent un soleil manifeste.
J'ai envie de faire l'amour ;
Ordinairement, je me déteste.

Pourquoi tout cet or répandu
Dans les rayons du ciel d'octobre ?
Il faudrait croire qu'on a vécu
Qu'on disparaît, concis et sobre,

Et sans regret. Que de mensonges …
Pourquoi faire croire qu'on est heureux ?
Je me remplis comme une éponge
D'un cafard fin et nauséeux.

DIE KASTANIENBÄUME IM JARDIN DU LUXEMBOURG
Fangen die klare Sonne ein.
Ich habe Lust auf Sex;
Sonst finde ich mich meist grässlich.

Warum all dies strömende Gold
In den Strahlen des Oktoberhimmels?
Man möchte glauben, dass man gelebt hat
Dass man verschwindet, knapp und bündig, nüchtern,

Und ohne Bedauern. Lauter Lügen …
Warum so tun, als wäre man glücklich?
Ich sauge mich voll wie ein Schwamm
Mit schleichendem, ekligem Überdruss.

« Les chantiers de l'aménagement » :
Article de fond, journal *Le Monde*
Et je sens au fil des secondes
Les bactéries creuser mes dents.

Les fleurs s'élèvent hors de la terre
Dans leur naive génération.
Le soleil glisse, effet de serre :
Triomphe de la végétation.

Un cycliste changeait ses lunettes
Avant de visiter la ville ;
La ville est propre, les rues sont nettes
Et le cycliste a l'air tranquille.

Stein am Rhein, le 22 mai.

»Umbauarbeiten«:
Hintergrundartikel in der Zeitung *Le Monde*
Und ich spüre sekündlich
Die Bakterien meine Zähne zerfressen.

Die Blumen sprießen aus der Erde
In ihrer naiven Fortpflanzung.
Die Sonne gleitet vorbei, Treibhauseffekt:
Triumph der Vegetation.

Ein Radfahrer wechselte die Brille
Bevor er die Stadt besichtigte;
Die Stadt ist sauber, die Straßen sind rein
Und der Radfahrer wirkt gelassen.

Stein am Rhein, am 22. Mai

ON PÉNÈTRE DANS LA SALLE DE BAINS,
Et c'est la vie qui recommence
On n'en voulait plus, du matin,
Seul dans la nuit d'indifférence.

Il faut tout reprendre à zéro
Muni d'une donne amoindrie,
Il faut rejouer les numéros
Au bord des poubelles attendries.

Dans le matin qui se transforme
En un lac de néant candide
On reconnait la vie, les formes,
Semi-transitions vers le vide.

MAN BETRITT DAS BADEZIMMER,
Und das Leben beginnt erneut
Man wollte vom Morgen nichts mehr wissen,
Allein in der Nacht aus Gleichgültigkeit.

Alles muss von vorn begonnen werden
Mit einem verminderten Blatt in der Hand
Es heißt die Karten ausspielen
Neben den gerührten Mülleimern.

In dem Morgen, der sich verwandelt
In einen See aus reinweißem Nichts
Erkennt man das Leben wieder, seine Formen,
Übergangsformen in Richtung Leere.

Un désespoir standardisé,
Et la poussière qui se propage
Tout au long des Champs-Élysées,
Il va falloir tourner la page.

Achetant des revues de bite
Au kiosque avenue de Wagram,
Je me sens piégé par un rite
Comme un aveugle qui réclame

Et cogne sa canne sur le sol,
S'approchant de la voie ferrée
Comme une fleur à l'entresol,
Comme un rameur désemparé.

La circulation s'assouplit
Et la nuit découvre ses veines,
Les trottoirs sont couverts de pluie
Dans le déclin de la semaine.

STANDARDISIERTE HOFFNUNGSLOSIGKEIT,
Und der Staub wölkt
Die Champs-Élysées entlang,
Man wird ein neues Kapitel aufschlagen müssen.

Als ich Tittenmagazine kaufe
Am Kiosk in der Avenue de Wagram,
Fühle ich mich in der Falle eines Rituals
Wie ein bettelnder Blinder

Der seinen Stock aufstößt
Und auf die Gleise zugeht
Wie eine Blume im Zwischengeschoss,
Wie ein manövrierunfähiger Ruderer.

Der Verkehr wird sanfter
Und die Nacht entdeckt ihre Adern,
Die Bürgersteige sind regennass
Im Schwinden der Woche.

LE CALME DES OBJETS, à vrai dire, est étrange,
Un peu inamical ;
Le temps nous déchiquette et rien ne les dérange,
Rien ne les désinstalle.

Ils sont les seuls témoins de nos vraies déchéances,
De nos passages à vide ;
Ils ont pris la couleur de nos vieilles souffrances,
De nos âmes insipides.

Sans rachat, sans pardon, et trop semblables aux choses,
Nous gravitons, inertes ;
Rien ne peut apaiser cette fièvre morose,
Ce sentiment de perte.

Construits par nos objets, faits à leur ressemblance,
Nous existons par eux.
Au fond de nous, pourtant, gît la ressouvenance
D'avoir été des dieux.

DIE STILLE DER GEGENSTÄNDE IST, um ehrlich zu sein, seltsam,
Ein wenig unfreundschaftlich;
Die Zeit zerstückelt uns und sie bleiben völlig ungerührt,
Nichts bringt sie aus der Ruhe.

Sie sind die einzigen Zeugen unseres wahren Verfalls,
Unserer geistigen Aussetzer;
Sie haben die Farbe unserer alten Kümmernisse angenommen,
Unserer faden Seelen.

Ohne Erlösung, ohne Vergebung, und den Gegenständen allzu ähnlich,
Kreisen wir, träge;
Nichts kann dieses verdrießliche Fieber lindern,
Diese Empfindung von Verlust.

Von unseren Gegenständen gebaut, nach ihrem Bild geschaffen,
Existieren wir durch sie.
Tief in uns indessen ruht noch die Erinnerung
Dass wir einst Götter waren.

L'INTÉRIEUR DES POUMONS
Remonte à la surface ;
Traitement aux rayons :
La douleur se déplace.

Un hurlement de peur
Dans la nuit traversée :
Je sens battre mon cœur
A grands coups oppressés.

DAS INNERE DER LUNGE
Steigt an die Oberfläche;
Strahlenbehandlung:
Der Schmerz wechselt den Ort.

Ein Angstgeschrei
In der durchlebten Nacht:
Ich spüre mein Herz pochen
Mit schwerem, bedrücktem Schlag.

Les nuits passent sur moi comme un
                                    grand laminoir
Et je connais l'usure des matins sans espoir
Le corps qui se fatigue, les amis qui s'écartent,
Et la vie qui reprend une à une ses cartes.

Je tomberai un jour, et de ma propre main :
Lassitude au combat, diront les médecins.

DIE NÄCHTE GEHEN ÜBER MICH HINWEG wie eine
grosse Walzenpresse
Und ich kenne den Verschleiß der hoffnungslosen Morgen
Wenn der Körper erschöpft ist, die Freunde abrücken,
Und das Leben seine Karten eine nach der anderen wieder
aufnimmt.

Ich werde fallen, eines Tages, und zwar von eigener Hand:
Kampfesunlust, werden die Ärzte sagen.

CE N'EST PAS CELA. J'essaie de conserver mon corps en bon état. Je suis peut-être mort, je ne sais pas. Il y a quelque chose qu'il faudrait faire, que je ne fais pas. On ne m'a pas appris. Cette année, j'ai beaucoup vieilli. J'ai fumé huit mille cigarettes. Souvent j'ai eu mal à la tête. Il doit pourtant y avoir une façon de vivre ; quelque chose que je ne trouve pas dans les livres. Il y a des êtres humains, il y a des personnages ; mais d'une année sur l'autre c'est à peine si je reconnais leurs visages.

Je ne respecte pas l'homme ; cependant, je l'envie.

Das ist es nicht. Ich versuche, meinen Körper in gutem Zustand zu erhalten. Ich bin vielleicht tot, ich weiß nicht. Da ist etwas, das man tun müsste, ich tue es nicht. Man hat es mich nicht gelehrt. Dieses Jahr bin ich sehr gealtert. Ich habe achttausend Zigaretten geraucht. Oft hatte ich Kopfschmerzen. Es muss aber doch eine Art zu leben geben; etwas, das ich in den Büchern nicht finde. Es gibt Menschenwesen, es gibt Figuren; doch Jahr um Jahr fällt es mir schwerer, ihre Gesichter zu erkennen.

Ich respektiere den Menschen nicht; ich beneide ihn jedoch.

J'ÉTAIS PARTI EN VACANCES AVEC MON FILS
Dans une auberge de jeunesse extrêmement triste
C'était quelque part dans les Alpes,
Mon fils avait dix ans

Et la pluie gouttait doucement le long des murs ;
En bas, les jeunes essayaient de nouer des relations amoureuses
Et j'avais envie de cesser de vivre,
De m'arrêter sur le bord du chemin
De ne même plus écrire de livres
De m'arrêter, enfin.

La pluie tombe de plus en plus, en longs rideaux,
Ce pays est humide et sombre ;
La lutte s'y apaise, on a l'impression
                            d'entrer au tombeau ;
Ce pays est funèbre, il n'est même pas beau.

Bientôt mes dents vont tomber aussi,
Le pire est encore à venir ;
Je marche vers la glace, lentement je m'essuie ;
Je vois le soir tomber et le monde mourir.

ICH WAR MIT MEINEM SOHN IN URLAUB
In einer extrem tristen Jugendherberge
Irgendwo in den Alpen war das
Mein Sohn war zehn

Und der Regen troff sanft gegen die Mauern;
Unten versuchten junge Leute miteinander anzubandeln
Und ich wollte am liebsten aufhören zu leben,
Am Wegesrand stehen bleiben
Nicht mal mehr Bücher schreiben
Endlich aufhören eben.

Der Regen wird immer stärker, er fällt in langen Schwaden,
Dies Land ist dunkel und feucht;
Der Kampf kommt hier zur Ruhe, es ist einem,
                        als beträte man sein Grab;
Dies Land ist düster, es ist nicht einmal schön.

Bald fallen auch mir die Zähne aus,
Das Schlimmste steht noch bevor;
Ich gehe auf den Spiegel zu, langsam verwische ich mich;
Ich sehe den Abend kommen und die Welt sterben.

II

LE NOYAU DU MAL D'ÊTRE

Une pièce blanche, trop chauffée, avec de nombreux radiateurs (un peu : salle de cours dans un lycée technique).

La baie vitrée donne sur les banlieues modernes, préfabriquées, d'une zone semi-résidentielle.

Elles ne donnent pas envie de sortir, mais rester dans la pièce est un tel désastre d'ennui.
(Tout est déjà joué depuis longtemps, on ne continue la partie que par habitude.)

DER KERN DES DASEINSÜBERDRUSSES

Ein weißer, überheizter Raum mit zahlreichen Heizkörpern (wie ein Klassenzimmer in einer technischen Oberschule).

Das große Fenster geht auf moderne, aus Fertigteilen gebaute Vorstädte hinaus, eine halbwegs gute Wohngegend.

Sie flößen einem keine Lust zum Ausgehen ein, aber im Zimmer sitzen zu bleiben ist derart langweilig, eine Katastrophe.
(Alles ist schon seit langem abgekartet, man spielt die Partie nur aus Gewohnheit weiter)

La société est cela qui établit des différences
Et des procédures de contrôle
Dans le supermarché je fais acte de présence,
Je joue très bien mon rôle.

J'accuse mes différences,
Je délimite mes exigences
Et j'ouvre la mâchoire,
Mes dents sont un peu noires.

Le prix des choses et des êtres se définit par consensus
transparent
Où interviennent les dents,
La peau et les organes,
La beauté qui se fane.

Certains produits glycérinés
Peuvent constituer un facteur de surestimation partielle ;
On dit : « Vous êtes belle »
Le terrain est miné.

La valeur des êtres et des choses est usuellement d'une
précision extrême
Et quand on dit : « Je t'aime »
On établit une critique,
Une approximation quantique,
On écrit un poème.

TRANSPOSITION, KONTROLLE

Die Gesellschaft ist dasjenige, das für Unterschiede sorgt
Und für Kontrollprozesse
Ich lasse mich kurz im Supermarkt sehen,
Ich spiele meine Rolle sehr gut.

Ich stelle meine Unterschiede heraus,
Ich beschränkte meine Ansprüche
Und ich klappe den Kiefer auf,
Meine Zähne sind ein bisschen schwarz.

Der Preis der Dinge und der Wesen wird durch einen
transparenten Konsens definiert
An dem Zähne,
Haut und Organe mitwirken,
Die verblühende Schönheit.

Manche Produkte mit Glyzerin
Können für partielle Überschatzung sorgen;
Man sagt: »Sie sind schön«;
Das Gelände ist vermint.

Der Wert der Wesen und der Dinge ist gewöhnlich
äußerst präzise
Und wenn man sagt: »Ich liebe dich«
Schafft man eine Einordnung,
Eine Quanten-Annäherung,
Man schreibt ein Gedicht.

DIJON

Usuellement, en arrivant en gare de Dijon, j'atteignais un état de parfait désespoir. Rien, cependant, ne s'était encore produit ; il semblait encore flotter dans l'atmosphère, dans les bâtiments, comme une espèce d'hésitation ontologique. Les mouvements encore mal assurés du monde pouvaient s'arrêter d'un seul coup. Je pouvais, moi aussi, m'arrêter ; je pouvais rebrousser chemin, je pouvais repartir. Ou bien je pouvais tomber malade ; d'ailleurs, je me sentais malade. Le lundi matin, en traversant les rues en général brumeuses de cette ville à d'autres égards agréable, je pouvais encore croire que la semaine n'aurait pas lieu.

C'est vers huit heures moins dix que je passais devant l'église Saint-Michel. Il me restait quelques rues à parcourir, quelques centaines de mètres pendant lesquelles j'étais à peu près sûr de ne rencontrer personne. J'en profitais, sans cependant flâner. Je marchais lentement, mais sans détours, vers un espace de plus en plus restreint, vers un lieu de mieux en mieux délimité où allait se jouer pour moi, comme chaque semaine, l'enfer répétitif de la survie matérielle.

La machine à écrire pesait plus de vingt kilos,
Avec une grosse touche en forme d'éclair pour indiquer
le retour chariot.
C'est je crois Jean-Luc Faure qui m'avait aidé
à la transporter ;
« Pour écrire tes mémoires », se moquait-il sans méchanceté.

DIJON

Für gewöhnlich erreichte ich, wenn ich im Bahnhof von Dijon eintraf, einen Zustand vollkommener Hoffnungslosigkeit. Dabei war noch gar nichts passiert; in der Atmosphäre und den Gebäuden schien immer noch eine Art ontologisches Zögern zu treiben. Die noch unsicheren Bewegungen der Welt konnten möglicherweise schlagartig innehalten. Auch ich konnte innehalten; ich konnte umkehren, ich konnte wieder wegfahren. Oder ich konnte krank werden; übrigens fühlte ich mich krank. Wenn ich montagmorgens die meist nebligen Straßen dieser sonst schon angenehmen Stadt durchlief, konnte ich noch glauben, dass die Woche gar nicht stattfinden würde.

Gegen zehn vor acht kam ich an der Kirche Saint-Michel vorbei. Ich hatte noch einige Straßen hinter mich zu bringen, einige hundert Meter, auf denen ich weitgehend sicher war, niemandem zu begegnen. Ich nutzte das, allerdings ohne zu bummeln. Ich ging langsam, doch ohne Umwege zu machen, auf einen immer enger begrenzten Raum zu, auf einen immer deutlicher um zeichneten Ort, an dem sich für mich wie jede Woche die wiederkehrende Hölle des materiellen Überlebens ereignen sollte.

Die Schreibmaschine wog mehr als zwanzig Kilo,
Mit einer dicken Taste in der Form eines Blitzes, um den Zeilenumsteller zu betätigen.
Ich glaube, Jean-Luc Faure hatte mir geholfen, sie zu transportieren;
»Mit der kannst du deine Memoiren schreiben«, spottete er ohne Boshaftigkeit.

A Dourdan, les gens crèvent comme des rats. C'est du moins ce que prétend Didier, un secrétaire de mon service. Pour rêver un peu, je m'étais acheté les horaires du RER – ligne C. J'imaginais une maison, un bull-terrier et des pétunias. Mais le tableau qu'il me traça de la vie à Dourdan était nettement moins idyllique : on rentre le soir à huit heures, il n'y a pas un magasin ouvert ; personne ne vient vous rendre visite, jamais ; le week-end, on traîne bêtement entre son congélateur et son garage. C'est donc un véritable réquisitoire anti-Dourdan qu'il conclut par cette formule sans nuance : «A Dourdan, tu crèveras comme un rat.»
Pourtant j'ai parlé de Dourdan à Sylvie, quoique à mots couverts et sur un ton ironique. Cette fille, me disais-je dans l'après-midi en faisant les cent pas, une cigarette à la main, entre le distributeur de café et le distributeur de boissons gazeuses, est tout à fait le genre à désirer habiter Dourdan ; s'il y a une fille que je connaisse qui puisse avoir envie d'habiter Dourdan, c'est bien elle ; elle a tout à fait la tête d'une pro-dourdannaise.

Naturellement ce n'est là que l'esquisse d'un premier mouvement, d'un tropisme lent qui me porte vers Dourdan et qui mettra peut-être des années à aboutir, probablement même qui n'aboutira pas, qui sera contrecarré et anéanti par le flux des choses, par l'écrasement permanent des circonstances. On peut supposer sans grand risque d'erreur que je n'atteindrai jamais Dourdan ; sans doute même serai-je brisé avant d'avoir dépassé Brétigny. Il n'empêche, chaque homme a besoin d'un projet, d'un horizon et d'un ancrage. Simplement, simplement pour survivre.

In Dourdan sind die Menschen lebendig begraben. Das behauptet zumindest Didier, ein Sekretär in meiner Dienststelle. Um ein wenig zu träumen, hatte ich mir den Fahrplan des Vorort-Schnellzugs, Linie C, gekauft. Ich stellte mir ein Häuschen vor, einen Bullterrier und Petunien. Aber das Bild, das er mir vom Leben in Dourdan zeichnete, war deutlich weniger idyllisch: Man kommt abends um acht nach Hause, kein Geschäft ist mehr offen; niemand kommt einen besuchen, niemals; am Wochenende läuft man dämlich zwischen Tiefkühltruhe und Garage hin und her. Ein wahres Anti-Dourdan-Plädoyer, das er mit der ebenso harten Formel abschloss: »In Dourdan wärst du lebendig begraben.«
Trotzdem habe ich Sylvie von Dourdan erzählt, wenn auch nur in Andeutungen und ironisch. Dieses Mädchen, dachte ich, als ich mir nachmittags zwischen dem Kaffee- und dem Getränkeautomaten die Beine vertrat, eine Zigarette in der Hand, ist absolut eine von denen, die gern in Dourdan wohnen würden; wenn ich ein Mädchen kenne, das gern in Dourdan wohnen würde, dann sie; sie sieht absolut wie eine Pro-Dourdanierin aus.

Natürlich ist das hier nur die Andeutung einer ersten Bewegung, eines langsamen Tropismus, der mich auf Dourdan zu ausrichtet und vielleicht Jahre brauchen wird, um zu etwas zu führen, der wahrscheinlich sogar zu gar nichts führt, der vom Lauf der Dinge konterkariert und zunichte gemacht werden wird, von der fortwährenden zerstörerischen Wirkung der Umstände. Ohne großes Fehlerrisiko darf man annehmen, dass ich nie in Dourdan ankommen werde; wahrscheinlich bin ich schon kaputt, bevor ich über Brétigny hinaus bin. Macht nichts, jeder Mensch braucht ein Projekt, einen Horizont und einen Ankerpunkt. Ganz einfach, ganz einfach zum Überleben.

JE SUIS DIFFICILE à situer
Dans ce café (certains soirs, bal) ;
Ils discutent d'affaires locales,
D'argent à perdre, de gens à tuer.

Je vais prendre un café et la note ;
On n'est pas vraiment à Woodstock.
Les clients du bar sont partis,
Ils ont fini leurs Martinis,
Hi hi !

Ich bin schwierig einzuordnen
In diesem Café (an manchen Abenden, beim Ball);
Sie diskutieren über Lokales,
Über Geld, das zu verlieren ist, Leute, die zu töten sind.

Ich gehe einen Kaffee und die Rechnung holen;
Wir sind hier nicht wirklich in Woodstock.
Die Gäste von der Bar sind jetzt weg,
Sie haben ihre Martinis ausgetrunken,
Hi hi!

NICE

La promenade des Anglais est envahie de Noirs américains
Qui n'ont même pas la carrure de basketteurs ;
Ils croisent des Japonais partisans de la « voie du sabre »
Et des joggers semi-californiens ;

Tout cela vers quatre heures de l'après-midi,
Dans la lumière qui décline.

NIZZA

Die Promenade des Anglais ist voll amerikanischer Schwarzer
Die nicht mal die Statur von Basketball-Spielern haben;
Sie begegnen Japanern, die den »Weg des Säbels« verfolgen,
Und semi-kalifornischen Joggern;

All das gegen vier Uhr nachmittags,
Im sinkenden Licht.

L'ART MODERNE

Impression de paix dans la cour,
Vidéos trafiquées de la guerre du Liban
Et cinq mâles occidentaux
Discutaient de sciences humaines.

Moderne Kunst

Friedliche Stimmung im Hof
Schwarzhandel mit Videos vom Krieg im Libanon
Und fünf westliche Männchen
Diskutierten über Humanwissenschaft.

RECRÉER DES CÉRÉMONIES …
Psychologies effilochées.
Un jour nos visages vont lâcher,
Nous aurons de mornes agonies.

Les traits construits par l'existence
Éloignent du visage de Dieu.
Moments ratés, faussement intenses …
Nous ironisons, devenons vieux.

Rediffusés par satellite,
Les marathons caritatifs
Maintiennent un niveau émotif
Pas trop intense, mais un peu vif ;
Plus tard, il y a des films de bite.

WIEDER ZEREMONIEN SCHAFFEN …
Fadenscheinige Psychologien.
Eines Tages werden uns unsere Gesichter im Stich lassen,
Wir werden trostlose Agonien erleben.

Die von der Existenz gefügten Gesichtszüge
Entfernen vom Antlitz Gottes.
Missratene, fälschlich intensive Momente …
Wir ironisieren, werden alt.

Die Wohlfahrtsmarathons
Im Satellitenfernsehen
Halten ein emotionales Niveau
Kein sehr hohes, aber doch ein wenig lebhaft;
Später werden Fickfilme gesendet.

DES TOURISTES DANOISES glissaient leurs yeux de biche
Le long de la rue des Martyrs ;
Une concierge promenait ses caniches ;
La nuit avait de l'avenir.

Captés par le pinceau des phares,
Quelques pigeons paralysés
Achevaient leur vie, épuisés ;
La ville vomissait ses barbares.

On se décide à se distraire,
La nuit est bien chaude et bien moite
Tout à coup l'envie de se taire
Vous casse en deux. La vie étroite

Reprend ses droits. On ne peut plus.
Comment font ces gens pour bouger ?
Comment font tous ces inconnus ?
Je me sens seul, découragé.

DÄNISCHE TOURISTINNEN äugten wie Rehkühe
Die Rue des Martyrs hinab;
Eine Concierge führte ihre Pudel Gassi;
Die Nacht hatte eine Zukunft.

Vom Strahl der Scheinwerfer eingefangen
Ließen ein paar erschöpfte Tauben
Gelähmt ihr Leben;
Die Stadt erbrach ihre Barbaren.

Man beschließt, sich zu zerstreuen,
Die Nacht ist recht warm und recht feucht
Plötzlich packt einen die Lust zu schweigen
Und bricht einen mitten durch. Das schmale Leben

Macht seine Rechte wieder geltend. Man kann nicht mehr.
Wie schaffen es diese Leute nur, sich zu bewegen?
Wie schaffen es nur all diese Unbekannten?
Ich fühle mich verlassen, mutlos.

QUATRE FILLETTES montraient leurs seins
Sur la pelouse des Invalides
Et j'avais beaucoup trop de bide
Pour leur tenir un discours sain.

C'étaient sans doute des Norvégiennes,
Elles venaient sauter des Latins
Elles avaient de très jolis seins
Plus loin, il y avait trois chiennes

Au comportement placide
(En dehors des périodes de rut,
Les chiennes n'ont pas vraiment de but ;
Mais elles existent, douces et limpides.)

VIER JUNGE MÄDCHEN zeigten ihre Brüste
Auf dem Rasen vorm Hôtel des Invalides
Und ich hatte zu viel Bauch
Um sie mit gesundem Menschenverstand anzusprechen.

Wahrscheinlich waren es Norwegerinnen,
Sie kamen die Südländer bespringen
Sie hatten sehr hübsche Brüste
Weiter hinten waren drei Hündinnen

Die sich ganz friedlich benahmen
(Wenn sie nicht läufig sind,
Haben Hündinnen kein wahres Ziel;
Aber sie leben weiter, sanft und lauter.)

KIKI ! KIKI !

Retournerai-je en discothèque ?
Cela me paraît peu probable ;
A quoi bon de nouveaux échecs ?
Je préfère pisser sur le sable

Et tendre ma petite quéquette
Dans le vent frais de Tunisie,
Il y a des Hongroises à lunettes
Et je me branle par courtoisie.

Je plaisante au bord du suicide
Comme un fil près d'un trou d'aiguille
Et si j'étais un peu lucide
Je sauterais sur toutes les filles

Et je ferais n'importe quoi
Pour passer au moins une nuit,
Pour arracher un peu de joie
Auprès de ces corps qui s'enfuient.

AUF GEHT'S! AUF GEHT'S!

Soll ich wieder in eine Diskothek?
Das kommt mir eher unwahrscheinlich vor;
Wozu sollen erneute Niederlagen gut sein?
Lieber pisse ich in den Sand

Und halte meinen kleinen Schniepel
In den kühlen Wind Tunesiens,
Da sind Ungarinnen hinter Brillen
Und ich wichse höflichkeitshalber.

Ich scherze am Rande zum Selbstmord
Wie ein Faden vor dem Nadelöhr
Wenn ich etwas heller wäre
Würde ich sämtliche Mädchen anspringen

Und ich täte alles Mögliche
Um wenigstens in einer einzigen Nacht
Ein wenig Freude an mich zu reißen
Bei diesen Körpern, die sich entziehen.

Mon sexe est toujours là, il gonfle
Je le retrouve entre les draps
Comme un vieil animal, il ronfle
Quand je réutilise mon bras.

Que ma main connaît bien mon sexe !
Ce sont de très anciens rapports
Rien ne la fâche, rien ne la vexe,
Ma main me conduit à la mort.

Je me masturbe au Martini
En attendant demain matin
Je sais très bien que c'est fini,
Mais je ne comprends pas la fin

Et tout seul, dans la nuit, je bande
Autour d'un halo de douceur
J'ai envie de poser ma viande ;
Je me réveille, je suis en pleurs.

Mein Penis ist immer da, er schwillt
Ich finde ihn im Bett zwischen den Tüchern
Wie ein altes Tier, er schnarcht
Wenn ich mal wieder meinen Arm benutze.

Wie gut meine Hand meinen Penis kennt!
Das ist eine altvertraute Beziehung
Nichts kann sie ärgern, nichts sie verstimmen,
Meine Hand geleitet mich zum Tod.

Ich masturbiere zum Martini
Und warte auf morgen früh
Ich weiß sehr wohl, jetzt ist's vorbei,
Aber ich begreife das Ende nicht

Und ganz allein in der Nacht hab ich einen Ständer
Um einen Heiligenschein von Zärtlichkeit
Will ich mein Fleisch zur Ruhe betten;
Ich wache auf, tränenüberströmt.

CRÉATURE AUX LÈVRES ACCUEILLANTES
Assise en face, dans le métro,
Ne sois pas si indifférente :
L'amour, on n'en a jamais trop.

DU WESEN MIT EINLADENDEN LIPPEN
Das mir in der Metro gegenübersitzt
Sei nicht so gleichgültig:
Liebe hat man nie genug.

Dans les murs de la ville où le malheur dessine
Ses variations fragiles
Je suis seul à jamais, la ville est une mine
Où je creuse, docile.

IN DEN MAUERN DER STADT, an die das Unglück
Seine zerbrechlichen Variationen malt
Bin ich auf ewig allein, die Stadt ist eine Mine
In der ich schürfe, folgsam.

Il y a les dimanches,
J'essaie de te baiser
Tu es là, froide et blanche,
Sur le lit défroissé
Et tu prends ta revanche.

Une odeur de salpêtre
Remonte à mes narines
Et nos deux corps s'empêtrent,
Un peu plus tard j'urine
Et je vomis mon être.

Le samedi c'est bien,
On va au Monoprix
Et on compare les prix
Des enfants et des chiens,
Le samedi c'est bien.

Mais il y a les dimanches,
La durée qui se traîne
La peur qui se déclenche,
Un mouvement de haine
Il y a les dimanches ;
Lentement, je débranche.

Es gibt diese Sonntage,
Ich versuche dich zu vögeln
Du bist da, kalt und weiß,
Auf dem glattgezogenen Bett
Und du nimmst Rache.

Salpetergeruch
Steigt mir in die Nase
Und unsere beiden Körper verstricken sich,
Etwas später uriniere ich
und erbreche mein Sein.

Samstags ist es schön,
Wir gehen in den Supermarkt
Und vergleichen die Preise
Für Kinder und für Hunde,
Samstags ist es schön.

Aber es gibt auch die Sonntage.
Die Dauer schleppt sich hin
Die Angst bricht los,
Eine Regung des Hasses
Es gibt die Sonntage;
Langsam raste ich aus.

LA LIBERTÉ me semble un mythe,
Ou bien c'est un surnom du vide ;
La liberté, franchement, m'irrite,
On atteint vite à l'insipide.

J'ai eu diverses choses à dire
Ce matin, très tôt, vers six heures
J'ai basculé dans le délire,
Puis j'ai passé l'aspirateur.

Le non-être flotte alentour
Et se colle à nos peaux humides ;
De temps en temps on fait l'amour,
Nos corps sont las. Le ciel est vide.

DIE FREIHEIT scheint mir ein Mythos zu sein,
Oder ein Beiname der Leere;
Die Freiheit, offen gesagt, irritiert mich,
Bald ist alles reizlos.

Ich habe Verschiedenes zu sagen gehabt
Heute Morgen, sehr früh, gegen sechs
Bin ich in den Wahnsinn gekippt,
Dann habe ich Staub gesaugt.

Das Nicht-Sein schwebt ringsum
Und klebt sich an unsere feuchte Haut;
Von Zeit zu Zeit hat man Sex,
Unsere Körper sind matt. Der Himmel ist leer.

APRÈS AVOIR CONNU LA NATURE DE LA VIE
L'avoir examinée, soupesée en détail,
On aimerait détruire ce qui peut être détruit
Mais tout semble solide, et l'informe bétail
Des êtres humains poursuit
Son réengendrement, tant pis, vaille que vaille

Le matin de mes jours m'apparaît vaguement
Lorsque je suis assis, tordu devant ma table,
Tout semble s'effacer et se couvrir de sable,
Le matin de mes jours disparaît lentement.

NACHDEM MAN DIE NATUR DES LEBENS ERKANNT,
untersucht und jedes Detail erwogen hat,
Möchte man zerstören, was sich zerstören lässt
Aber alles wirkt solide, und die formlose Masse
Menschenvieh zeugt sich
Fort und immer fort, egal wie, da mag kommen, was will

Der Morgen meiner Tage tritt undeutlich vor mich hin
Wenn ich gekrümmt an meinem Tisch sitze,
Alles scheint sich zu verwischen, sich mit Sand zu bedecken,
Der Morgen meiner Tage verschwindet langsam wieder.

LA VÉRITÉ s'étend par flaques
Autour d'un étal de boucher
L'amour de Dieu est une arnaque,
Je regarde les chiens couchés

Qui happent des boyaux verdâtres
D'une gueule presque joyeuse,
Nous sommes des chiens idolâtres
Et je te sens très amoureuse.

Corps des femelles, sperme des mâles
Mélangés pour une oraison
Qu'on rend aux puissances infernales,
Je suis las de mes trahisons.

La vérité est dans le sang
Comme le sang est dans nos veines ;
Je m'approche, je te rentre dedans,
Tu n'as presque plus forme humaine.

DIE WAHRHEIT breitet sich in Pfützen aus
Um die Fleischbank eines Metzgers
Die Liebe Gottes ist Beschiss,
Ich schaue auf die liegenden Hunde

Deren fast fröhliche Schnauzen
Nach grünlichem Gekröse schnappen
Wir sind götzendienerische Hunde
Und ich spüre, dass du sehr verliebt bist.

Körper der Weibchen, Sperma der Männchen
Vermischt für ein Gebet
Das man den Höllenmächten darbringt,
Ich habe meine Verrate satt.

Die Wahrheit ist im Blut
So, wie das Blut in unseren Adern ist;
Ich komme näher, ich dringe in dich ein;
Du hast fast keine menschliche Gestalt mehr.

AVEC UN BRUIT UN PEU MOQUEUR,
La mer s'écrasait sur la plage ;
Dans l'attente du deuxième sauveur,
Nous ramassions des coquillages.

L'homme mort, il reste un squelette
Qui évolue vers la blancheur
Sous le poisson, il y a l'arête
Le poisson attend le pêcheur.

Sous l'être humain, il y a la brute
Configurée en profondeur
Mais au fond de sa vie sans but,
L'homme attend le deuxième sauveur.

MIT LEICHT SPÖTTISCHEM PLATSCHEN
Schlug das Meer auf den Strand;
Beim Warten auf den zweiten Erlöser
Sammelten wir Muscheln.

Vom toten Menschen bleibt ein Skelett
Das immer weißer wird
Im Fisch ist die Gräte
Der Fisch erwartet den Fischer.

Unter dem Menschenwesen ist das Vieh
Tief in ihm angelegt
Doch am Grunde seines Lebens ohne Ziel
harrt der Mensch auf den zweiten Erlöser.

L'INDIFFÉRENCE DES FALAISES
A notre destin de fourmis
Grandit dans la soirée mauvaise ;
Nous sommes petits, petits, petits.

Devant ces concrétions solides
Pourtant érodées par la mer
Monte en nous un désir de vide,
L'envie d'un éternel hiver.

Reconstruire une société
Qui mérite le nom d'humaine,
Qui conduise à l'éternité
Comme l'anneau va vers la chaîne.

Nous sommes là, la lune tombe
Sur un désespoir animal
Et tu cries, ma sœur, tu succombes
Sous la sagesse du minéral.

DIE GLEICHGÜLTIGKEIT DER KLIPPEN
Gegenüber unseren Ameisenschicksalen
Wächst in dem bösen Abend heran;
Wir sind klein, klein, klein.

Vor diesen festen Konkretionen
Die das Meer trotzdem zerfrisst
Steigt in uns die Sehnsucht nach Leere auf,
Die Lust auf einen ewigen Winter.

Eine Gesellschaft neu erbauen
Die es verdiente, menschlich genannt zu werden,
Die zur Ewigkeit führte
Wie der Ring zur Kette läuft.

Wir sind da, die Nacht bricht an
Über animalischer Verzweiflung
Und du schreist, meine Schwester, du erliegst
Der Weisheit des Minerals.

LA PERMANENCE DE LA LUMIÈRE
Me rend soudain mélancolique
Les serpents rampent dans la poussière,
Les chimpanzés sont hystériques.

Les êtres humains se font des signes,
Les ancolies fanent très vite
Je me sens soudain très indigne,
Je ne dispose d'aucun rite

Pour protéger mon existence
De la lutte et de la fournaise,
Cet univers où l'on se baise
N'est pas mon lieu de renaissance.

Pour perdre le sens du charnel
Il suffit de plisser les yeux
Je suis au centre du réel,
Je suis étranger à ces lieux.

DIE BESTÄNDIGKEIT DES LICHTS
Stimmt mich unvermittelt melancholisch
Die Schlangen kriechen im Staub,
Die Schimpansen sind hysterisch.

Die Menschenwesen geben einander Zeichen,
Die Akeleien welken sehr schnell
Ich fühle mich mit einem Mal sehr unwürdig,
Ich verfüge über kein Ritual

Um mein Dasein zu beschützen
Vor dem Kampf und der Glut,
Dieses Universum, in dem man fickt
Ist nicht der Ort meiner Wiedergeburt.

Um den Sinn des Fleischlichen zu verlieren
Genügt es, die Augen zuzukneifen
Ich bin im Mittelpunkt des Wahren,
Ich bin diesen Orten fremd.

PUISQU'IL FAUT que les libellules
Sectionnent sans fin l'atmosphère
Que sur l'étang crèvent les bulles,
Puisque tout finit en matière.

Puisque la peau du végétal,
Comme une moisissure obscène
Doit gangrener le minéral,
Puisqu'il nous faut sortir de scène

Et nous étendre dans la terre
Comme on rejoint un mauvais
Puisque la vieillesse est amère,
Puisque toute journée s'achève

Dans le dégoût, la lassitude,
Dans l'indifférente nature
Nous mettrons nos peaux à l'étude,
Nous chercherons le plaisir pur
Nos nuits seront des interludes
Dans le calme affreux de l'azur.

WEIL ES SO SEIN MUSS, dass die Libellen
Ohne Ende die Atmosphäre zerschneiden
Dass im Teich Blasen zerplatzen,
Weil alles als Stoff endet.

Weil die Haut des Vegetalen
Wie in obszöner Fäulnis
Das Mineral ausschwären muss,
Weil wir von der Bühne herunter

Und uns in die Erde legen müssen
Wie man in einen bösen Traum zurücktaucht
Weil das Alter bitter ist,
Weil jeder Tag zu Ende geht

In Ekel, in Überdruss,
In der gleichgültigen Natur
Werden wir unsere Haut untersuchen lassen,
Werden wir den reinen Genuss suchen
Werden unsere Nächte Zwischenspiele sein
In der schrecklichen Stille des Blau.

PLAYA BLANCA. Les hirondelles
Glissent dans l'air. Température.
Fin de soirée, villégiature.
Séjour en couple, individuel

Playa Blanca. Les girandoles
Enroulées sur le palmier mort
S'allument et la soirée décolle,
Les Allemandes traversent le décor.

Playa Blanca comme une enclave
Au milieu du monde qui souffre,
Comme une enclave au bord du gouffre,
Comme un lieu d'amour sans entrave.

Fin de soirée. Les estivantes
Prennent un deuxième apéritif,
Elles échangent des regards pensifs
Remplis de douceur et d'attente.

PLAYA BLANCA. Die Schwalben
Gleiten durch die Luft. Hitze.
Später Abend, Urlaub.
Ferien zu zweit, allein

Playa Blanca. Die Lichterketten
In den Wedeln der verdorrten Palme
Leuchten auf und der Abend beginnt,
Die deutschen Frauen überqueren den Schauplatz.

Playa Blanca wie eine Enklave
In der Mitte der leidenden Welt,
Wie eine Enklave am Rand des Abgrunds,
Wie ein Ort der ungehinderten Liebe.

Später Abend. Die Sommerfrischlerinnen
Nehmen den zweiten Aperitif,
Sie tauschen nachdenkliche Blicke
Voll Sanftheit und Erwartung.

Playa Blanca, le lendemain,
Quand les estivantes se dévoilent.
Seul au milieu des êtres humains,
Je marche vers le club de voile.

Playa Blanca. Les hirondelles
Glissent au milieu de la nature.
Dernier jour de villégiature,
Transfert à partir de l'hôtel
Lufthansa. Retour au réel.

Playa Blanca am nächsten Morgen,
Wenn die Sommerfrischlerinnen sich entblättern.
Allein inmitten der Menschenwesen
Gehe ich zum Segelklub.

Playa Blanca. Die Schwalben
Gleiten mitten durch die Natur.
Letzter Urlaubstag,
Transfer vom Hotel
Lufthansa. Rückkehr ins Wirkliche.

Nous roulons protégés dans l'égale lumière
Au milieu de collines remodelées par l'homme
Et le train vient d'atteindre sa vitesse de croisière
Nous roulons dans le calme, dans un wagon Alsthom,

Dans la géométrie des parcelles de la Terre,
Nous roulons protégés par les cristaux liquides
Par les cloisons parfaites, par le métal, le verre,
Nous roulons lentement et nous rêvons du vide.

A chacun ses ennuis, à chacun ses affaires ;
Une respiration dense et demi-sociale
Traverse le wagon ; certains voisins se flairent,
Ils semblent écartelés par leur part animale.

Nous roulons protégés au milieu de la Terre
Et nos corps se resserrent dans les coquilles du vide
Au milieu du voyage nos corps sont solidaires,
Je veux me rapprocher de ta partie humide.

Des immeubles et des gens, un camion solitaire :
Nous entrons dans la ville et l'air devient plus vif ;
Nous rejoignons enfin le mystère productif
Dans le calme apaisant d'usines célibataires.

WIR FAHREN beschützt im gleichförmigen Licht
Umgeben von Hügeln, die der Mensch geformt hat
Und der Zug hat eben seine Reisegeschwindigkeit erreicht
Wir fahren durch die Stille, in einem Waggon der Firma Alsthom,

Durch die geometrischen Parzellen der Erde,
Wir fahren durch Flüssigkristalle geschützt
Durch vollkommene Wände, durch Metall und Glas,
Wir fahren langsam und wir träumen von der Leere.

Jedem sein Überdruss, jedem seine Geschäfte;
Ein dichter, halb sozialer Atem
Weht durch den Wagen; manche Nachbarn wittern einander,
Sie scheinen von ihren tierischen Anteilen zerrissen.

Wir fahren beschützt inmitten der Erde
Und unsere Körper kauern sich in die Muschelschalen der Leere
Inmitten der Fahrt sind unsere Körper solidarisch,
Ich will näher an deine feuchten Teile.

Gebäude und Leute, ein einsamer Laster:
Wir fahren hinein in die Stadt und die Luft wird lebendiger;
Endlich sind wir wieder im produktiven Mysterium
In der befriedenden Stille alleinstehender Fabriken.

III

IL FAUT PRÉCISER que je n'étais pas seul dans la voiture,
J'étais avec la morte ;
La nuit tournait sans bruit, comme une porte,
Nous traversions les gonds du monde ;
Les cheveux de la nuit,
L'approche du solstice,
Le corps désemparé qui transpire et qui glisse

Et la nuit était bleue
Comme un poisson nerveux,
La nuit soufflait partout,
Dans tes yeux s'allumait un regard un peu fou.

La nuit était très floue,
La nuit était partout,
Les images glissaient
Comme un rêve de craie.

Cette nuit, nous avons aperçu l'autre face.

GENAUER GESAGT, war ich nicht allein in dem Wagen,
Auch die Tote war darin;
Die Nacht kreiste lautlos, wie eine Tür,
Wir durchquerten die Türangeln der Welt;
Die Haare der Nacht,
Das Nahen der Sonnenwende,
Der wehrlose Körper, der schwitzt und gleitet

Und die Nacht war blau
Wie ein nervöser Fisch,
Die Nacht blies überall,
Deine Augen flammten auf, ein bisschen verrückt.

Die Nacht war sehr verschwommen,
Die Nacht war überall,
Die Bilder glitten vorüber
Wie ein kreidiger Traum.

In jener Nacht haben wir die andere Seite gesehen.

Le puits

L'enfant technologique guide le corps des hommes,
Des sociétés aveugles
Jusqu'au bord de la mort,
Le corps gémit et beugle.

C'est un puits très profond
Et c'est un vide immense,
Très dense,
On voit les particules tournoyer, s'effacer.

L'enfant n'a jamais tort,
Il marche dans la rue
Il annonce la mort
Des âmes disparues.

Nous mourrons sans pardon
Et nous disparaîtrons
Dans l'ombre immense,
L'ombre d'absence

DER BRUNNEN

Das technologische Kind führt den Körper der Menschen,
Der blinden Gesellschaften
Bis an den Rand des Todes,
Der Körper ächzt und brüllt.

Das ist ein sehr tiefer Brunnen
Und eine unermessliche
Sehr dichte Leere,
Man sieht die Teilchen kreisen, verlöschen.

Das Kind hat immer Recht,
Es geht durch die Straße
Es kündigt den Tod
Der verschwundenen Seelen an.

Wir werden ohne Vergebung sterben
Und werden verschwinden
Im unermesslichen Schatten,
Dem Schatten der Abwesenheit

Où le vide sépare les particules glacées,
Nos corps
Morceaux de notre mort,
Trajectoires dérisoires de fragments déplacés.

Les dernières particules
Dérivent dans le silence
Et le vide articule
Dans la nuit, sa présence.

Wo die Leere die gefrorenen Teilchen voneinander trennt,
Unsere Körper
Stücke unseres Todes,
Lächerliche Umlaufbahnen ortloser Fragmente.

Die letzten Teilchen
Treiben in der Stille
Und die Leere formuliert
In der Nacht ihr Vorhandensein.

LES ENFANTS DE LA NUIT sont les étoiles …
Les étoiles rondes et lourdes du matin ;
Comme des gouttelettes chargées de sagesse, ils tournent
lentement sur eux-mêmes en émettant un chant légère-
ment vibrant.

Ils n'ont jamais aimé.

DIE KINDER DER NACHT sind die Sterne ...
Die runden, schweren Sterne des Morgens;
Wie weisheitssatte Tröpfchen kreisen sie langsam
auf der Stelle und lassen dabei einen sanft vibrie-
renden Gesang hören.

Sie haben nie geliebt.

Le premier jour de la seconde semaine, une pyramide apparut à l'horizon. Sa surface noire et basaltique nous parut d'abord parfaitement plane ; mais au bout de quelques heures de marche nous y décelâmes des nervures fines, arrondies, évoquant les circonvolutions d'un cerveau. Nous fîmes halte sous l'ombrage d'un bosquet de ficus. Geffrier remuait lentement les épaules, comme pour en chasser des insectes. Son visage allongé, nerveux, se ridait un peu plus chaque jour ; une expression d'angoisse y était maintenant constamment présente. La chaleur devenait insupportable.

AM ERSTEN TAG DER ZWEITEN WOCHE tauchte am Horizont eine Pyramide auf. Ihre schwarze, basaltene Oberfläche schien uns zunächst vollkommen eben; nach einigen Stunden Marsch erkannten wir feine, kurvenförmige Ziselierungen, ähnlich den Windungen eines Gehirns. Im Schatten eines Feigengebüschs machten wir Halt. Geffrier bewegte langsam die Schultern, als wollte er Insekten verjagen. Die Falten in seinem länglichen, nervösen Gesicht wurden mit jedem Tag tiefer; es trug jetzt ständig einen ängstlichen Ausdruck. Die Hitze wurde unerträglich.

Un manchot ou un borgne portant une plaie saignante,
Poudré et perruqué à la cour du roi Louis XIV ;
Il est courageux à la guerre.

Et monsieur de Villequiers continue ses petites expériences
sur les insectes …

EIN EINARMIGER oder Einäugiger mit einer blutenden Wunde,
Gepudert und mit einer Perücke am Hofe Ludwigs XIV.;
Er ist im Krieg ein mutiger Kämpfer.

Und Monsieur de Villequiers stellt weiter seine kleinen Experimente
mit den Insekten an ...

JE SUIS PEUT-ÊTRE, moi-même, un véhicule de Dieu,
Mais je n'en ai pas vraiment conscience
Et j'écris cette phrase « à titre expérimental ».

Qui suis-je ?
Tout cela ressemble à une devinette.

ICH BIN VIELLEICHT selbst sogar ein Gefäss Gottes,
Aber das ist mir nicht wirklich bewusst
Und ich schreibe diesen Satz »als Experiment«.

Wer bin ich?
All das gleicht einem Rätsel.

JE REFERME MON STYLO :
Suis-je content de ma phrase ?
Mon stylo n'est pas beau,
Je veux faire table rase.

Je me jette un regard dans la posture «artiste»
Et je trouve le spectacle à peu près répugnant.
J'ai beau être un artiste, je suis quand même très triste,
Entouré de salauds qui me montrent les dents
Stylo, salaud !

C'est mon stylo, éjaculant
Des semi-vérités poussives
Qui est responsable, maintenant :
«Je cherche un monde où les gens vivent».

ICH STECKE DIE KAPPE AUF MEINEN FÜLLER:
Bin ich mit meinem Satz zufrieden?
Mein Füller ist nicht schön,
Ich möchte Tabula rasa machen.

Ich schaue mich in »Künstlerpositur« an
Und ich finde den Anblick ziemlich widerlich.
Künstler hin oder her, ich bin trotzdem eine traurige Erscheinung,
Umgeben von Mistkerlen, die mir die Zähne zeigen
Füller, Mistkerl!

Mein Füller, der schale
Halbwahrheiten ejakuliert,
Der hat jetzt die Verantwortung:
»Ich suche eine Welt, in der die Leute leben.«

ÉCRIRE,
Communiquer avec les hommes,
Ils sont si loin.
Jouir
(Généralement, avec sa main).
Un peu d'amour, odeur de pomme,
Partir
(Très loin, si loin. Trop loin.)

Il existe un espace insécable et fécond
Où nous vivons unis dans notre dissemblance,
Tout y est silencieux, immobile et profond,
Il existe un espace au-delà de l'enfance.

Schreiben,
Mit den Menschen kommunizieren,
Sie sind so weit weg.
Einen Orgasmus haben
(Meist dank der eigenen Hand).
Ein bisschen Liebe, Apfelduft,
Fortgehen
(Sehr weit weg, so weit weg. Zu weit weg.)

Es gibt einen unteilbaren, fruchtbaren Raum
In dem wir leben, vereint in unserer Unähnlichkeit,
Alles dort ist Stille, Reglosigkeit und Tiefe,
Es gibt einen Raum jenseits der Kindheit.

LES NUAGES, LA NUIT

Venues du fond de mon œil moite,
Les images glissaient sans cesse
Et l'ouverture était étroite,
La couverture était épaisse.

Il aurait fallu que je voie
Mon avenir différemment,
Cela fait deux ans que je bois
Et je suis un bien piètre amant.

Ainsi il faut passer la nuit
En attendant que la mort lente,
Qui avance seule et sans bruit,
Retrouve nos yeux et les sente ;

Quand la mort appuie sur vos yeux
Comme un cadavre sur la planche,
Il est temps de chercher les dieux
Disséminés. Le corps s'épanche.

DIE WOLKEN, NACHTS

Die Bilder stiegen vom Grund meines feuchten Auges auf
Und glitten ohne Unterlass vorbei
Und die Öffnung war schmal
Die Decke war dick.

Ich hätte meine Zukunft
Anders sehen sollen,
Seit zwei Jahren trinke ich
Und ich bin ein jämmerlicher Liebhaber.

So heißt es die Nacht hindurch
Warten, dass der schleichende Tod,
Der still und allein sich nähert,
Unsere Augen aufspürt und sie befühlt;

Wenn der Tod einem auf die Augen drückt
Wie eine Leiche auf die Bahre,
Ist es Zeit, die zerstreuten
Götter zu suchen. Der Körper ergießt sich.

Nous avons établi un rapport diagonal
Sous la présence obscure, incertaine des bouleaux
Griffus, dans le silence impur et vertical
Qui nous enveloppait comme une eau
Lustrale.

Le désir entourait nos vies comme une flamme,
Nous avons accepté de lui servir de mèche
Je ne soupçonnais pas ce que peut une femme,
Loin de tes lèvres mes lèvres devenaient vite sèches
Et mortes.

Seul sur le canapé la nuit est étouffante,
Il me semble que la nuit est chaque fois plus sombre ;
Je craque une allumette ; la flamme jaillit, tremblante,
Les images du passé se croisent entre les ombres,
Mobiles.

Je revois les bouleaux,
Ce soir
Je me verse un peu d'eau,
Je suis seul dans le noir.

WIR HABEN EINE DIAGONALE BEZIEHUNG AUFGEBAUT
Unter der dunklen, ungewissen Gegenwart der
Krallenbewehrten Birken, im unreinen, vertikalen Schweigen
Das uns umhüllte wie ein Wasser, ein
Reinigendes.

Das Begehren umkreiste unsere Leben wie eine Flamme,
Wir dienten ihm willig als Docht
Ich hatte keine Ahnung gehabt, was eine Frau sein kann,
Fern deiner Lippen trockneten meine Lippen bald ein
Und verdorrten.

Allein auf dem Sofa, nimmt mir die Nacht die Luft,
Mir ist, als würde die Nacht jedesmal dunkler;
Ich reiße ein Streichholz an; die Flamme steigt auf, bebend,
Die Bilder der Vergangenheit begegnen einander zwischen den Schatten,
Regsam.

Ich sehe die Birken wieder,
Heute Abend
Ich gieße mir etwas Wasser ein,
Ich bin allein im Finsteren.

PARADE

Suspendu à ta parole,
Je marchais sur la place au hasard
Les cieux s'ouvraient, et je devais jouer un rôle
Quelque part.

Déployée, la cascade morte
Répandait des fragments de gel
Autour de mon artère aorte,
Je me sentais superficiel.

Volcan de paroles superflues,
Oubli des relations humaines
Un monde existe où l'on se tue,
Un monde existe entre nos veines.

L'aveu de ce monde est facile
Si l'on fait le deuil du bonheur
La parole n'est pas inutile,
Elle arrive juste avant l'heure

PARADE

An deinen Worten hängend
Streifte ich ziellos über den Platz
Die Himmel brachen auf, und ich musste eine Rolle spielen
Irgendwo.

Aufgefächert, verstreute der tote Springbrunnen
Eisbröckchen ringsum
In der Gegend meiner Aorta
Fühlte ich mich oberflächlich.

Vulkan überflüssiger Worte,
Vergessenheit der menschlichen Beziehungen
Es gibt eine Welt, in der man sich umbringt,
Es gibt eine Welt zwischen unseren Adern.

Das Zugeständnis dieser Welt fällt leicht
Wenn man um das Glück Trauer trägt
Das Wort ist nicht vergeblich,
Es kommt gerade noch vor der Stunde

Où les fragments de vie implosent,
Se rangent dans la sérénité
Au fond d'une bière décorée
Velours frappé, vieux bois, vieux rose.

Velours comme une limonade
Qui grésille en surface de peau,
Criblée comme une peau nomade
Qui se déchire en fins lambeaux

Dans un univers de parade,
Un univers où tout est beau
Dans un univers de parade,
Dans un univers en lambeaux.

In der die Bruchstücke des Lebens implodieren,
Sich heiter anordnen
Am Grunde eines dekorierten Bierglases
Geprägter Samt, altes Holz, Altrosa.

Samt wie eine Limonade
Die auf der Oberfläche der Haut prickelt,
Die durchlöchert ist wie die Haut eines Nomaden
Die zu feinen Fetzen zerreißt

In einem Parade-Universum,
Einem Universum, in dem alles schön ist
In einem Parade-Universum,
In einem Universum in Fetzen.

PASCALE

Elle tremblait en face de moi, et j'avais l'impression que le monde entier tremblait.
(Fiction émotionnelle, une fois de plus.)

PASCALE

Sie zitterte vor mir, und mir war, als würde
die ganze Welt zittern.
(Emotionale Fiktion, mal wieder.)

UNE FIN DE VIE SOLITAIRE,
Le chemin devient transparent
Et je n'ai plus un seul parent :
Une île enfoncée dans la mer.

EIN EINSAMES LEBENSENDE,
Der Weg wird transparent
Und ich habe keinen Verwandten mehr:
Eine im Meer versunkene Insel.

Nous n'avons plus beaucoup le temps de vivre,
Mon amour
Éteins donc la radio,
Pour toujours.

Tu as toujours vécu par procuration,
Sans friction
Et si lisse,
La vie s'en va et le corps glisse
Dans l'inconnu,
La vie est nue.

Essayons d'oublier les anciens adjectifs
Et les catégories ;
La vie est mal connue et nous restons captifs
De notions mal finies.

WIR HABEN NICHT MEHR LANGE ZEIT ZU LEBEN,
Meine Geliebte
Also mach das Radio aus,
Für immer.

Du hast immer nur durch andere gelebt,
Ohne Reibung
Und so glatt,
Das Leben geht fort und der Körper gleitet
Ins Unbekannte,
Das Leben ist nackt.

Versuchen wir, die alten Adjektive zu vergessen
Und die Kategorien;
Das Leben ist wenig bekannt und wir bleiben Gefangene
Schlecht ausgearbeiteter Begriffe.

Le temps sur Venise est bien lourd
Et je te sens un peu nerveuse :
Calme-toi un peu, mon amour,
Je te lécherai les muqueuses.

Il y aura des années à vivre
Si nous restons des enfants sages ;
Nous pouvons aussi lire des livres :
Regarde, mon amour, c'est l'orage.

J'aime ton goût un peu salé,
J'en ai besoin deux fois par jour ;
Je me laisse complètement aller :
Regarde, c'est la mort, mon amour.

DAS WETTER IN VENEDIG ist ziemlich drückend
Und ich spüre, dass du ein bisschen nervös bist:
Beruhige dich ein bisschen, meine Liebste,
Ich werde dir die Schleimhäute lecken.

Wir werden noch viele Jahre zu leben haben
Wenn wir brave Kinder bleiben;
Wir können auch Bücher lesen;
Schau, meine Liebste, da ist das Gewitter.

Ich mag deinen leicht salzigen Geschmack,
Ich brauche ihn zweimal pro Tag;
Ich lasse mich vollkommen gehen:
Schau, da ist der Tod, meine Liebste.

CRÉPUSCULE

Les masses d'air soufflaient entre les bosquets d'yeuses,
Une femme haletait comme en enfantement
Et le sable giflait sa peau nue et crayeuse,
Ses deux jambes s'ouvraient sur mon destin d'amant.

La mer se retira au-delà des miracles
Sur un sol noir et mou où s'ouvraient des possibles
J'attendais le matin, le retour des oracles,
Mes lèvres s'écartaient pour un cri invisible

Et tu étais le seul horizon de ma nuit ;
Connaissant le matin, seuls dans nos chairs voisines,
Nous avons traversé, sans souffrance et sans bruit,
Les peaux superposées de la présence divine

Avant de pénétrer dans une plaine droite
Jonchée de corps sans vie, nus et rigidifiés,
Nous marchions côte à côte sur une route étroite,
Nous avions des moments d'amour injustifié.

DÄMMERUNG

Die Luftmassen strömten zwischen den Steineichen-Hainen,
Eine Frau hechelte wie beim Gebären
Und der Sand peitschte ihre bloße, kreideweiße Haut,
Ihre Beine spreizten sich vor meinem Liebhaber-Schicksal.

Das Meer zog sich jenseits der Wunder zurück
Über einem schwarzen, weichen Boden, in dem sich Mögliches auftat
Ich wartete auf den Morgen, die Wiederkehr der Orakel,
Meine Lippen öffneten sich zu einem unsichtbaren Schrei

Und du warst der einzige Horizont meiner Nacht;
Wir kannten den Morgen, waren allein beieinander in unserem Fleisch,
Wir haben ohne Leiden und geräuschlos
Die aufeinander liegenden Häute der göttlichen Gegenwart durchquert

Bevor wir auf eine gerade Ebene hinauskamen
Besät mir leblosen Körpern, sie waren nackt und erstarrt,
Wir gingen Seite an Seite auf einer schmalen Straße,
Wir erlebten Momente ungerechtfertigter Liebe.

IV

« Que tout ce qui luit soit détruit. »

LES HABITANTS DU SOLEIL jettent sur nous un regard
impassible :
Nous appartenons définitivement à la Terre
Et nous y pourrirons, mon amour impossible,
Jamais nos corps meurtris ne deviendront lumière.

»Alles, was leuchtet, möge zerstört werden.«

DIE BEWOHNER DER SONNE bedenken uns mit einem ungerührten
Blick:
Wir gehören definitiv der Erde
Und werden auf ihr verrotten, meine unmögliche Liebe,
Nie werden unsere geschundenen Körper zu Licht.

Il n'y a pas de responsable
Au malheur de l'humanité,
Il y a un plan délimité
Qui unit les premières années, les promenades sous les
marronniers, les cartables.

En moi quelque chose s'est brisé
Hier au petit déjeuner,
Deux êtres humains de cent kilos
Parlaient estomac et radios.

Il lui disait : « Tu es méchante …
J'ai plus longtemps à vivre, alors fais-moi plaisir ».
Mais son vieux corps usé ne connaissait plus le plaisir,
Il ne connaissait que la honte,
La honte et la difficulté à se mouvoir,
Et l'étouffement dans la chaleur du soir.

Ainsi ces deux qui avaient vécu,
Qui avaient peut-être donné la vie,
Terminaient leur vie dans la honte.

ES GIBT KEINEN VERANTWORTLICHEN
Für das Unglück der Menschheit,
Es gibt einen beschränkten Plan
Der die ersten Jahre umfasst, Spaziergänge unter
Kastanienbäumen, Schulranzen.

In mir ist etwas zerbrochen
Gestern beim Frühstück,
Zwei Menschenwesen von hundert Kilo
Sprachen über Verdauung und Radios.

Er sagte zu ihr: »Du bist gemein …
Ich habe nicht mehr lang zu leben, also bitte, mir zuliebe.«
Aber sein alter, verbrauchter Körper kannte den Genuss nicht mehr,
Er kannte nur noch Scham,
Scham, und mühsame Bewegungen,
Und Atemnot in der abendlichen Hitze.

So beendeten diese beiden, die gelebt,
Die vielleicht Leben gegeben hatten,
Ihr Leben in der Scham.

Je ne savais que penser. Peut-être il ne faudrait
                                        pas vivre,
La recherche du plaisir est décrite dans les livres,
Elle conduit au malheur
De toute éternité.

Mais, cependant, ils étaient là, ce vieux couple.
«Il faut parfois se faire plaisir», disait-il
Et quand on voyait les replis de la chair de son épouse
On accordait la prostitution et le massage
A son vieux sexe usé.
«Il n'en avait plus, de toute façon, que pour quelques années. »

Entre ces deux êtres il n'y avait aucun espace
                                        de rêve,
Aucune manière de supporter la décrépitude
De faire de l'usure des corps une douce habitude
Ils existaient,
Ils demandaient la trêve,
Un espace de trêve
Pour leurs vieux corps usés,
La trêve toutes les nuits leur était refusée.

Ich wusste nicht, was ich davon halten sollte. Vielleicht sollte man
                                                          nicht leben,
Das Streben nach Genuss ist in Büchern beschrieben,
Es führt zum Unglück
In aller Ewigkeit.

Aber dennoch, sie waren da, dieses alte Paar.
»Manchmal muss man nett zu sich sein«, sagte er
Und wenn man sich die Faltenwürfe des Fleisches seiner Frau ansah
Gönnte man seinem alten, abgenutzten Geschlechtsteil
Prostitution und Massage.
»Er hatte sowieso nur noch ein paar Jahre.«

Zwischen diesen beiden Lebewesen war keinerlei Raum mehr
                                                          für Träume,
Keinerlei Art, den Verfall zu ertragen
Aus dem Niedergang der Körper eine sanfte Gewohnheit zu machen
Sie lebten,
Sie baten um eine Feuerpause,
Einen Raum für eine Feuerpause
Für ihre alten, abgenutzten Körper,
Die Feuerpause wurde ihnen allnächtlich verwehrt.

DJERBA « LA DOUCE »

Un vieillard s'entraînait seul sur le mini-golf
Et des oiseaux chantaient sans aucune raison ;
Était-ce le bonheur d'être au camping du Golfe ?
Était-ce la chaleur ? Était-ce la saison ?

Le soleil projetait ma silhouette noire
Sur une terre grise, remuée récemment ;
Il faut interpréter les signes de l'histoire
Et le dessin des fleurs, si semblable au serpent.

Un deuxième vieillard près de son congénère
Observait sans un mot les vagues à l'horizon
Comme un arbre abattu observe sans colère
Le mouvement musclé des bras du bûcheron.

Vers mon ombre avançaient de vives fourmis rousses,
Elles entraient dans la peau sans causer de souffrance ;
J'eus soudain le désir d'une vie calme et douce
Où l'on traverserait mon intacte présence.

»DAS MILDE« DJERBA

Ein Greis trainierte alleine Mini-Golf
Und Vögel sangen ohne jeden Grund;
Lag es am Glück, auf dem Campingplatz »du Golfe« zu sein?
Lag es an der Hitze? Oder an der Jahreszeit?

Die Sonne projizierte meine schwarze Gestalt
Auf graue Erde, die kürzlich bewegt worden war;
Man muss die Zeichen der Geschichte deuten
Und die Zeichnungen der Blumen, denen der Schlangen so ähnlich.

Ein zweiter Greis in der Nähe seines Artgenossen
Beobachtete wortlos die Wellen am Horizont
So, wie ein gefällter Baum ohne Wut
Die Regungen des Muskelarms des Holzfällers betrachtet.

Auf meinen Schatten krabbelten lebhafte rote Ameisen zu,
Sie drangen in die Haut ein, ohne Leiden zu verursachen;
Plötzlich sehnte ich mich nach einem stillen, sanften Leben
In dem man mich durchqueren und unversehrt lassen könnte.

SOIR SANS BRUME

Quand j'erre sans notion au milieu des immeubles
Je vois se profiler de futurs sacrifices
J'aimerais adhérer à quelques artifices,
Retrouver l'espérance en achetant des meubles

Ou bien croire à l'islam, sentir un Dieu très doux
Qui guiderait mes pas, m'emmènerait en vacances
Je ne peux oublier cette odeur de partance
Entre nos mots tranchés, nos vies qui se dénouent.

Le processus du soir articule les heures ;
Il n'y a plus personne pour recueillir nos plaintes ;
Entre les cigarettes successivement éteintes,
Le processus d'oubli délimite le bonheur.

Quelqu'un a dessiné le tissu des rideaux
Et quelqu'un a pensé la couverture grise
Dans les plis de laquelle mon corps s'immobilise ;
Je ne connaîtrai pas la douceur du tombeau.

ABEND OHNE DUNST

Wenn ich ohne Begriffe zwischen den Häusern irre
Sehe ich, wie sich zukünftige Opfer abzeichnen
Ich würde gern trickreiche Künste beherrschen,
Hoffnung schöpfen, indem ich Möbel kaufe

Oder an den Islam glauben, einen sehr sanften Gott verspüren
Der meine Schritte leiten würde
Ich kann diesen Geruch von Abschied nicht vergessen
Zwischen unseren abgeschnittenen Wörtern, unseren Leben,
                                        die sich entwirren.

Der Ablauf des Abends artikuliert die Stunden;
Niemand mehr ist da, unsere Klagen zu vernehmen;
Zwischen den nacheinander verlöschenden Zigaretten,
Umgrenzt der Ablauf des Vergessens das Glück.

Jemand hat den Vorhangstoff entworfen
Und jemand hat sich die graue Hülle ausgedacht
In deren Falten mein Körper erstarrt;
Ich werde das Labsal des Grabes nicht erleben.

Perception-Digestion

Quand la vie a cessé d'offrir de nouveaux mondes
Au regard étonné, quand la vie ne sait plus
Que ressasser des phrases étroites et peu fécondes
Quand les journées se meurent, quand s'arrêtent les flux

Au milieu des objets secs et définitifs
Un sac de perception se déplie et s'oriente,
Se gonfle et se dégonfle au rythme primitif
Des poumons fatigués par la journée violente.

Il n'y a pas de sagesse blottie au fond des corps
Et la respiration ne libère que du vide
En pleine digestion tout redevient effort,
Le poids léger des os nous entraîne vers le vide.

Le poids léger des os finit par nous offrir
Comme une alternative au choc des parasites
Qui se nourrissent de peau, et pourquoi tant souffrir?
Un peu de vie résiste et s'éteint dans la bite.

WAHRNEHMUNG-VERDAUUNG

Wenn das Leben aufgehört hat, dem erstaunten Blick
Immer neue Welten darzubieten, wenn das Leben nur noch
Schmale, kaum mehr fruchtbare Sätze wiederkäuen kann
Wenn die Tage sterben, wenn alles Fließen innehält

Entfaltet und orientiert sich inmitten der trockenen, endgültigen
Gegenstände ein Wahrnehmungssack,
Er bläht sich im primitiven Rhythmus
Der vom heftigen Tag erschöpften Lunge.

Es gibt keine Weisheit, die tief in den Körpern kauert
Und die Atmung setzt nur Leere frei
Mitten bei der Verdauung wird alles wieder zu Arbeit,
Das leichte Gewicht der Knochen zieht uns der Leere entgegen.

Das leichte Gewicht der Knochen bietet uns schließlich etwas
Wie eine Alternative zum Anprall der Parasiten
Die sich von Haut ernähren, und wozu so viel leiden?
Ein bisschen Leben widersteht und verlöscht im Schwanz.

LE VIEUX TARÉ

J'aurai quand même aimé, de temps en temps, ce monde,
L'imbécile clarté du soleil matinal
S'appliquant à tiédir mes chairs horizontales,
J'aurai parfois senti la douceur des secondes

La chaleur des étreintes et le plaisir connexe
De deux peaux qui s'effleurent ; les doigts timides et
blancs ;
J'aurai senti le cœur qui fait battre le sang
Et le flot de bonheur qui envahit le sexe.

A l'abri d'un transat, sous le ciel bleu et sombre,
J'aurai surtout songé à la fusion des corps
A ces petits moments qui précèdent la mort,
Au désir qui s'éteint quand s'allongent les ombres.

DER ALTE SACK

Immerhin werde ich, jedenfalls manchmal, diese Welt geliebt haben
Die blödsinnige Helligkeit der Morgensonne
Die mein liegendes Fleisch zu wärmen versucht
Ich werde manchmal die Sanftheit der Sekunden gespürt haben

Die Wärme der Umarmungen und den gleichzeitigen Genuss
Zweier Häute, die sich streifen; schüchterne, weiße
Finger;
Ich werde das Herz gespürt haben, das das Blut zum Pochen bringt
Und die Welle des Glücks, die in das Geschlechtsteil spült.

Im Schutz eines Liegestuhls, unter dem blauen, dunklen Himmel,
Werde ich vor allem an das Verschmelzen der Körper gedacht haben
An diese kleinen Momente, die dem Tod vorausgehen,
An das Begehren, das verlöscht, wenn die Schatten länger werden.

DÉCOUVRANT L'EXISTENCE HUMAINE
Comme on soulève un pansement
J'ai marché entre peur et haine
Journellement, journellement.

Les marronniers perdaient leurs feuilles,
Je perdais mes enchantements ;
Fin de journée, état de deuil :
Seul dans la cour, je serre les dents.

J'ai dû m'acheter un couteau
Le lendemain de mes quinze ans ;
J'aurais aimé être très beau :
Naturellement, naturellement.

ALS ICH DIE MENSCHLICHE EXISTENZ ENTDECKTE
So, wie man ein Pflaster abzieht
Bin ich zwischen Angst und Hass gewandert
Tagaus, tagein.

Die Kastanien verloren ihr Laub,
Ich verlor meine Begeisterungen;
Ende des Tages, Zustand von Trauer;
Allein auf dem Hof, beiße ich die Zähne zusammen.

Ich habe mir ein Messer kaufen müssen
Am Morgen nach meinem fünfzehnten Geburtstag;
Ich wäre gern sehr schön gewesen;
Natürlich, natürlich.

Il y avait un mur et un train,
Je pouvais te voir tous les jours
Je rêvais de faire l'amour :
Interrogations sans frein.

Présence de la voie ferroviaire
Qui rythmait mes déplacements,
Je marchais parfois à l'envers :
Cette impression d'avoir le temps,
A treize ans.

ES GAB EINE MAUER UND EINEN ZUG,
Ich konnte dich jeden Tag sehen
Ich träumte davon, Liebe zu machen:
Klassenarbeiten ununterbrochen.

Gegenwart des Schienenstrangs
Der meinen Ortsveränderungen den Takt gab,
Manchmal ging ich rückwärts:
Dieser Eindruck, man hätte Zeit,
Mit dreizehn.

La première fois que j'ai fait l'amour c'était sur une plage,
Quelque part en Grèce
La nuit était tombée
Cela paraît romantique
Un peu exagéré,
Mais cependant c'est vrai.

Et il y avait les vagues,
Toujours les vagues
Leur bruit était très doux,
Mon destin était flou.

La veille au matin j'avais nagé vers une île
Qui me paraissait proche
Je n'ai pas atteint l'île
Il y avait un courant,
Quelque chose de ce genre
J'ai mis longtemps à revenir
Et j'ai bien cru mourir
Je me sentais très triste
A l'idée de me noyer,
La vie me semblait longue

Et très ensoleillée
Je n'avais que dix-sept ans,
Mourir sans faire l'amour
Me paraissait bien triste.

Faut-il toucher la mort
Pour connaître la vie ?
Nous avons tous des corps
Fragiles, inassouvis.

Meinen ersten Sex hatte ich an einem Strand,
Irgendwo in Griechenland
Es war schon Nacht
Es klingt romantisch
Ein bisschen übertrieben,
Aber es ist wahr.

Und da waren die Wellen,
Immer die Wellen
Ihr Geräusch war sehr sacht,
Mein Schicksal war unbestimmt.

Morgens zuvor war ich zu einer Insel geschwommen
Die mir nah schien
Ich erreichte die Insel nicht
Es gab eine Strömung,
Etwas in dieser Art
Ich habe lange gebraucht zum Zurückschwimmen
Und dachte wirklich, jetzt müsse ich sterben
Ich war sehr traurig
Bei dem Gedanken, ich würde ertrinken,
Das Leben schien mir so lang

Und sehr sonnig
Ich war erst siebzehn,
Sterben, ohne jemals Sex gehabt zu haben
Kam mir sehr traurig vor.

Muss man an den Tod rühren
Um das Leben kennen zu lernen?
Wir alle haben zerbrechliche,
Ungestillte Körper.

Fin de soirée, les vagues glissent
Sur le métal du casino
Et le ciel vire à l'indigo,
Ta robe est très haut sur tes cuisses.

Camélia blanc dans une tresse
De cheveux lourds et torsadés,
Ton corps frémit sous les caresses
Et la lune est apprivoisée.

SPÄTER ABEND, die Wellen gleiten
Über das Metall des Casinos
Und der Himmel tönt sich indigo,
Dein Kleid sitzt sehr hoch an deinen Schenkeln.

Weiße Kamelie in einem Zopf
Schweres, gedrehtes Haar,
Dein Körper bebt unter den Liebkosungen
Und der Mond ist gezähmt.

CHEVEUX DÉNOUÉS
Elle me regarde avec confiance,
Corsage échancré.

Le lit est défait,
Des oiseaux marchent entre les cèdres ;
Nous sommes dimanche.

Visage dans la glace,
Il faut préparer le café
La poubelle est pleine.

Son regard durcit,
Sa main attrape la valise ;
Tout est de ma faute.

Le mendiant vomit,
Quelques passagers s'écartent
Le métro arrive.

GELÖSTES HAAR
Sie schaut mich vertrauensvoll an,
Ausgeschnittene Bluse.

Das Bett ist zerwühlt,
Vögel stelzen zwischen den Zedern;
Wir haben Sonntag.

Gesicht im Spiegel,
Der Kaffee muss gekocht werden
Der Mülleimer ist voll.

Ihr Blick verhärtet sich,
Ihre Hand greift den Koffer;
Alles ist meine Schuld.

Der Bettler erbricht sich,
Ein paar Passanten treten beiseite
Die Metro kommt.

L'aurore est une alternative,
Se disait souvent Annabelle
La journée était une dérive,
La nuit était souvent cruelle.

Entre les sandales de plastique
Que son père appelait des méduses
Glissaient des ombres égocentriques ;
Les organes fonctionnent, puis ils s'usent.

Chaque aurore était un adieu
Aux souvenirs de sa jeunesse,
Elle vivait sans avoir de lieu
Et l'errance était sa maîtresse.

Elle chantonnait dans la cuisine
En se préparant des salades.
Midi ! Devant sa vie en ruine,
Elle caressait son corps malade.

DAS MORGENROT IST EINE ALTERNATIVE,
Dachte Annabelle oft
Der Tag war ein Dahintreiben,
Die Nacht war oftmals grausam.

Zwischen den Plastiksandalen
Die ihr Vater Quallen nannte
Glitten egozentrische Schatten einher;
Die Organe funktionieren, dann verschleißen sie.

Jedes Morgenrot war ein Lebewohl
An ihre Jugenderinnerungen,
Sie lebte, ohne stattzufinden
Und das Umherirren war ihre Geliebte.

Sie trällerte in der Küche
Wenn sie sich Salat machte.
Mittag! Vor ihrem in Trümmern liegenden Leben
Streichelte sie ihren kranken Körper.

ELLE VIVAIT DANS UNE BONBONNIÈRE
Avec du fil et des poupées,
Le soleil et la pluie passaient sans s'arrêter sur sa petite
maison,
Il ne se passait rien que le bruit des pendules
Et les petits objets brodés
S'accumulaient pour ses neveux et ses nièces

Car elle avait trois sœurs
Qui avaient des enfants,
Depuis sa peine de cœur
Elle n'avait plus d'amant
Et dans sa bonbonnière
Elle cousait en rêvant.

Autour de sa maison il y avait des champs
Et de grands talus d'herbe,
Des coquelicots superbes,
Où elle aimait parfois à marcher très longtemps.

SIE LEBTE IN EINER BONBONNIÈRE
Mit Nähfaden und Puppen,
Sonne und Regen zogen vorbei, ohne bei ihrem Häuschen
innezuhalten,
Es ereignete sich außer dem Ticken der Standuhren nichts
Und die kleinen bestickten Stücke
Sammelten sich für ihre Neffen und Nichten

Denn sie hatte drei Schwestern
Die Kinder hatten,
Seit ihrem Herzeleid
Hatte sie keinen Liebsten mehr gehabt
Und in ihrer Bonbonnière
Nähte sie träumend.

Ihr Haus war von Feldern umgeben
Und von lang gestreckten, grasbewachsenen Böschungen,
Von wunderschönem Klatschmohn,
Und dort ging sie gern manchmal sehr lange spazieren.

Le soleil tombe
Et je résiste
Au bord des tombes,
Bravo l'artiste !

La lune est morte,
Morte de froid
Mais que m'importe !
Je suis le roi.

Le jour se lève
Comme un ballon
Qui monte et crève
A l'horizon,

Qui dégouline
De vapeurs grises,
Dans la cuisine
Je m'amenuise.

DIE SONNE SINKT
Und ich widerstehe
Am Rande der Gräber,
Bravo dem Künstler!

Der Mond ist tot,
Er ist erfroren
Doch was macht mir das aus!
Ich bin der König.

Der Tag steigt auf
Wie ein Ballon
Der auffliegt und platzt
Am Horizont,

Aus dem es tropft:
Graue Dämpfe,
In der Küche
Schwinde ich dahin.

DES VITRES COURBÉES SUR LA MER,
Et l'immense océan des plaines
S'étendait, gelé par l'hiver ;
En moi il n'y avait plus la haine.

Les branches courbées souplement
Sous la neige douce et mortelle
Tracent un nouvel encerclement ;
Un souvenir me revient d'elle.

ZUM MEER HIN GEWÖLBTE SCHEIBEN,
Und der unendliche Ozean der Ebenen
Erstreckte sich, vom Winter gefroren;
In mir war nur noch Hass.

Die unter dem sanften und tödlichen Schnee
Elastisch sich biegenden Zweige
Beschreiben eine erneute Umzingelung;
Mir kommt eine Erinnerung an sie hoch.

Souviens-toi mon petit le lac était si calme,
Chacun de tes sourires me remplissait le cœur
Tu m'as montré le cygne, un léger bruit de palmes
Et dans tes yeux levés je lisais le bonheur.

Erinnere dich mein Kleines der See lag so still,
Dein Lächeln erfreute jedes Mal mein Herz
Du hast mir einen Schwan gezeigt, sachtes Plätschern
                                    der Schwimmhäute
Und in deinen Augen las ich das Glück.

ON SE RÉVEILLAIT TÔT, rappelle-toi ma douce ;
La mer était très haute et moussait sous la lune
On partait tous les deux, on s'échappait en douce
Pour voir le petit jour qui flottait sur les dunes.

Le matin se levait comme un arbre qui pousse,
Dans la ville endormie nous croisions des pêcheurs
Nous traversions des rues sereines de blancheur

Bénédiction de l'aube, joie simple offerte à tous,
Nos membres engourdis frissonnaient de bonheur
Et je posais ma main à plat contre ton cœur.

WIR WACHTEN FRÜH AUF, erinnere dich, meine Süsse;
Die Flut stand sehr hoch und schäumte unter dem Mond
Wir gingen zusammen los, machten uns heimlich aus dem Staub
Um den frühen Morgen zu sehen, der über den Dünen trieb.

Der Tag brach an, wie ein Baum wächst,
In der schlafenden Stadt liefen wir Fischern über den Weg
Wir gingen über heiter-weiße Straßen;

Segnung der Frühe, schlichte Freude, allen dargeboten,
Unsere schlafstarren Glieder bebten vor Glück
Und ich legte meine Hand flach auf dein Herz.

CÉRÉMONIES, soleils couchants,
Puis la constellation du Cygne
Et la sensation d'être indigne,
L'impossibilité du chant.

Tes yeux sont le miroir du monde
Marie, maîtresse des douleurs,
Marie qui fait battre le cœur ;
A travers toi, la Terre est ronde.

Il n'y a pas de gouffre limite
Où hurlent les eaux de terreur,
Le temps se replie et habite
Dans l'espace de ta douceur,

Dans l'espace de ta splendeur,
Le temps se replie et habite
Une maison de pure douceur,
Le temps capturé par les rites

Nous enveloppe dans sa blancheur
Et sur nos lèvres unies palpite
Un chant muet, géométrique,

D'une déchirante douceur
Un accord parfait, authentique,
Un accord au fond de nos cœurs.

ZEREMONIEN, untergehende Sonnen,
Dann das Sternbild Schwan
Und die Empfindung, unwürdig zu sein,
Die Unmöglichkeit des Gesangs.

Deine Augen sind der Spiegel der Welt
Marie, Herrin der Schmerzen,
Marie, die das Herz schlagen lässt;
Durch dich ist die Erde rund.

Es gibt keinen äußersten Abgrund
In dem die Schreckenswasser kreischen,
Die Zeit faltet sich ein und wohnt
Im Raum deiner Sanftheit,

Im Raum deines Glanzes,
Die Zeit faltet sich ein und wohnt
In einem Haus aus reiner Sanftheit,
Die von den Ritualen eingefangene Zeit

Hüllt uns in ihre Weißheit
Und auf unseren vereinigten Lippen pocht
Ein stummer, geometrischer Gesang,

Von herzzerreißender Sanftheit
Ein vollkommener, authentischer Einklang,
Ein Einklang tief in unseren Herzen.

LES PINS, LES NUAGES ET LE CIEL
Se reflètent en foyers mobiles
Un bref croisement de pupilles,
Chacun repart vers l'essentiel.

La souple surface des prés
Imite la peau cervicale,
La journée s'agite et s'étale ;
Retour au calme. Le jeu diapré

Des masses d'air en flaques huileuses
Qui circulent entre les collines
Capte nos intuitions, les ruine ;
L'après-midi est amoureuse.

Les noyaux de conscience du monde
Circulent sur leurs pattes arrière
Entre l'espace et sa lisière ;
Chacun sait que la Terre est ronde.

Chacun sait qu'il y a l'espace
Et que son ultime surface
Est dans nos yeux, et nous ressemble
(Ou qu'il ressemble à nos cerveaux,
Comme le modèle au tableau) ;
Quand nous tremblons, le monde tremble.

DIE KIEFERN, DIE WOLKEN UND DER HIMMEL
Spiegeln sich in mobilen Heimen
Ein kurzes Kreuzen der Pupillen,
Jeder begibt sich wieder an das Wesentliche.

Die geschmeidige Oberfläche der Wiesen
Imitiert die Hirnhaut,
Der Tag regt sich und breitet sich aus;
Rückkehr zur Ruhe. Das schillernde Spiel

Der Luftmassen, wie Öllachen,
Die zwischen den Hügeln zirkulieren
Fängt unsere Intuitionen, ruiniert sie;
Der Nachmittag ist verliebt.

Die Kerne des Bewusstseins der Welt
Zirkulieren auf ihren Hinterbeinen
Zwischen dem Raum und seinem Saum;
Jeder weiß, dass die Erde rund ist.

Jeder weiß, dass es den Raum gibt
Und dass seine äußerste Oberfläche
In unseren Augen und uns ähnlich ist
(Oder dass sie unseren Hirnen ähnlich ist,
Wie das Modell dem Bild);
Wenn wir erzittern, zittert die Welt.

L'ANNEAU DE NOS DÉSIRS
Se formait en silence
Il y a eu un soupir,
L'écho d'une présence.

Quand nous traverserons la peur
Un autre monde apparaîtra
Il y aura de nouvelles couleurs
Et notre cœur se remplira
De souffles qui seront des senteurs.

DER RING UNSERER WÜNSCHE
Bildete sich still
Es gab ein Seufzen,
Den Widerhall einer Gegenwart.

Wenn wir die Angst durchqueren werden
Wird eine andere Welt erscheinen
Es wird neue Farben geben
Und unser Herz wird sich füllen
Mit Atemzügen, die Düfte sein werden.

LES SEMAINES DU CALENDRIER, les murs
Les lundis broyés sans murmure
Les semaines et leur succession
Inévitable et sans passion
Les semaines,
Les heures
Sans haine,
Meurent.

Soleil,
Soleil sur la mer
Plus rien n'est pareil ;
Matinées bleues en solitaire,
Je m'émerveille entre les pins ;
La journée a le goût d'une naissance sans fin ;
Alcools inépuisables, purifiés, de la Terre.

DIE WOCHEN DES KALENDERS, die Mauern
Ohne Gemurmel zermahlene Montage
Unbeirrbar, leidenschaftslos:
Die Woche und ihre Abfolge
Die Wochen,
Die Stunden
Sterben
Hasslos.

Sonne,
Sonne auf dem Meer
Nichts ist mehr gleich;
Blaue Morgen, einsiedlerisch,
Ich staune zwischen den Kiefern;
Der Tag schmeckt wie eine endlose Geburt;
Unerschöpfliche, gereinigte Alkohole der Erde.

IL Y A UN CHEMIN, une possibilité de chemin
Et il y a également un signe
Qui est donné à certains,
Mais certains sont indignes.

Entre les fleurs du canapé
Mes yeux se frayaient un chemin
Je renonce à me disculper,
Il y a l'œil et puis la main.

La possibilité de vivre
Commence dans le regard de l'autre
Tes yeux m'aspirent et je m'enivre,
Je me sens lavé de mes fautes.

La délivrance, je sens venir la délivrance
Et la vie libre, où se tient-elle ?
Certaines minutes sont vraiment belles,
Je reconnais mon innocence.

Es gibt einen Weg, einen möglichen Weg
Und es gibt auch ein Zeichen
Das manchen gegeben wird,
Aber andere sind unwürdig.

Zwischen den Blumen des Sofas
Bahnten meine Augen sich einen Weg
Ich verzichte darauf, mich zu entschuldigen,
Es gibt das Auge und dann die Hand.

Die Möglichkeit zu leben
Beginnt im Blick des anderen
Deine Augen saugen mich an und es steigt mir zu Kopf,
Ich fühle mich von meinen Verfehlungen reingewaschen.

Die Erlösung, ich spüre die Erlösung kommen
Und das freie Leben, wo bleibt es?
Manche Minuten sind wirklich schön,
Ich erkenne meine Unschuld.

17–23

Cette manière qu'avait Patrick Hallali de persuader les
filles
De venir dans notre compartiment
On avait dix-sept dix-huit ans
Quand je repense à elles, je vois leurs yeux qui brillent.

Et maintenant pour adresser la parole à une autre
personne, à une autre personne humaine
C'est tout un travail, une gêne
(Au sens le plus fort de ces mots, au sens qu'ils ont dans
les lettres anciennes).

Solitude de la lumière
Au creux de la montagne,
Alors que le froid gagne
Et ferme les paupières.

Jusqu'au jour de notre mort,
En sera-t-il ainsi?
Le corps vieilli n'en désire pas moins fort
Au milieu de la nuit

17–23

Diese Art, mit der Patrick Hallali die Mädchen überreden
konnte
In unser Abteil zu kommen
Wir waren siebzehn achtzehn
Wenn ich an sie denke, sehe ich ihre glänzenden Augen vor mir.

Und jetzt, wenn ich an eine andere Person das Wort richten will,
an eine andere menschliche Person
Ist es regelrecht Schwerarbeit, Hemmung
(Im stärksten Sinn dieser Worte, in dem Sinn, wie sie in den
alten Schriften gebraucht werden).

Einsamkeit des Lichts
In der Mulde des Gebirges,
Während die Kälte die Lider
Erobert und schließt.

Wird es so sein
Bis zum Tag unseres Todes?
Der gealterte Körper begehrt nicht weniger
Inmitten der Nacht

Corps tout seul dans la nuit,
Affamé de tendresse,
Le corps presque écrasé sent que renaît en lui une
déchirante jeunesse.

Malgré les fatigues physiques,
Malgré la marche d'hier
Malgré le repas « gastronomique »,
Malgré les litres de bière

Le corps tendu, affamé de caresses et de sourires,
Continue à vibrer dans la lumière du matin
Dans l'éternelle, la miraculeuse lumière du matin
Sur les montagnes.

L'air un peu vif, l'odeur de thym :
Ces montagnes invitent au bonheur
Le regard se pose, va plus loin :
Je m'efforce de chasser la peur.

Körper ganz allein in der Nacht,
Hungernd nach Zärtlichkeit,
Der fast erdrückte Körper spürt, dass in ihm eine
herzzerreißende Jugend wiedergeboren wird.

Trotz der physischen Erschöpfung,
Trotz des Marsches gestern
Trotz der »gastronomischen« Mahlzeit,
Trotz literweise Bier

Der gespannte, nach Liebkosungen und Lächeln hungernde Körper,
Bebt weiter im Licht des Morgens
Im ewigen, wundersamen Licht des Morgens
Auf den Bergen.

Die Luft etwas rege, der Thymianduft:
Diese Berge laden zum Glück ein
Der Blick verweilt, geht weiter in die Ferne:
Ich bemühe mich, die Angst zu verjagen.

Je sais que tout mal vient du moi,
Mais le moi vient de l'intérieur
Sous l'air limpide, il y a la joie
Mais sous la peau, il y a la peur.

Au milieu de ce paysage
De montagnes moyennes-élevées
Je reprends peu à peu courage,
J'accède à l'ouverture du cœur
Mes mains ne sont plus entravées,
Je me sens prêt pour le bonheur.

Ich weiß, dass alles Schlechte von mir kommt,
Aber das Ich kommt von innen
Unter der klaren Luft ist die Freude
Aber unter der Haut ist die Angst.

Inmitten dieser Landschaft
Aus mittelhohen Bergen
Fasse ich langsam wieder Mut,
Ich erlange die Öffnung des Herzens
Meine Hände sind nicht mehr gefesselt,
Ich fühle mich bereit für das Glück.

DOUCEMENT, LE CIEL BLEU CLAIR
Vire au bleu sombre
Et tes yeux sont toujours verts,
Tes yeux sont le miroir du monde.

Je le répète, il y a des moments parfaits. Ce n'est pas simple-
ment la disparition de la vulgarité du monde ; pas simplement
l'entente silencieuse dans les gestes si simples de l'amour, du
ménage et du bain de l'enfant. C'est l'idée que cette entente
pourrait être durable ; que rien, raisonnablement, ne s'oppose
à ce qu'elle soit durable. C'est l'idée qu'un nouvel organisme
est né, aux gestes harmonieux et limités ; un nouvel organisme
dans lequel nous pouvons, dès maintenant, vivre.

La nuit revient, fin de soleil
Sur la pinède inévitable
Et tes yeux sont toujours pareils,
La journée est complète et stable.

SACHT TÖNT SICH DER HELLBLAUE HIMMEL
Dunkelblau
Und deine Augen sind stets grün,
Deine Augen sind der Spiegel der Welt.

Ich sage es noch einmal, es gibt vollkommene Augenblicke.
Nicht nur einfach, dass die Vulgarität der Welt verschwindet;
nicht nur einfach schweigendes Einverständnis in den so schlich-
ten Bewegungen bei der Liebe, im Haushalt und beim Baden des
Kindes. Sondern die Vorstellung, dieses Einverständnis könnte
von Dauer sein; dass nichts, vernünftig angenommen, sich die-
ser Dauer entgegenstellt. Die Vorstellung, ein neuer Organismus
wäre geboren, mit harmonischen, umgrenzten Gesten; ein neuer
Organismus, in dem wir leben könnten, schon jetzt.

Die Nacht kehrt wieder, letzte Sonne
Auf dem unvermeidlichen Kiefernwald
Und deine Augen sind immer gleich
Der Tag ist vollendet, unveränderlich.

GESTALT DES LETZTEN UFERS

L'ÉTENDUE GRISE

DIE GRAUE FLÄCHE

Par la mort du plus pur
Toute joie est invalidée
La poitrine est comme évidée,
Et l'œil en tout connaît l'obscur.

Il faut quelques secondes
Pour effacer un monde.

Durch den Tod des Reinsten
Wird jegliche Freude zunichtegemacht
Wie ausgeweidet ist die Brust,
Und das Auge sieht in allem nur Dunkles.

Es dauert einige Sekunden,
Eine Welt auszulöschen.

Disparue la croyance
Qui permet d'édifier
D'être et de sanctifier,
Nous habitons l'absence.

Puis la vue disparaît
Des êtres les plus proches.

Verschwunden der Glaube,
Der zu erbauen erlaubt
Zu sein und zu heiligen
Wir bewohnen die Leere.

Dann verschwindet der Anblick
Der nächsten Wesen.

Je n'ai plus d'intérieur,
De passion, de chaleur ;
Bientôt je me résume
À mon propre volume.

Vient toujours un moment où l'on rationalise,
Vient toujours un matin au futur aboli
Le chemin se résume à une étendue grise
Sans saveur et sans joie, calmement démolie.

Ich habe kein Innenleben mehr,
Keine Leidenschaft, keine Wärme;
Bald bin ich nichts mehr als
Ein leerer räumlicher Körper.

Stets kommt der Moment, in dem man rationalisiert,
Stets kommt ein Morgen mit zerstörter Zukunft
Der Weg ist nichts mehr als eine graue Fläche
Ohne Reiz und ohne Freude, gemächlich demoliert.

L'arc aboli de tristesse élancée
Dans une lutte imperceptible, ultime
Se raffermit conjointement, minime ;
Les dés sont à demi lancés.

Der zerstörte Bogen aus schlanker Traurigkeit
Verfestigt sich zugleich, verschwindend klein,
In unmerklichem, äußerstem Kampf;
Die Würfel sind erst halb gefallen.

L'épuisement central d'une nuit sans étoiles
Adornée de néant
(L'oubli compatissant a déposé son voile
Sur les choses et les gens).

L'élément bizarre
Dispersé dans l'eau
Réveille la mémoire,
Remonte au cerveau
Comme un vin bulgare.

Die zentrale Ermattung einer sternlosen
Vom Nichts gezierten Nacht
(Das gnädige Vergessen hat seinen Schleier
Über die Dinge und die Menschen gelegt).

Die bizarre Substanz,
Im Wasser aufgerührt,
Weckt die Erinnerung,
Steigt zu Kopf
Wie bulgarischer Wein.

Dans le matin, chaste et tranquille,
L'espoir suspendu sur la ville
Hésite à rejoindre les hommes.

(Une certaine qualité de joie
Au milieu de la nuit
Est précieuse.)

Am Morgen, unschuldig und still,
Zögert die über der Stadt hängende Hoffnung,
Sich wieder zu den Menschen zu gesellen.

(Eine gewisse Art von Freude
Mitten in der Nacht
Ist kostbar.)

Mon ancienne obsession et ma ferveur nouvelle,
Vous frémissez en moi pour un nouveau désir
Paradoxal, léger comme un lointain sourire
Et cependant profond comme l'ombre essentielle.

(L'espace entre les peaux
Quand il peut se réduire
Ouvre un monde aussi beau
Qu'un grand éclat de rire.)

Meine alte Obsession und meine neue Glut,
Ihr bebt in mir für ein neues Begehren,
Paradox, leicht wie ein fernes Lächeln
Und dabei doch tiefgründig, dem essentiellen
                                       Schatten gleich.

(Der Abstand zwischen Haut und Haut,
Wenn er sich verringern kann,
Öffnet eine Welt, so schön
Wie ein lautes, herzliches Lachen.)

Un champ d'intensité constante
Balaie les particules humaines
La nuit s'installe, indifférente ;
La tristesse envahit la plaine.

Où retrouver le jeu naïf ?
Où et comment ? Que faut-il vivre ?
Et à quoi bon écrire des livres
Dans le désert inattentif ?

Les serpents rampent sous le sable
(Toujours en direction du Nord)
Rien dans la vie n'est réparable,
Rien ne subsiste après la mort.

Chaque hiver a son exigence
Et chaque nuit sa rédemption
Et chaque âge du monde, chaque âge a sa souffrance,
S'inscrit dans la génération.

Ein Feld von konstanter Intensität
Fegt die menschlichen Teile hinweg
Die Nacht senkt sich, ganz Gleichgültigkeit;
Die Trauer erobert die Ebene.

Wo das unverdorbene Spiel wiederfinden?
Wo und wie? Wie soll man leben?
Und wozu soll es gut sein, Bücher zu schreiben
In der achtlosen Wüste?

Die Schlangen kriechen unterm Sand
(Immer in Richtung Norden)
Nichts im Leben ist wiedergutzumachen,
Nichts bleibt übrig nach dem Tod.

Jeder Winter hat seine Notwendigkeiten
Und jede Nacht ihre Erlösung
Und jedes Alter der Welt, jedes Alter hat sein Leiden
Und schreibt sich der Generation ein.

Ainsi, générations souffrantes,
Tassées comme des puces d'eau
Essaient de compter pour zéro
Les capteurs de la vie absente

Et toutes échouent, sans trop de drame,
La nuit va bien recouvrir tout
Et l'épuisement monogame
D'un corps enfoncé dans la boue.

Und so trachten leidende Generationen,
Zusammengepfercht wie Wasserflöhe,
Die Sensoren des abwesenden Lebens
Für null und nichtig anzusehen.

Und alle scheitern sie ohne großes Drama,
Die Nacht deckt bald all das gut zu
So auch die monogame Erschöpfung
Eines Körpers, der feststeckt im Morast.

ABSENCES DE DURÉE LIMITÉE

I.

Dresser un bilan de la journée d'hier me demande un réel courage,
tant j'ai peur en écrivant de mettre au jour des choses peut-être
terribles qui feraient mieux de rester au vague dans mon cerveau.

J'ai envie de faire n'importe quoi pour me sortir ne serait-ce que
quelques heures de ce trou où j'étouffe.

Mon cerveau est entièrement imprégné de ses vapeurs cruelles, fer
de lampe et basses besognes sous le clignotement incertain d'un
signal d'alarme.
Tout le reste est bien fade comparé à ce jeu de mort.

Devant le paysage blanc je me sens abstrait, fils vidés de la tête,
yeux mous et clignotants comme des phares de sirène.

Le 18 : j'ai franchi un nouveau palier de l'horreur. Je n'ai qu'une
hâte, c'est de quitter tous ces gens. Vivre autant que possible en
dehors des autres.

ABSENCEN VON BEGRENZTER DAUER

I.

Ein Fazit des gestrigen Tages zu ziehen verlangt mir wirklichen Mut ab, so sehr fürchte ich mich davor, beim Schreiben schreckliche Dinge zutage zu bringen, die besser in der Vagheit meines Hirns geblieben wären.

Gern würde ich irgendetwas tun, das mich, und sei es nur für ein paar Stunden, aus diesem Loch befreit, in dem ich ersticke.

Mein Hirn ist ganz und gar von seinen grausamen Dämpfen durchdrungen, Eisenlampe und niedere Arbeiten unter dem unsicheren Blinken einer Warnleuchte.
Verglichen mit diesem Spiel auf Leben und Tod ist alles Übrige reichlich fad.

Vor der weißen Landschaft komme ich mir abstrakt vor, die Drähte aus dem Kopf gezogen, Augen träge und blinkend wie Signallampen.

Der 18.: Ich habe ein neues Niveau des Schreckens erreicht. Ich will nur noch eines: all diese Menschen hinter mir lassen. So weit wie möglich außerhalb von allen anderen leben.

II.

Maintenant je souffre toute la journée, doucement, légèrement, mais avec quelques horribles pointes qui s'enfoncent dans le cœur, imprévisibles et inévitables, un instant je me tords de souffrance, et puis je reviens en claquant des dents à la douleur normale.

La sensation d'un arrachement d'organe si j'arrête d'écrire. Je mériterais l'abattoir.

Victoire! Je pleure comme un petit enfant! Les larmes coulent! Elles coulent!...

J'ai connu vers onze heures quelques minutes de bonne entente avec la nature.

Des lunettes noires dans un bouquet d'herbe.

Emmailloté de bandes, devant un yaourt, dans une centrale sidérurgique.

J'attends que la douleur passe en tamponnant à la Betadine Scrub.

On jette un dé, milord Snake, il suffit de jeter un dé.

II.

Ich leide jetzt den ganzen Tag lang unter milden, leichten Beschwerden, die jedoch hin und wieder fürchterliche Spitzen in mein Herz bohren, unvorhersehbar und unausweichlich, einen Moment lang winde ich mich vor Qual, und gleich darauf kehre ich zähneklappernd in den normalen Schmerz zurück.

Das Gefühl, es reißt mir die Eingeweide heraus, wenn ich aufhöre zu schreiben. Ich bin reif für die Schlachtbank.

Sieg! Ich weine wie ein Kleinkind! Die Tränen fließen! Sie fließen! ...

Gegen elf Uhr habe ich einige Minuten des Einvernehmens mit der Natur erfahren.

Eine Sonnenbrille in einem Strauß Gräser.

Mit Bandagen umwickelt, vor einem Joghurt, in einem Stahlwerk.

Ich warte darauf, dass der Schmerz vorbeigeht, während ich mich mit Betaisodona betupfe.

Man wirft einen Würfel, Mylord Snake, es reicht aus, einen Würfel zu werfen.

III.

Et la suite. Rien de très intéressant. Que pourrais-je dire qui ne
me soit personnel?
Comme sur le clavier de mon intelligence les équations de
Maxwell reviennent en variations inutiles, je décide de rallumer
une cigarette.
Ce soir, j'ai décidé de passer à trois comprimés d'Halcion. L'évo-
lution est sans doute inéluctable.
Dans un sens, il est plutôt agaçant de constater que je conserve la
faculté d'espérer.

III.

Und dann. Nichts von besonderem Interesse. Was kann ich schon sagen, ohne persönlich zu werden?

Als die Maxwell-Gleichungen in unbrauchbaren Variationen auf der Tastatur meiner Intelligenz wiederkehren, beschließe ich, noch eine Zigarette anzuzünden.

Heute Abend habe ich beschlossen, auf drei Halcion-Tabletten zu steigern. Die Evolution ist zweifellos unumgänglich.

Eigentlich ist es ziemlich ärgerlich, festzustellen, dass ich immer noch imstande bin zu hoffen.

Loin du bonheur.

Être dans un état qui s'apparente au désespoir, sans pouvoir cependant y accéder.

Une vie à la fois compliquée et sans intérêt.

Non relié au monde.

Paysages inutiles du silence.

Un amour. Un seul. Violent et définitif. Brisé.

Le monde est désenchanté.

Tout ce qui a la nature de l'apparition, cela a la nature de la cessation. Oui. Et alors ? Je l'ai aimée. Je l'aime. Dès la première seconde cet amour était parfait, complet. On ne peut pas vraiment dire que l'amour apparaisse ; plutôt, il se manifeste. Si l'on croit à la réincarnation, le phénomène devient explicable. Joie de retrouver quelqu'un qu'on a déjà rencontré, qu'on a toujours rencontré, à jamais, dans une infinité d'incarnations antérieures.
Si l'on n'y croit pas, c'est un mystère.

FERN VOM GLÜCK

Fern vom Glück.

In einem Zustand leben, der der Verzweiflung verwandt ist, ohne sie jedoch zu erreichen.

Ein Leben, zugleich kompliziert und uninteressant.

Ohne Verbindung mit der Welt.

Zwecklose Landschaften des Schweigens.

Eine Liebe. Eine einzige. Gewaltsam und endgültig. Zerbrochen.

Die Welt ist entzaubert.

Alles, was existiert, vergeht auch wieder. Ja. Und weiter? Ich habe sie geliebt. Ich liebe sie. Diese Liebe war von der ersten Sekunde an perfekt und vollkommen. Es ist eigentlich nicht ganz richtig zu sagen, dass Liebe existiert; sie manifestiert sich eher. Glaubt man an Reinkarnation, wird das Phänomen erklärbar. Die Freude, jemanden wiederzufinden, dem man schon einmal begegnet ist, dem man immer wieder begegnet ist, ewiglich, in einer unendlichen Zahl früherer Inkarnationen.
Glaubt man nicht daran, ist es ein Mysterium.

Je ne crois pas à la réincarnation. Ou, plutôt, je ne veux pas le savoir.

Perdre l'amour, c'est aussi se perdre soi-même. La personnalité s'efface. On n'a même plus envie, on n'envisage même plus d'avoir une personnalité. On n'est plus, au sens strict, qu'une souffrance.

C'est également, selon des modalités différentes, perdre le monde. Le lien se casse tout de suite, dès les premières secondes. L'univers est d'abord étranger. Puis, peu à peu, il devient hostile. Lui aussi est souffrance. Il n'y a plus que souffrance.

Et on espère toujours.

La connaissance n'apporte pas la souffrance. Elle en serait bien incapable. Elle est, exactement, insignifiante.
Pour les mêmes raisons, elle ne peut apporter le bonheur.
Tout ce qu'elle peut apporter, c'est un certain soulagement. Et ce soulagement, d'abord très faible, devient peu à peu nul.

Ich glaube nicht an Reinkarnation. Oder besser gesagt, ich will nicht wissen, ob es sie gibt.

Die Liebe zu verlieren heißt auch, sich selbst zu verlieren. Die Persönlichkeit wird ausgelöscht. Man wünscht sich nicht einmal mehr eine Persönlichkeit, man kann sich gar nicht mehr vorstellen, eine zu haben. Man besteht, streng genommen, nur noch aus Leid.

Es bedeutet unter Umständen auch, die Welt zu verlieren. Das Bindeglied bricht sofort, schon in den ersten Sekunden. Das Universum wirkt zunächst fremd. Dann wird es, Stück für Stück, feindselig. Es selbst ist Leid. Es gibt nichts mehr als Leid.

Und man hofft immer noch.

Wissen bringt kein Leid mit sich. Es ist nicht dazu in der Lage. Es ist, um genau zu sein, ohne jede Bedeutung.
Aus denselben Gründen kann es auch kein Glück mit sich bringen.
Alles, was es mit sich bringen kann, ist eine gewisse Linderung. Und diese Linderung, von Beginn an sehr schwach, wird nach und nach zunichte.

En conclusion, je n'ai pu découvrir aucune raison de rechercher la connaissance.

Impossibilité soudaine – et apparemment définitive – de s'intéresser à une quelconque question politique.

Tout ce qui n'est pas purement affectif devient insignifiant. Adieux à la raison. Plus de tête. Plus qu'un cœur.

Es bleibt festzuhalten, dass sich nicht ein einziger Grund ausmachen lässt, nach Wissen zu streben.

Die jähe – und offenbar endgültige – Unfähigkeit, sich für jedwede Art politischer Fragen zu interessieren.

Alles nicht rein Affektive wird bedeutungslos. Adieu, Vernunft. Kein Kopf mehr. Nichts als ein Herz.

L'amour, les autres.

La sentimentalité améliore l'homme, même quand elle est malheureuse. Mais, dans ce dernier cas, elle l'améliore en le tuant.

Il existe des amours parfaits, accomplis, réciproques et durables. Durables dans leur réciprocité. C'est là un état suprêmement enviable, chacun le sent ; pourtant, paradoxalement, ils ne suscitent aucune jalousie. Ils ne provoquent aucun sentiment d'exclusion, non plus. Simplement, ils sont. Et, du même coup, tout le reste peut être.

Depuis sa disparition, je ne peux plus supporter que les autres se séparent ; je ne peux même plus supporter l'idée de la séparation.

Ils me regardent comme si j'étais en train d'accomplir des actes riches en enseignements. Tel n'est pas le cas. Je suis en train de crever, c'est tout.

Ceux qui ont peur de mourir ont également peur de vivre.

Die Liebe, die anderen.

Sentimentalität verbessert den Menschen, selbst da, wo sie ihn unglücklich macht. Doch in diesem Fall verbessert sie ihn, indem sie ihn tötet.

Liebe kann perfekt, vollendet, gegenseitig und dauerhaft sein. Dauerhaft in ihrer Gegenseitigkeit. Ein außerordentlich beneidenswerter Zustand, und jeder spürt das; doch paradoxerweise erregt eine solche Liebe keinerlei Eifersucht. Sie verursacht auch kein Gefühl des Ausgeschlossenseins. Sie *ist* einfach. Und zugleich darf auch alles andere sein.

Seit ihrem Verschwinden kann ich es nicht mehr ertragen, dass andere sich trennen; nicht einmal das Konzept der Trennung kann ich mehr ertragen.

Sie betrachten mich als einen, der im Begriff ist, große, an Weisheit reiche Taten zu vollbringen. Das ist nicht der Fall. Ich bin im Begriff zu krepieren, das ist alles.

Die sich vor dem Tod fürchten, fürchten sich auch vor dem Leben.

J'ai peur des autres. Je ne suis pas aimé.

La mort, si malléable.

Ich fürchte mich vor den anderen. Ich werde nicht geliebt.

Der Tod, so anpassungsfähig.

WEEK-END PROLONGÉ EN ZONE 6

VERLÄNGERTES WOCHENENDE
IN ZONE 6

Je tenais des propos concernant les teckels,
À l'époque
Je voulais établir quelque chose d'univoque
(Un nouveau paradigme, un projet essentiel).

Je me sentais rempli de faim philosophique
Entre les herbes
Dans le jardin de mes après-midi pathétiques ;
Le ciel était superbe.

Ich führte Reden zum Thema Dackel,
Damals
Wollte ich etwas Eindeutiges zustande bringen
(Ein neues Paradigma, ein wesentliches Projekt.)

Ich war von philosophischem Hunger erfüllt
Inmitten der Gräser
Des Gartens meiner pathetischen Nachmittage;
Der Himmel war grandios.

Connaissant de la vie ce qui toujours décline,
Quand tous les chemins mènent à des chambres fermées
(Je ne connaissais pas en moi
Cette affreuse obstination d'être
Fût-ce en dehors de toute joie,
De tout plaisir, de tout bien-être,
Cette imbécile et sourde force
Qui vous pousse à continuer
Alors que chaque instant renforce
L'évidence de diminuer).

Im Wissen um das, was im Leben stets verfällt,
Wenn alle Wege zu verschlossenen Kammern führen
(Ich kannte in mir nicht
Diese furchtbare Beharrlichkeit des Seins
Auch fern noch aller Freude,
Allen Genusses, allen Wohlbehagens,
Diese idiotische und taube Kraft,
Die einen zum Weitermachen treibt,
Wo doch in jedem Augenblick
Der Niedergang klarer ersichtlich wird.)

Dans la contradiction qui remplit nos matins
Nous respirons, c'est vrai, et le ciel est paisible ;
Mais nous ne croyons plus que la vie soit possible,
Nous n'avons plus vraiment l'impression d'être humains.

L'enfance est terminée, les jeux sont répartis ;
À force d'habitude et de renonciation,
Nous avons étouffé les cris de la passion ;
Nous nous acheminons vers la fin de partie.

La poussière tournoie sur le sol gris, mouvante ;
Un coup de vent surgit et purifie l'espace.
Nous avons voulu vivre, il en reste des traces ;
Nos corps au ralenti sont figés dans l'attente.

Im Widerspruch, der unsere Morgen erfüllt
Atmen wir, wohl wahr, und der Himmel ist friedvoll;
Doch wir glauben nicht mehr daran, dass das Leben möglich ist,
Uns ist nicht mehr wirklich so, als wären wir menschliche Wesen.

Die Kindheit ist vorbei, die Spiele sind gemacht;
Vor lauter Gewohnheit und Verzicht
Haben wir die Schreie der Leidenschaft erstickt;
Wir bewegen uns aufs Endspiel zu.

Der Staub kreiselt auf dem grauen Boden, wehend;
Ein Windstoß kommt auf und reinigt den Raum.
Wir hatten leben wollen, es bleiben Spuren davon;
Unsere verlangsamten Körper sind im Warten erstarrt.

Être un petit chien blanc qui court sans se lasser
après la même branche,
Ou un vieux prêtre noir qui dit sans pleurnicher
la messe du dimanche :
Bref avoir une foi, minuscule ou sublime,
un ensemble de gestes
Comme une danse idiote, nous dirons le pas turc,
une danse modeste
Qu'on danse sans effort, minime apprentissage,
très peu de réflexion :
Atteindre le bonheur immobile et cyclique de la
répétition.

Ein kleiner weißer Hund sein, der unermüdlich
dem immergleichen Stöckchen nachjagt,
Oder ein alter schwarzer Priester, der ohne Greinen
die Sonntagsmesse liest:
Kurz, einen Glauben besitzen, einen winzigen oder erhabenen,
ein Ensemble aus Gesten
Wie ein dämlicher Tanz, sagen wir im türkischen Schritt,
ein bescheidener Tanz,
Den man ohne Mühe, nach kürzester Lernzeit,
ohne viel nachzudenken tanzt:
Das reglose und zyklische Glück der
Wiederholung erlangen.

J'ai pour seul compagnon un compteur électrique,
Toutes les vingt minutes il émet des bruits secs
Et son fonctionnement précis et mécanique
Me console un p'tit peu de mes récents échecs.

Dans mes jeunes années j'avais un dictaphone
Et j'aimais répéter d'une voix ironique
Des poèmes touchants, sensibles et narcissiques
Dans le cœur rassurant de ses deux microphones.

Adolescent naïf, connaissant peu le monde,
J'aimais à m'entourer de machines parfaites
Dont le mode d'emploi, plein de phrases profondes,
Rendait mon cœur content, ma vie riche et complète.

Jamais la compagnie d'un être humanoïde
N'avait troublé mes nuits ; tout allait pour le mieux
Et je m'organisais la vie d'un petit vieux
Méditatif et doux, gentil mais très lucide.

Ich habe einen Stromzähler zum einzigen Gefährten,
Alle zwanzig Minuten klickt er trocken,
Und sein präzises, mechanisches Wirken
Tröstet mich ein bisschen über meine jüngsten Misserfolge hinweg.

In meiner Jugendzeit besaß ich ein Diktaphon
Und sprach gern in ironischem Tonfall
Immer dieselben Gedichte, sie waren rührend, gefühlig und
narzisstisch,
In das beruhigende Herz seiner beiden Mikrophone hinein.

Als naiver Jugendlicher wusste ich nur wenig von der Welt
Und umgab mich gern mit perfekten Geräten,
Dank deren Gebrauchsanweisungen voll profunder Sätze
Mein Herz zufrieden war, mein Leben reich und ganz.

Nie hatte die Gesellschaft eines humanoiden Wesens
Meine Nächte verwirrt; alles lief ganz ausgezeichnet,
Und ich richtete mir das Leben eines kleinen Alten ein,
Der nachdenklich und sanft ist, freundlich, doch von großer Hellsicht.

Où vont tous ces humains sur l'affiche *Top Santé* ?
Les pannes du désir, un produit efficace …
Il faudra bien mourir et puis que tout s'efface
Sur les banquettes bleues, il faudra inventer
De nouveaux paradigmes et de nouvelles races.

Les rails absolus, la présence
Et la station — blanc carrelage
Au métro Boucicaut, la chance
Serait de conclure un mariage.

J'aimerais vivre un moment fort,
Une définition parfaite,
Quelque chose qui dépasse la mort ;
Félix Faure, j'ai mal à la tête.

Voici que les stations défilent,
Je pense à la correspondance ;
La vie est là, presque docile,
J'ai simplement manqué de chance.

Wohin gehen nur all diese Menschen auf dem Plakat von *Top Santé*?
Die Pannen des Begehrens, ein wirksames Produkt ...
Wir werden sterben müssen, und weil dann alles erlischt
Auf den blauen Sitzbänken, wird man neue Paradigmen
Erfinden müssen und neue Rassen.

Die absoluten Gleise, die Gegenwart
Und der Bahnhof – weiße Fliesen
In der Metrostation Boucicaut, das Glück
Bestünde darin, eine Ehe zu schließen.

Ich würde gern etwas Starkes erleben,
Eine perfekte Definition,
Etwas, das über den Tod hinausreicht;
Station Félix Faure, ich habe Kopfweh.

Jetzt ziehen die Stationen vorbei,
Ich denke übers Umsteigen nach;
Das Leben ist da, folgsam beinahe,
Ich habe nur einfach nicht genug Glück gehabt.

En observant tous ces coureurs,
Dont certains sociaux-démocrates,
Je sentais la peine et la peur :
C'est dans la souffrance qu'ils s'éclatent.

En examinant ce Danois
Connu sous le nom de Bjarne Riis,
Je ne pense plus du tout à moi ;
Son visage torturé se plisse

Comme un visage d'être humain
Trouvant son salut dans la peine
Avec ses testicules, ses mains,
Il écrivait l'histoire humaine

Sans réelle beauté, sans joie,
Avec la conscience d'un devoir.
Tout cela s'agitait en moi :
La conscience, la pitié, l'espoir.

Beim Anblick all dieser Radrennfahrer,
Darunter auch gewisse Sozialdemokraten,
Empfand ich Schmerzen und Angst:
Sie suhlen sich im Leiden.

Bei Betrachtung dieses Dänen,
unter dem Namen Bjarne Riis bekannt,
Denke ich überhaupt nicht mehr an mich;
Sein zerquältes Gesicht liegt in Falten

Wie das Gesicht eines menschlichen Wesens,
Das sein Heil in Schmerzen sucht.
Mit seinen Hoden, seinen Händen
Schrieb er die Menschheitsgeschichte

Ohne wirkliche Schönheit, ohne Freude,
Mit dem Bewusstsein einer Pflicht.
All das regte sich in mir:
Gewissen, Mitleid, Hoffnung.

à Jacques Le Minor

La bagnole de ton épouse
Te rend soudain très responsable
Tu aimerais chanter le blues,
T'intégrer à une bande minable

Et ta résolution persiste
À travers les années ratées ;
Tu es tout à fait un artiste,
Un romantique, un vieux camé.

für Jacques Le Minor

Die Karre deiner Gattin
Macht dich auf einmal sehr verantwortungsbewusst
Du würdest gern den Blues singen,
Dich einer jämmerlichen Band anschließen

Und dein Entschluss besteht
Die vergeudeten Jahre hindurch;
Du bist ganz und gar ein Künstler,
Ein Romantiker, ein alter Bekiffter.

FACE B

Et puis soudainement tout perd de son attrait
Le monde est toujours là, rempli d'objets variables
D'un intérêt moyen, fugitifs et instables,
Une lumière terne descend du ciel abstrait.

C'est la face B de l'existence,
Sans plaisir et sans vraie souffrance
Autre que celles dues à l'usure,
Toute vie est une sépulture

Tout futur est nécrologique
Il n'y a que le passé qui blesse,
Le temps du rêve et de l'ivresse,
La vie n'a rien d'énigmatique.

B-SEITE

Und dann ist auf einmal alles ohne Reiz
Die Welt ist noch da, voll diverser Gegenstände
Von mittlerem Interesse, flüchtig sind sie und vergänglich
Stumpfes Licht fällt vom abstrakten Himmel.

Das ist die B-Seite des Daseins,
Ohne Genuss und ohne wirkliches Leiden
Außer dem, das durch Abnutzung entsteht,
Alles Leben ist eine Grabstätte

Alle Zukunft ist nekrologisch
Nur noch die Vergangenheit verletzt,
Die Zeit des Traumes und des Rausches,
Am Leben ist nichts Rätselhaftes mehr.

Le soir descend, porteur de paix et d'amertume ;
Le sang bat dans les veines au rythme ralenti
De la fin de journée ; les corps sont abrutis,
Demain matin le ciel se couvrira de brume.

Un air calme et cuivré circule entre les corps
Qui se recouvrent d'huile et sourient à la mort,
Programmés dans leurs gènes et dans leurs habitudes ;
Un cerf-volant hésite, ivre de solitude.

Le soir s'immobilise, le cerf-volant retombe ;
L'enfant est devant lui, il contemple la tombe
Dans les bâtons brisés, les restes de voilure,
Dans la parfaite indifférence de la nature.

L'enfant fixe le sol et son âme s'épure ;
Il faudrait un grand vent qui disperse le sable,
L'océan redondant, l'huile et la chair minables ;
Il faudrait un vent fort, un vent inexorable.

Der Abend senkt sich, bringt Frieden und Verbitterung;
Das Blut pocht in den Adern im verlangsamten Takt
Des sich neigenden Tages; abgestumpft sind die Körper,
Morgen früh wird Dunst den Himmel bedecken.

Ruhige, kupferrote Luft zirkuliert zwischen den Körpern
Sie reiben sich mit Öl ein und lächeln dem Tode zu,
Sind in ihren Genen und Gewohnheiten programmiert;
Ein Drachen zögert in der Luft, einsamkeitstrunken.

Der Abend verharrt, der Drachen fällt herab;
Das Kind steht davor und betrachtet das Wrack
Inmitten der geborstenen Streben die Reste der Bespannung,
Inmitten der vollkommenen Gleichgültigkeit der Natur.

Das Kind blickt zu Boden, und seine Seele wird rein;
Ein gewaltiger Wind müsste den Sand zerstreuen,
Den maßlosen Ozean, das Öl und das jämmerliche Fleisch;
Ein starker Wind müsste es sein, ein unerbittlicher.

Le souffle de la pluie se levait sur la mer
Et le soleil plongeait comme une roue de sang
J'étais seul sur la plage et je serrais les dents,
Sur ma langue flottait un goût un peu amer

Et je me sentais triste parmi les chimpanzés,
Tu avais acheté des boîtes de conserve
Il faut que la nature obéisse et nous serve,
J'étais seul sur la plage et j'étais mal rasé.

Il faut que la nature se conforme à l'humain
Et que l'humain s'achève et devienne rigide
J'ai toujours eu très peur de tomber dans le vide,
J'étais seul dans le vide et j'avais mal aux mains.

La plage a disparu dans un bruit d'entonnoir,
Je me sentais roulé par un flot de terreur
Ma survie prolongée paraissait une erreur,
Le monde est devenu radicalement noir.

Der Atem des Regens erhob sich über dem Meer,
Und die Sonne tauchte ein wie ein Rad aus Blut
Ich war allein am Strand und biss die Zähne zusammen,
Auf meiner Zunge trieb ein etwas bitterer Geschmack

Und mir war unter den Schimpansen traurig zumute,
Du hattest Konservendosen gekauft
Die Natur muss gehorchen und uns zu Diensten sein,
Ich war allein am Strand, und ich war unrasiert.

Die Natur muss sich dem Menschlichen anpassen
Und das Menschliche sich vollenden und unnachgiebig werden
Ich habe seit je große Angst, ins Leere zu fallen,
Ich war allein im Leeren, und mir taten die Hände weh.

Der Strand verschwand gurgelnd wie in einem Trichter,
Ich fühlte mich von einer Angstflut hin und her gespült
Mein weiteres Überleben schien ein Irrtum zu sein,
Die Welt verfärbte sich radikal schwarz.

Je ne reviendrai pas
Je ne reviendrai plus
Je ne suis pas d'ici,
Le soleil m'abat
Le soleil me tue
Je n'ai pas envie.

La journée est là,
Elle se reproduit
Le danseur s'en va,
Personne ne le suit.

Ich komme nicht wieder
Ich komme nie mehr wieder
Ich bin nicht von hier,
Die Sonne ermattet mich
Die Sonne bringt mich um
Ich mag nicht.

Der Tag ist da,
Er erneuert sich
Der Tänzer geht,
Niemand folgt ihm.

MÉMOIRES D'UNE BITE

ERINNERUNGEN EINES SCHWANZES

J'ai connu bien des aventures,
Des préservatifs usagés
J'ai même visité la nature,
Et je l'ai trouvé mal rangée.

J'ai traversé le Pentothal,
J'ai bu des Tequila Sunrise
Ma vie est un échec total,
I know the moonlight paradise.

Ich habe viele Abenteuer erlebt,
Benutzte Präservative
Ich habe sogar die Natur aufgesucht,
Und ich fand sie schlecht eingerichtet.

Ich habe das Pentothal durchmessen,
Ich habe manch Tequila Sunrise getrunken
Mein Leben ist ein kompletter Misserfolg,
I know the moonlight paradise.

Tu te cherches un sex-friend,
Vieille cougar fatiguée
You're approaching the end,
Vieil oiseau mazouté.

Du suchst dir eine Sex-Freundin
Eine alte müde Cougar
You're approaching the end,
Alter ölverschmutzter Vogel.

Tu te crois séduisante
Avec ta jupe en skaï
Et tu fais la méchante
Comme dans une pub Kookaï.

Du hältst dich für verführerisch
Mit deinem kunstledernen Rock
Und du machst einen auf gefährlich
Wie in einer Reklame von Kookaï.

LES HOMMES

Les hommes cherchent uniquement à se faire sucer
la queue
Autant d'heures dans la journée que possible
Par autant de jolies filles que possible.

En dehors de cela, ils s'intéressent aux problèmes
techniques.

Est-ce suffisamment clair ?

DIE MÄNNER

Die Männer wollen alle nur den Schwanz
gelutscht bekommen
So viele Stunden am Tag wie möglich
Von so vielen hübschen Mädchen wie möglich.

Abgesehen davon interessieren sie sich für technische
Probleme.

Ist das ausreichend klar?

Quand on ne bande plus, tout perd peu à peu de
son importance ;
Tout devient peu à peu optionnel.
Demeure un vide orné, empuanti de plaies et de
souffrances
Qui affligent le corps. Le monde est d'un seul coup
plus réel.

(Les nains érubescents surgissent
Dans le trou vert entre les cuisses
Des créatures appelées «femmes» ;
C'est la reproduction du drame.)

Que nous vaut la disparition des prismes?
Les choses s'organisent et se configurent
Dans leur simplicité latérale

Et ce n'est pas la diversité organique,
Ni les vicissitudes de l'orgasme
Ni la brutalité du spasme
Qui pourront altérer l'achèvement technique.

Wenn man keinen mehr hochkriegt, wird alles nach und
                                     nach weniger wichtig;
Alles wird nach und nach optional.
Es bleibt Leere, verziert und verpestet mit Wunden
                                     Und Leiden,
Die den Körper heimsuchen. Die Welt ist mit einem Mal
                                     viel realer.

(Errötende Zwerge erscheinen plötzlich
In dem grünen Loch zwischen den Schenkeln
Der »Frauen« genannten Wesen;
Das ist die Wiederholung des Dramas.)

Was hilft uns das Verschwinden der Prismen?
Die Dinge organisieren und gestalten sich
In ihrer lateralen Einfachheit

Und weder die organische Vielfalt
Noch das Gewese um den Orgasmus
Noch die Brutalität der Krämpfe
Werden die technische Vollendung stören. .

Fardée comme un poisson naïf
Dans l'aquarium de nos souffrances
Vous marchiez, et j'étais captif
De vos lointaines apparences.

Geschminkt wie ein naiver Fisch
Im Aquarium unserer Leiden
Gingen Sie einher, und ich war ein Gefangener
Ihrer fernen Erscheinung.

Pauvre fille,
Cheveux plats vilain corps
Travaillant à l'aéroport
Regardant sous la pluie
Les avions décoller.

Petit visage de cochon
Tout aplati par la détresse,
Les seins qui tombent à dix-sept ans
Et la triste pâleur des fesses

(Le système est organisé
Pour la reproduction du même,
Le darwinisme avalisé
Crée la banalité suprême.)

Armes Mädchen,
Platte Haare hässlicher Körper
Arbeitet im Flughafen
Sieht im Regen
Den startenden Flugzeugen nach.

Kleines Schweinsgesicht
Ganz flach vor lauter Ödnis,
Brüste schon schlaff mit siebzehn Jahren
Und triste Blässe der Hinterbacken

(Das System strebt nach
Reproduktion seiner selbst,
Der angewandte Darwinismus
Erschafft das allerhöchst Banale.)

Évidemment, les jeunes filles,
L'intumescence et la promesse,
La rotondité de leurs fesses,
Le calme des grands yeux qui brillent

Et notre bite, incompétente
Qui peine à se régénérer
(Désir d'un destin ouvragé)
La vie du champignon est lente,

Végétative et métastable,
Le champignon meurt sous les dents
Des gastronomes exaspérants,
L'être humain se couche dans le sable.

Klare Sache, die jungen Frauen,
Die Rundungen und das Versprechen,
Die Wölbung ihrer Hinterbacken,
Die Ruhe dieser großen glänzenden Augen

Und unser Schwanz, inkompetent,
Versucht verzweifelt, sich zu regenerieren
(Wunsch nach einem kunstvoll gestalteten Schicksal)
Das Leben als Champignon braucht viel Zeit,

Vegetativ ist es und metastasierbar,
Der Champignon stirbt zwischen den Zähnen
Nervender Gastronomen,
Das menschliche Wesen legt sich in den Sand.

Le service d'ordre du « Printemps du Livre » de Mon-
taigu était assuré par des lycéennes ;
Au-delà des distinctions habituelles, elles étaient
toutes désirables et jolies
Et je méditais, encore une fois, sur le mystère de la
jeune fille ;

La jeune fille qui accueille le monde (et les bites)
avec confiance
Avant d'être déflorée (pour employer un terme poli) ;
Les jeunes filles, nous en avons réussi quelques-unes
en France
(Il y en a aussi de très belles en Italie).

Promesses de bonheur sur deux pattes,
Toutes fières de leurs jeunes organes,
Les jeunes filles servaient du champagne
(Je m'excuse pour cette rime bien plate).

Den Ordnungsdienst des »Frühjahrsbuchfests« in Montaigu
versahen Gymnasiastinnen;
Über die persönlichen Merkmale hinaus waren sie alle begeh-
renswert und hübsch
Und wieder einmal sann ich über das Mysterium der jungen
Frau nach;

Der jungen Frau, die die Welt (und die Schwänze) vertrau-
ensvoll entgegennimmt,
Bevor sie defloriert wird (um einen züchtigen Begriff zu ver-
wenden);
Junge Frauen sind uns in Frankreich so einige gelungen
(Es gibt auch in Italien sehr schöne).

Glücksversprechen auf zwei Beinen,
Voller Stolz auf ihre jungen Organe,
Servierten die jungen Frauen Champagner
(Das reimt sich nicht so gut, pardon).

J'étais seul à la plage ; un peu après Cassis.
Dans mon maillot madras extrêmement à la mode,
Je voyais des Allemandes qui enlevaient leur robe ;
Je buvais un pastis.

Supermarché des corps où l'esprit est à vendre,
Et des psychologies se tordent et se dénouent
Sous le soleil. Bronzé, rien ne sert de prétendre
Que vous avez une âme.

Il n'y a pas de chemin au-delà des peaux moites
Qui suent le pur désir d'un destin prévisible ;
Il n'y a pas d'espérance quand lentement s'emboîtent
Les structures de plaisir munies de leur fusible

Qui est la peur. De l'autre. Et de son innocence.
Le soupçon au-delà d'une immobile absence,
De quelque chose enfin qui ressemble à un sens
Au-delà de nos peaux. Fantôme de transcendance.

Ich war allein am Strand; kurz hinter Cassis
In meiner extrem modischen Badehose aus Karostoff.
Ich sah deutsche Frauen aus ihren Kleidern steigen;
Ich trank derweil einen Pastis.

Supermarkt der Körper, wo der Geist zum Verkauf steht,
Und die Psychologien verwinden und entwirren sich
Unter der Sonne. Zwecklos zu behaupten, Sie hätten eine Seele,
Wenn Sie braungebrannt sind.

Es gibt keinen Weg jenseits der feuchten Häute
Die die reine Sehnsucht nach einem vorhersehbaren Schicksal
ausschwitzen;
Es gibt keine Hoffnung, wenn langsam die Strukturen
Des Genusses einrasten, versehen mit ihrer Sicherung

Nämlich der Angst. Vor dem anderen. Und seiner Unschuld.
Die Ahnung jenseits eines starren Mangels,
Es könne doch so etwas geben wie einen Sinn
Jenseits unserer Haut. Trugbild der Transzendenz.

QUATUOR

Un quatuor vient de monter dans le train
(Des Américains, cela s'entend),
Et je me persuade qu'ils entretiennent des relations
professionnelles.

Leur conversation, pourtant, abonde en éléments
privés,
Ce qui me plonge dans une surprise mêlée
d'inquiétude
Car je ne m'imagine pas que ces deux hommes
(Normaux et même, si l'on veut, désirables)

Puissent imaginer de coucher avec ces deux femmes
Replètes et hideuses, satisfaites cependant, et
dynamiques,
Inutiles et cependant joyeuses

Et je ne m'imagine à vrai dire pas du tout qu'aucun
homme
Puisse avoir envie d'unir sa chair
À ces mystères d'humanité inutile.

Stuttgart – Zürich, 8 avril 2011

QUARTETT

Ein Quartett hat den Zug bestiegen
(Amerikaner, versteht sich),
Und ich rede mir ein, dass sie in geschäftlicher Beziehung
zueinander stehen.

Doch ihre Unterhaltung ist überreich an
Privatem,
Was mich in mit Sorge gemischte
Überraschung stürzt,
Weil ich mir nicht vorstellen kann, dass diese zwei Männer
(durchschnittlich, vielleicht sogar begehrenswert)

Sich vorstellen könnten, mit diesen zwei Frauen zu schlafen,
Die dick und hässlich sind, doch zufrieden dabei und
dynamisch,
Nutzlos, doch fröhlich dabei

Und ich kann mir ehrlicherweise überhaupt nicht vorstellen,
dass irgendein
Mann
Lust haben könnte, sein Fleisch zu vereinigen mit
Diesen Mysterien nutzlosen Menschseins.

Stuttgart–Zürich, 8. April 2011

à Maud

Une mort délicieuse et douce
Dans un aéroport petit
Ce serait à l'insu de tous
(Ou, pourquoi pas, à Rimini ?)

J'aimais beaucoup le cul des filles
Et je n'ai guère aimé que ça
Dans la nuit, si peu qui scintille,
Si peu de joies, de falbalas.

Hardi ! Les carcinomes opèrent
Leur travail secret et serein,
Ils enlèvent des morceaux de chair
(Il me reste à peu près un rein).

Mets ta langue, un peu, sur ma bite
Avant qu'il n'y ait plus rien du tout.
Promène ta langue. Tu habites
Dans un autre univers que nous.

Ein genüsslicher, sanfter Tod
Auf einem kleinen Flugplatz
Und niemand wüsste davon
(Oder in Rimini, warum denn nicht?)

Ich liebte sehr den Hintern der Mädchen
Und liebte kaum noch etwas sonst
In der Nacht so weniges, das funkelt,
So wenig Freuden und zierendes Zubehör.

Du Kühner! Die Karzinome verrichten
Im Verborgenen und heiter ihr Werk,
Sie nehmen ganze Brocken von Fleisch
(Ungefähr noch eine Niere habe ich).

Lege mir die Zunge ein wenig an den Schwanz,
Bevor gar nichts mehr da ist.
Führe deine Zunge spazieren. Du wohnst
In einem anderen Universum als wir.

LES PARAGES DU VIDE

DIE GEFILDE DER LEERE

Tres Calle de Sant'Engracia,
Retour dans les parages du vide
Je donnerai mon corps avide
À celle que l'amour gracia.

Au temps des premiers acacias
Un soleil froid, presque livide
Éclairait faiblement Madrid
Lorsque ma vie se dissocia.

Tres Calle de Sant'Engracia,
Rückkehr in die Gefilde der Leere
Ich werde meinen gierigen Leib
Jener, die die Liebe begnadigte, schenken.

Zur Zeit der ersten Akazien
Beleuchtete eine kalte, beinahe leichenblasse Sonne
Schwächlich Madrid,
Als mein Leben auseinanderfiel.

HMT

I.

Au fond j'ai toujours su
Que j'atteindrais l'amour
Et que cela serait
Un peu avant ma mort.

J'ai toujours eu confiance,
Je n'ai pas renoncé
Bien avant ta présence,
Tu m'étais annoncée.

Voilà, ce sera toi
Ma présence effective
Je serai dans la joie
De ta peau non fictive

Si douce à la caresse,
Si légère et si fine
Entité non divine,
Animal de tendresse.

HMT

I.

Im Grunde habe ich immer gewusst,
Dass ich die Liebe erlangen werde
Und dass das eine kleine Zeit
Vor meinem Tod sein wird.

Ich hatte immer Vertrauen,
Ich habe es nie aufgegeben
Lange vor deinem Erscheinen
Warst du mir angekündigt.

Jawohl, du wirst es sein
Meine tatsächliche Erscheinung
Ich werde in der Freude
Deiner nicht fiktiven Haut leben

So sanft bei der Liebkosung
So leicht und so fein
Nicht-göttliche Wesenheit
Zärtlichkeitstier.

II.

Pour moi qui fus roi de Bohême,
Qui fus animal innocent
Désir de vie, rêve insistant,
Démonstration de théorème

Il n'est pas d'énigme essentielle
Je connais le lieu et l'instant
Le point central, absolument,
De la révélation partielle.

Dans la nuit qui dort sans étoiles,
Aux limites de la matière
S'installe un état de prière :
Le second secret s'y dévoile.

II.

Für mich, der ich einst König von Böhmen war
Der ein unschuldiges Tier war
Lebenslust, beharrlicher Traum,
Demonstration des Lehrsatzes

Gibt es kein grundsätzliches Rätsel
Ich kenne den Ort und den Moment
Den absoluten Mittelpunkt
Der partiellen Offenbarung.

In der Nacht, die sternenlos schläft,
An den äußersten Grenzen der Materie
Entsteht ein Zustand des Gebets:
Darin enthüllt sich das zweite Geheimnis.

III.

Lorsqu'il faudra quitter ce monde
Fais que ce soit en ta présence
Fais qu'en mes ultimes secondes
Je te regarde avec confiance

Tendre animal aux seins troublants
Que je tiens au creux de mes paumes ;
Je ferme les yeux : ton corps blanc
Est la limite du royaume.

III.

Wenn es diese Welt zu verlassen gilt,
Sorge dafür, dass du dann dort bist
Sorge dafür, dass ich in meinen letzten Momenten
Dich voll Vertrauen anblicken kann

Zartes Tier mit verwirrenden Brüsten
Die ich in den Mulden meiner Hände halte;
Ich schließe die Augen; dein weißer Leib
Ist des Königreichs Grenze.

IV.

Un matin de grand clair beau temps
Tout rempli de pensées charnelles
Et puis le grand reflux du sang,
La condamnation essentielle ;

La vie qui s'en va en riant
Remplir des entités nouvelles,
La vie n'a pas duré longtemps,
La fin de journée est si belle.

IV.

Ein Morgen mit strahlend gutem Wetter
Bis obenhin voll fleischlicher Gedanken
Und dann der große Rückfluss des Bluts,
Die grundsätzliche Verdammnis;

Das Leben entzieht sich lachend
Um neue Wesenheiten zu erfüllen,
Das Leben hat nicht lange gedauert,
Das Ende des Tages ist so schön.

V.

Un téléphone portable
Oublié sur la plage,
La fin inéluctable
D'un amour de passage

Et la mort qui avance
À petits cris plaintifs,
Dansant sa drôle de danse
Sur mon centre émotif,

Qui grimpe dans le lit,
Soulève les couvertures ;
Mon amour aboli,
Pourquoi tout est si dur ?

V.

Ein Mobiltelefon
Am Strand vergessen
Das unvermeidliche Ende
Einer Urlaubsliebe

Und der Tod schreitet voran
Mit kleinen klagenden Schreien,
Tanzt seinen merkwürdigen Tanz
Auf dem Zentrum meiner Gefühle,

Er steigt ins Bett,
Hebt die Decken hoch;
Meine abgeschaffte Liebe,
Warum ist alles so schwer?

VI.

Au bout de quelques mois
(Ou de quelques semaines)
Tu t'es lassée de moi,
Toi que j'avais fait reine.

Je connaissais le risque,
En mortel éprouvé ;
Le soleil, comme un disque,
Luit sur ma vie crevée.

VI.

Nach einigen Monaten
(Oder einigen Wochen)
Bist du meiner müde,
Du, die ich zur Königin gemacht habe.

Mir als schwergeprüftem Sterblichen
War das Risiko bekannt;
Die Sonne, rund wie ein Diskus,
Strahlt über meinem verreckten Leben.

VII.

Il n'y a pas d'amour
(Pas vraiment, pas assez)
Nous vivons sans secours,
Nous mourons délaissés.

L'appel à la pitié
Résonne dans le vide
Nos corps sont estropiés,
Mais nos chairs sont avides.

Disparues les promesses
D'un corps adolescent,
Nous entrons en vieillesse
Où rien ne nous attend

Que la mémoire vaine
De nos jours disparus,
Un soubresaut de haine
Et le désespoir nu.

VII.

Es gibt keine Liebe
(Nicht in Wahrheit, nicht genug)
Wir leben ohne Rettung,
Wir sterben, allein gelassen.

Der Ruf um Mitleid
Verhallt im Leeren
Unsere Körper sind verkrüppelt,
Doch unser Fleisch ist gierig.

Verschwunden die Versprechen
Eines jugendlichen Körpers,
Und wir treten ins Altsein ein,
Wo uns nichts mehr erwartet

Als die nutzlose Erinnerung
An unsere verschwundenen Tage,
Eine Aufwallung von Hass
Und die nackte Verzweiflung.

VIII.

Ma vie, ma vie, ma très ancienne,
Mon premier vœu mal refermé
Mon premier amour infirmé
Il a fallu que tu reviennes

Il a fallu que je connaisse
Ce que la vie a de meilleur,
Quand deux corps jouent de leur bonheur
Et sans fin s'unissent et renaissent.

Entré en dépendance entière
Je sais le tremblement de l'être
L'hésitation à disparaître
Le soleil qui frappe en lisière

Et l'amour, où tout est facile,
Où tout est donné dans l'instant.
Il existe, au milieu du temps,
La possibilité d'une île.

VIII.

Mein Leben, mein Leben, mein sehr altes,
Mein erster schlecht verborgener Wunsch
Meine verstümmelte erste Liebe
Du hast zurückkehren müssen

Ich habe das Beste kennenlernen müssen
Das das Leben zu bieten hat,
Wenn zwei Körper in ihrem Glück spielen
Sich vereinigen und wiedergeboren werden ohne Ende.

In vollständiger Abhängigkeit befangen
Kenne ich das Zittern des Seins
Das Zögern zu verschwinden
Die Sonne, die abseits niederknallt

Und die Liebe, in der alles leicht ist,
In der alles sofort gegeben wird.
Es gibt, mitten in der Zeit,
Die Möglichkeit einer Insel.

NOVEMBRE

Je suis venu dans le café au bord du fleuve,
Un peu vieilli un peu blasé
J'ai mal dormi dans un hôtel aux chambres neuves
Je n'ai pas pu me reposer.

Il y a des couples et des enfants qui marchent ensemble
Dans la paix de l'après-midi
Il y a même des jeunes filles qui te ressemblent
Dans les premiers pas de leur vie.

Je te revois dans la lumière,
Dans les caresses du soleil
Tu m'as donné la vie entière
Et ses merveilles.

NOVEMBER

Ich kam in das Café am Ufer des Flusses,
Ein wenig gealtert ein wenig blasiert
Ich schlief schlecht in einem Hotel mit neuen Zimmern
Erholung fand ich dort nicht.

Es gibt Paare und Kinder, die gehen gemeinsam
Im Frieden des Nachmittags
Es gibt sogar junge Mädchen, die dir ähnlich sehen
Bei den ersten Schritten ihres Lebens.

Ich sehe dich im Lichte wieder,
In den Liebkosungen der Sonne
Du hast mir das ganze Leben geschenkt
Und seine Wunder.

Je suis venu dans le jardin où tu reposes
Environnée par le silence
Le ciel tombait et le ciel se couvrait de rose,
Et j'ai eu mal de ton absence.

Je sens ta peau contre la mienne,
Je m'en souviens je m'en souviens
Et je voudrais que tout revienne,
Ce serait bien.

Ich kam in den Garten, in dem du ruhst
Umgeben von Stille
Der Himmel fiel, und der Himmel überzog sich rosa,
Und dein Fortsein ließ mich leiden.

Ich spüre deine Haut an meiner,
Ich erinnere mich daran ich erinnere mich daran
Und ich möchte all das wiederhaben,
Das wäre gut.

Naturalisme existentiel,
Et partage entre les collines.
Incertaine, respire Joséphine ;
Sa peau a la couleur du miel.

Existentieller Naturalismus
Und Schwanken zwischen den Hügeln.
Unentschieden atmet Joséphine;
Ihre Haut hat die Farbe von Honig.

Vêtue d'un manteau bleu
(Ciel sur l'esplanade)
Elle paraissait malade,
Le ciel au fond des yeux.

In einen blauen Mantel gekleidet
(Himmel auf dem Vorplatz)
Wirkte sie krank,
Den Himmel am Grunde ihrer Augen.

J'aimais ce moment de pudeur
Delphine, où tu ouvrais ton cœur,
Cette pudeur de sentiments
(C'était l'extase, tout simplement).

Nous pourrirons dans l'herbe douce,
Nous nous souviendrons de nos jours
Nos pauvres organes dans la mousse
Revivront ces moments, toujours.

Je le dis, et je n'y crois pas
Car je connais les asticots
Et les vers blancs, *Calliphora*,
Ils ne nous laisseront que les os.

Je le dis, et je n'y crois pas
Mais j'aimerais que ce soit vrai
Ce monde où les gens revivraient
(Chansons d'amour, etc.)

Ich liebte diesen schamhaften Moment
Delphine, in dem du dein Herz öffnetest,
Diese Schamhaftigkeit der Gefühle
(Es war die Ekstase, ganz einfach).

Wir werden verrotten im sanften Gras,
Werden uns unserer Tage erinnern
Unsere armen Organe im Moos
Werden diese Momente neu durchleben, immer.

Ich sage das, und ich glaube nicht daran
Denn ich kenne die Maden
Und die weißen Würmer, *Calliphora*,
Sie werden uns nichts lassen als die Knochen.

Ich sage das, und ich glaube nicht daran
Denn es wäre mir lieber, sie wäre wahr
Diese Welt, in der die Menschen weiterleben
(Liebeslieder, etc.)

Nous vivrons mon aimée sans aucune ironie,
Et nous achèterons peut-être des canaris
J'aime quand tu vas nue répondre au téléphone,
Il y en a peu qui aiment et très peu qui se donnent.

Au bout de quelques heures le ciel est presque rouge,
Nos regards glissent et meurent et parfois nos
corps bougent
Il n'y a plus vraiment de parcours prévisible,
Il se passe des choses totalement indicibles.

Je n'ai jamais été parfaitement lucide,
Je n'aime pas le bruit et j'ai horreur du vide
Le don total de soi est un état furtif,
Incertain ; toutefois, c'est un plaisir très vif

Et la fascination est une vie seconde ;
Il y a une autre vie qui traverse le monde ;
Certains êtres en s'aimant ont fait trembler la terre,
D'autres vont à l'amour comme on va à la mer

Et plus je te connais, plus mon regard est fixe.

Wir werden, meine Geliebte, leben ohne alle Ironie
Und werden vielleicht Kanarienvögel kaufen
Ich mag es, wenn du nackt das Telefon abheben gehst
Nur wenige lieben, und sehr wenige geben sich hin.

Nach einigen Stunden ist der Himmel beinahe rot,
Unsere Blicke gleiten weg und ersterben, und bisweilen
regen unsere Körper sich
Es gibt keinen wirklich vorhersehbaren Lebenslauf mehr,
Es ereignen sich die unsagbarsten Dinge.

Ich bin nie völlig klarsichtig gewesen,
Ich mag keinen Lärm, und Leere ist mir ein Graus
Völlige Hingabe ist ein flüchtiger Zustand,
Ein ungewisser; sie ist jedoch ein höchst lebhafter Genuss

Und die Faszination ist ein weiteres Leben;
Es gibt ein anderes Leben, das die Welt durchzieht;
Manche Wesen ließen, indem sie liebten, die Erde erbeben,
Andere gehen in die Liebe, wie man ins Meer geht

Und je näher ich dich kennenlerne, desto starrer wird mein Blick.

Matière inusitée, bloc de présence hostile
Matière répétée dans les corps, dans les villes
Matière destructible, embryon du néant
Potentiel avorté, modalité du vide ;

La nature sortait de son rêve insipide
Et nous délimitions un rêve horizontal
Par le choc répété de nos pas sur les dalles,
La nature souffrait sous un soleil rigide
Et nos regards glissaient sur les reflets du vide.

(Le texte est indéfini, de couleur blanche. Il est une approximation de la mort.)

Fremdartiges Material, Block aus feindlichem Dasein
Material, in Körpern wiederholt, in Städten
Zerstörbares Material, Embryo des Nichts
Abgetriebenes Potential, Ausprägung der Leere;

Die Natur trat aus ihrem faden Traum heraus
Und wir beschrieben einen horizontalen Traum
Durch den steten Hall unserer Schritte auf den Fliesen,
Die Natur litt unter einer gnadenlosen Sonne,
Und unsere Blicke glitten auf dem Abglanz der Leere aus.

*(Der Text ist unbestimmt, von weißer Farbe. Er ist eine
Annäherung an den Tod.)*

Il faudrait traverser un univers lyrique
Comme on traverse un corps qu'on a beaucoup aimé
Il faudrait réveiller les puissances opprimées
La soif d'éternité, douteuse et pathétique.

Man müsste ein lyrisches Universum durchmessen
Wie man einen Körper durchmisst, den man sehr geliebt
Man müsste die unterdrückten Mächte wecken
Den Durst nach Ewigkeit, den fragwürdigen, pathetischen.

ISOLEMENT

Où est-ce que je suis ?
Qui êtes-vous ?
Qu'est-ce que je fais ici ?
Emmenez-moi partout,

Partout mais pas ici,
Faites-moi oublier
Tout ce que j'ai été
Inventez mon passé,
Donnez sens à la nuit.

Inventez le soleil
Et l'aurore apaisée
Non je n'ai pas sommeil,
Je vais vous embrasser
Êtes-vous mon amie ?
Répondez, répondez.

Où est-ce que je suis ?
Il y a du feu partout
Je n'entends plus de bruit,
Je suis peut-être fou.

ABSCHOTTUNG

Wo bin ich?
Wer sind Sie?
Was tue ich hier?
Bringen Sie mich überallhin,

Überallhin, nur nicht hierher,
Lassen Sie mich alles vergessen,
Das ich gewesen bin
Erfinden Sie meine Vergangenheit,
Geben Sie der Nacht einen Sinn.

Erfinden Sie die Sonne
Und die befriedete Morgenröte
Nein ich bin nicht müde,
Ich werde Sie küssen
Sind Sie meine Freundin?
Antworten Sie, antworten Sie.

Wo bin ich?
Überall ist Feuer
Ich höre keine Geräusche mehr,
Ich bin vielleicht verrückt.

Il faut que je m'étende
Et que je dorme un peu,
Il faudrait que je tente
De nettoyer mes yeux.

Dites-moi qui je suis
Et regardez mes yeux
Êtes-vous mon amie ?
Me rendrez-vous heureux ?

La nuit n'est pas finie
Et la nuit est en feu
Où est le paradis ?
Où sont passés les dieux ?

Ich muss mich ausstrecken
Und ein wenig schlafen.
Ich müsste einmal versuchen,
Mir den Schlaf aus den Augen zu reiben.

Sagen Sie mir, wer ich bin,
Und sehen Sie meine Augen an
Sind Sie meine Freundin?
Werden Sie mich glücklich machen?

Die Nacht ist nicht vorbei,
Und die Nacht steht in Flammen
Wo ist das Paradies?
Wo sind die Götter hin?

La nuit est là, mon bel amour,
Douce et très pure ;
Je vis depuis le point du jour
Une torture.

Ton bracelet luit doucement
Contre ma peau,
Les larmes coulent lentement
De mes yeux clos.

Mon corps souffrant et las se brise
Loin de tes yeux.
Je pense à toi, gentille Lise ;
Je suis heureux.

Die Nacht ist da, mein schönes Lieb,
Sanft und sehr rein;
Ich durchlebe seit Anbruch des Tages
Eine Tortur.

Dein Armband schimmert sacht
An meiner Haut,
Langsam rinnen Tränen
Aus meinen geschlossenen Augen.

Mein leidender, matter Leib zerbricht
Fern von deinen Augen.
Ich denke an dich, liebe Lise;
Ich bin glücklich.

PLATEAU

──────────────

PLATEAU

(un moment de cosmologie)

Quand la nuit se découpe en oiseaux ralentis
Que les jours n'offrent plus aucune alternative
Il faut cesser de vivre, sans retard et sans bruit
Le néant nous propose une paix relative

À moins d'imaginer que nous allons revivre
Revivre sans conscience, que nos atomes idiots
Répétitifs et ronds comme des billes de loto
Vont se recombiner comme les pages d'un livre

Écrit par un salaud
Et lu par des crétins.

(ein moment der kosmologie)

Wenn die Nacht sich zerteilt zu verlangsamten Vögeln
Und die Tage keinerlei Alternative mehr bieten
Muss man aufhören zu leben, ohne Verzug und ohne Lärm
Das Nichts bietet uns relativen Frieden

Es sei denn, man stellte sich vor, dass wir weiterleben
Weiterleben ohne Bewusstsein, dass unsere idiotischen Atome
Redundant und rund wie Kugeln beim Lotto
Sich neu zusammensetzen wie die Seiten eines Buches

Das ein Arschloch schreibt
Und das Schwachköpfe lesen.

« Tôt levé, Adam soupirait, nostalgique. »

Au premier abord, ce fragment de journal évoque évidemment le paradis perdu, l'Eden ; contremaître dans une fabrique de cirage, Adam pouvait certes ressentir la malédiction biblique avec une acuité particulière.

Ah, oui, vivre nus, sans chaussures et sans cirage !
Vers sept heures du matin Adam avait la rage.
Ou vivre en escarpins vernis :
Casino, calme et bikinis.

Peut-on avoir la nostalgie de ce qu'on n'a jamais connu ? Sans doute, à condition d'être équipé d'un téléviseur. La publicité Volvic déchirait le cœur d'Adam. Ces volcans éteints, ces forêts, ces sources … Tout cela était si différent de la retraite probable qui l'attendait, dans un asile de vieillards de Garges-lès-Gonesse, exposé à la méchanceté gratuite des délin-quants juvéniles.

»Adam, der früh aufgestanden war, seufzte nostalgisch.«

Auf den ersten Blick beschwört dieser Tagebuchauszug
offensichtlich das verlorene Paradies herauf, den Garten
Eden; als Vorarbeiter in einer Schuhcremefabrik wird
Adam den biblischen Fluch gewiss mit besonderer
Heftigkeit zu spüren bekommen.

Ach, nackt zu leben, ohne Schuhe und ohne Schuhcreme!
Gegen sieben Uhr morgens empfand Adam Wut.
Oder in Lackpumps leben:
Kasino, Ruhe und Bikinis.

Kann man nostalgische Gefühle entwickeln für etwas,
das man nie erlebt hat? Wohl schon, vorausgesetzt,
man besitzt einen Fernseher. Die Volvic-Reklame zer-
riss Adam das Herz. Diese erloschenen Vulkane, diese
Wälder, diese Quellen ... All das war so weit entfernt
von dem Ruhestand, der ihn voraussichtlich erwartete,
in einem Altenheim in Garges-lès-Gonesse der will-
kürlichen Boshaftigkeit jugendlicher Straftäter ausge-
setzt.

Adam observait son teckel
Comme Marie l'ange Gabriel.

Un Adam sans Ève, ce n'est pas grand-chose,
Soupirait Adam devant l'émission érotique de TF1.
Il aurait dû se marier, avoir des gosses ou quelque chose ;
Les chiens ont beau être gentils, un chien reste un chien.

Adam betrachtete seinen Dackel
Wie Marie den Erzengel Gabriel.

Ein Adam ohne Eva ist nicht viel wert,
Seufzte Adam, vor dem Erotikprogramm von TF1 sitzend.
Er hätte heiraten sollen, Kinder kriegen und so weiter;
Ein Hund kann so nett sein, wie er will, er bleibt doch ein Hund.

Un alligator a dévoré trois touristes autrichiennes
Quelque part en Floride
Le jour de la fête de l'Indépendance ;
Le gouverneur de l'état a donné des consignes de
                                                    prudence ;
Dans les motels, on écarte prudemment les persiennes
Le tourisme a horreur du vide.

Ein Alligator hat irgendwo in Florida
Am Unabhängigkeitstag
Drei österreichische Touristinnen gefressen;
Der Gouverneur hat Vorsichtsmaßregeln veröffentlicht;
In den Motels späht man ängstlich durch die Jalousien
Der Tourismus hat den horror vacui.

À l'heure où se replient les derniers noctambules
Je prendrai un taxi pour CDG T1,
Mes vacances d'hiver seront le préambule
À la raréfaction d'un corps inopportun.

Nu, immobile et blanc sous le soleil torride,
Je verrai les natifs me fixer, pleins de haine ;
Je pêcherai le soir de gras poissons livides,
Et puis je rentrerai dans ma chambre malsaine.

Mon hôtel sera gris et rempli de cafards
Dont je m'amuserai à éclater l'écorce ;
Je presserai l'index, avec souplesse et force,
Contre leur dos bombé, luisant et presque noir.

Zur Stunde, da letzte Nachtschwärmer heimwärts streben
Werde ich ein Taxi nehmen nach Charles-de-Gaulle, Terminal 1
Meine Winterferien werden das Vorspiel sein
Für das Schwinden eines unzweckmäßigen Körpers.

Nackt, reglos und weiß unter der sengenden Sonne,
Werde ich sehen, wie die Eingeborenen mich anstarren, hasserfüllt;
Abends werde ich fette, blasse Fische angeln,
Dann geht es in mein krankmachendes Zimmer zurück.

Mein Hotel wird grau sein und von Kakerlaken verseucht,
Deren Panzer ich zum Zeitvertreib zerknacke;
Elastisch und kraftvoll presse ich den Zeigefinger
Auf ihren gewölbten, glänzenden, beinahe schwarzen Rücken.

LISEZ LA PRESSE BELGE !

Les morts sont habillés en bleu
Et les Bleus habillés en morts
Toujours un endroit où il pleut,
Pas de vie au-delà des corps.

Tuer des êtres humains par jeu ?
Retrouver le sens du remords ?
Aucune raison d'être heureux,
La répartition des efforts

Sous le sol livide et nerveux
La présence indexée des morts
Les chairs oppressées, le vent vieux,
La nuit qui n'aura pas d'aurore.

LEST BELGISCHE PRESSEERZEUGNISSE!

Die Toten kleiden sich blau
Und die Blauen kleiden sich wie Tote
Immer ein Ort, an dem es regnet.
Keinerlei Leben jenseits der Körper.

Menschliche Wesen zum Spaß töten?
Den Sinn der Reue wiederfinden?
Keinerlei Grund zum Glücklichsein,
Die Verteilung der Mühen

Unter der blassen, nervösen Sonne
Die aufgelistete Anwesenheit der Toten
Unterdrücktes Fleisch und alter Wind,
Die Nacht, auf die kein Morgen folgt.

ATTEINDRE LA CREUSE

Un best-of d'arbres remarquables
Et les couples en fin de soirée
(En fin de vie, peut-on le dire ?)

Au loin, la magnificence des tilleuls
Dans le soir de juin
Et l'étrange ambiance sexuelle
Entretenue par les serveuses du château Cazine
(Il faut en finir avec les écureuils !)

Un couple a disparu,
« Ils sont probablement morts entre le fromage et le
dessert. »

AN DER CREUSE ANKOMMEN

Ein Best-of bemerkenswerter Bäume
Und die Pärchen, die den Abend ausklingen lassen
(Dürfte man auch sagen, den Lebensabend?)

In der Ferne die Pracht der Linden
Am Juniabend
Und die seltsam sexuelle Stimmung
Von den Kellnerinnen im Château Cazine genährt
(Die Eichhörnchen müsste man irgendwie beseitigen!)

Ein Pärchen ist verschwunden,
»Die sind wahrscheinlich zwischen Käse und Dessert
gestorben.«

La « crème brûlée » est au menu
Et nous sommes loin de la loi de Jésus.

Le spectacle assez dégoûtant
De ces deux cadavres à lunettes
Nous aurait fait grincer des dents
Si nous avions été honnêtes.

»Crème brûlée« steht auf der Speisekarte
Und wir sind fern vom Gesetze Jesu.

Das recht widerwärtige Schauspiel
Dieser beiden bebrillten Kadaver
Hätte uns mit den Zähnen knirschen lassen,
Hätten wir noch einen Rest Anstand bewahrt.

Quelques îlots d'humanité,
Et l'avion circule dans la nuit
(Je n'avais rien à reprocher
À l'ameublement de l'hôtel.)

Ein paar Inselchen der Menschlichkeit,
Und das Flugzeug kreist in der Nacht
(An der Möblierung des Hotelzimmers
Hatte ich nichts auszusetzen.)

Le bloc énuméré
De l'œil qui se referme
Dans l'espace écrasé
Contient le dernier terme.

Der abgezählte Block
Des sich schließenden Auges
Im zerquetschten Raum
Beinhaltet die letzte Frist.

La grâce immobile,
Sensiblement écrasante,
Qui découle du passage des civilisations
N'a pas la mort pour corollaire.

Aus der reglosen Anmut,
So spürbar erdrückend,
Die von den vorüberziehenden Zivilisationen ausgeht,
Folgt nicht der Tod.

Exister, percevoir

Exister, percevoir,
Être une sorte de résidu perceptif (si l'on peut dire)
Dans la salle d'embarquement du terminal Roissy 2D,
Attendant le vol à destination d'Alicante
Où ma vie se poursuivra
Pendant quelques années encore
En compagnie de mon petit chien
Et des joies (de plus en plus brèves)
Et de l'augmentation régulière des souffrances
En ces années qui précèdent immédiatement la mort.

Existieren, erkennen

Existieren, erkennen,
Eine Art perzeptives Überbleibsel sein (wenn man das
                                    so sagen darf)
In der Abflughalle von Terminal Roissy 2D,
Auf den Flug nach Alicante wartend,
Wo mein Leben noch ein paar Jahre lang
Weitergehen wird
Begleitet von meinem kleinen Hund
Und Momenten der Freude (die immer kürzer werden)
Und von der kontinuierlichen Steigerung der Leiden
In diesen Jahren, die dem Tode unmittelbar vorausgehen.

L'univers a la forme d'un demi-cercle
Qui se déplace régulièrement
En direction du vide.

(Les rochers n'y sont plus insultés
Par la lente invasion des plantes.)

Sous le ciel de valeur « uniforme »,
À équidistance parfaite de la nuit,
Tout s'immobilise.

Das Universum hat die Form eines Halbkreises,
Der sich stetig
In Richtung des Nichts dreht.

(Die schleichende Invasion der Pflanzen
Kränkt die Felsen dort nicht mehr.)

Unter dem »gleichwertigen« Himmel
In perfekter Äquidistanz zur Nacht
Kommt alles zum Erliegen.

Un végétal d'abolition
Rampait lourdement sur la pierre
(Unanimement, la prière
Résumait les dérélictions.)

Avril était, pari tenu,
Comme un orgasme apprivoisé,
Un parcours en pays boisé
Dont nul n'est jamais revenu.

Ein Gewächs der Abschaffung
Berankte schwer den Stein
(Einmütig fasste das Gebet
Die Verlassenheit zusammen.)

April war, die Wette ist gewonnen,
Wie ein bezähmter Orgasmus,
Ein Weg durch waldiges Land,
Aus dem nie jemand zurückgekehrt ist.

Les fantômes avaient lieu de leurs mains délétères,
Recouvrant peu à peu la surface de la Terre
Les souvenirs glissaient dans les yeux mal crevés
Qui traversaient la nuit, fantassins énervés.

Die Phantome walteten mit ihren todbringenden Händen
Und bedeckten nach und nach die Erde
Die Erinnerungen glitten in die unvollständig zerquetschten Augen,
Die die Nacht durchwanderten, entnervte Infanterie.

Les sapins sont pour les serpents
Et les autoroutes pour l'homme.

Le monde est plat, interminable ;
Vient un envol de cormorans.

Tannen sind für Schlangen da
Und Autobahnen für den Menschen.

Die Welt ist flach, endlos;
Ein Schwarm Kormorane steigt auf.

Un instant large, hostile, où tout s'agite et bouge ;
Sur les balcons du ciel se tord une nuit rouge,
Soutien-gorge du vide, lingerie du néant
Où sont les corps en vie qui s'agitaient dedans ?

Ils sont partis vaquer dans des prairies malsaines
Dans des trous remplis d'eau, encerclés de fougères
Et la nuit est tombée, doucement, sur la plaine
Le ciel ne se souvient, ni la nuit, ni l'hiver.

Ein gedehnter, feindlicher Moment, in dem alles sich regt
                                                    und fuchtelt;
Auf den Balkonen des Himmels windet sich rote Nacht,
Büstenhalter der Leere, Unterwäsche des Nichts
Wo sind die lebenden Körper, die sich darin regten?

Sie sind fort und wallen in ungesunden Gefilden
In von Farnen umstandenen Wasserlöchern
Und die Nacht ist sacht über die Ebene gekommen
Der Himmel erinnert sich weder nachts noch winters.

Le maître énamouré en un défi fictif
N'affirme ni ne nie en son centre invisible
Il signifie, rendant tous les futurs possibles
Il établit, permet un destin positif.

Ressens dans tes organes la vie de la lumière !
Respire avec prudence, avec délectation
La voie médiane est là, complément de l'action,
C'est le fantôme inscrit au cœur de la matière

Et c'est l'intersection des multiples émotifs
Dans un noyau de vide indicible et bleuté
C'est l'hommage rendu à l'absolue clarté
La racine de l'amour, le cœur aperceptif.

Der verliebte Meister einer fiktiven Herausforderung
Bestätigt weder noch leugnet er in seinem unsichtbaren Zentrum
Er schafft Bedeutung, macht jede Zukunft möglich
Er errichtet, gestattet ein positives Schicksal.

Spüre in deinen Organen das Leben des Lichts!
Atme umsichtig, genussvoll
Der Mittelweg ist da, ergänzend zur Handlung,
Er ist das dem Innersten der Materie eingeschriebene Phantom

Ist die Schnittmenge der emotionalen Vielfachen
In einem unsagbaren, bläulichen Kern der Leere
Ist die Huldigung der absoluten Klarheit
Die Wurzel der Liebe, das wahrnehmende Herz.

INHALT

DER SINN DES KAMPFES

I

SUCHE NACH GLÜCK

I

III

WIEDERGEBURT

I

II

GESTALT DES LETZTEN UFERS